高职数字化教学资源建设与应用研究

只井杰 著

燕山大学出版社
·秦皇岛·

图书在版编目（CIP）数据

高职数字化教学资源建设与应用研究 / 只井杰著 . —秦皇岛：燕山大学出版社，2023.3
ISBN 978-7-81142-486-7

Ⅰ. ①高… Ⅱ. ①只… Ⅲ. ①高等职业教育－网络教育－教育资源－资源建设－研究 Ⅳ. ① G434

中国国家版本馆 CIP 数据核字（2023）第 029913 号

高职数字化教学资源建设与应用研究
GAOZHI SHUZIHUA JIAOXUE ZIYUAN JIANSHE YU YINGYONG YANJIU
只井杰 著

出 版 人：陈　玉	
责任编辑：王　宁	策划编辑：王　宁
责任印制：吴　波	封面设计：李　波
出版发行：燕山大学出版社 YANSHAN UNIVERSITY PRESS	电　　话：0335-8387555
地　　址：河北省秦皇岛市河北大街西段 438 号	邮政编码：066004
印　　刷：涿州市般润文化传播有限公司	经　　销：全国新华书店
开　　本：889 mm×1194 mm　1/32	印　　张：9.5
版　　次：2023 年 3 月第 1 版	印　　次：2023 年 3 月第 1 次印刷
书　　号：ISBN 978-7-81142-486-7	字　　数：281 千字
定　　价：45.00 元	

版权所有　侵权必究
如发生印刷、装订质量问题，读者可与出版社联系调换
联系电话：0335-8387718

前言

数字化教学资源是教育信息化建设的重要组成部分，它可以为教育信息化建设提供支持。数字化教学资源的开发与应用是高职院校实现内涵式发展的重要内容。我国高职院校数字化教学资源的开发起步较晚，发展速度较慢，数字化资源利用率较低，院校之间差距较大。要加强高职院校数字化教学资源的建设和应用，政府必须加强行政管理，增强对教育资源的控制与高职院校数字化教学资源的推动；学校要增强资源管理观念，提升教师的信息化素养和资源建设能力，充分利用数字化教学资源转变学生的学习模式，加快高职院校现代化发展进程，使数字化资源建设更加契合高等教育的实际需求。

21世纪，人们的文化知识不断地转化为数字信息，并以各种形式呈现出来。当前，高职院校数字化教学资源的建设和共享已经取得了一些成果，但是我国高职院校的数字化教学现状还不尽如人意。在国家政策的扶持和指导下，如何推动高职院校教学资源的建设与利用、实现资源的良性循环、提高人力资源建设的效率，是目前高等职业教育必须重视的问题。

目前，我国高职院校的数字化教学资源建设还处在有序整合的初级阶段。在这个阶段，我们一直在思考如何打破资源的"孤岛"，以更大范围的分享和更有意识的教育把资源整合到学习中去。提高资源品质、提高应用效能、提高产品性能、开发和利用新媒体资源，是当前新一轮数字化教学资源建设的重点。高质量的数字化教学资源是实现教育信息化、转变教学模式的重要基础，而在新技术条件下，移动学习与资源开发是高等职业教育信息化建设的新要求。

目录

第一章 导论
第一节 研究背景 ... 2
第二节 数字化教学资源建设与应用理论基础 ... 4
第三节 数字化教学资源发展演进 ... 6

第二章 高职数字化教学资源建设
第一节 数字化教学资源类型 ... 10
第二节 数字化教学资源的建设思路与路径分析 ... 12
第三节 数字化教学资源开发展望 ... 18

第三章 数字化教学在高职教学中的实践
第一节 数字化教学在高职院校实施中遇到的问题与挑战 ... 21
第二节 高职院校课堂信息化教学的改良 ... 25
第三节 高职院校课堂信息化教学发展策略 ... 29
第四节 高职院校课堂信息化教学的实施措施 ... 34

第四章 翻转课堂在高职教学中的应用
第一节 概念界定 ... 42
第二节 翻转课堂教学的特点 ... 49
第三节 翻转课堂教学的优势与局限 ... 51
第四节 翻转课堂在高职教学中的应用 ... 55

第五章 微课的设计与制作
第一节 微课概述 ... 61
第二节 微课的教学设计 ... 65
第三节 微课制作工具 ... 71
第四节 微课在高职教学中的应用 ... 77

第六章 数字化教学资源设计与开发

第一节 数字化教学资源开发基础 ················ 89
第二节 演示型课件的设计制作 ················ 111

第七章 教学数字化资源库的建设

第一节 高职院校特色专业教学资源库的发展历程 ·········· 122
第二节 高职院校特色专业教学资源库的建设路径 ·········· 128
第三节 高职院校特色专业教学资源库的建设与推广 ········ 136
第四节 高职院校特色专业教学资源库面临的困境与对策 ····· 154

第八章 数字化教学资源的管理

第一节 数字化教学资源的评价 ················ 162
第二节 数字化教学资源的共享与产权保护 ············ 181
第三节 数字化教学资源组织与管理 ·············· 184

第九章 数字化智能校园的信息安全建设

第一节 机房智能化信息管理系统的建设策略 ·········· 225
第二节 教学联合体网站平台的建设方案 ············ 231
第三节 校园网双层入侵检测系统的建构 ············ 236
第四节 校园教学管理信息化的延伸与发展 ············ 242

第十章 云计算环境下数字化教育资源共建共享

第一节 云计算环境下数字化教育资源共建共享模式 ······· 271
第二节 教育信息资源共建共享云服务体系 ············ 282
第三节 教育信息资源共建共享云服务平台架构 ········· 292

参考文献 ···························· 295

第一章 导论

第一节 研究背景

21世纪是信息化、网络化的时代，信息技术被广泛应用，引发社会各个领域的革命性变革。信息化，是指信息成为资源被开发、利用和积累的过程，其基础是通过数字化手段产生大量的信息。人类文明的各个领域都或多或少地被转换成数字化信息存储起来，不仅可对其进行完整规范的保存、整合，以不同形态进行展现，还可以对海量信息数据进行挖掘开发，找到更有价值的资源。信息化教育是信息技术在教育领域的应用，它将网络技术、计算机技术、通信技术等引入教学，为教育教学质量的提升提供坚实的环境支撑和多元化的服务；它打破时间和空间带来的教育限制，使教育在新的教育理念和教育手段下更加广泛且有效地发展。教育信息化已经成为现代教育的核心特征，它是终身教育要求下的必然结果，适应了信息时代人们学习方式和认知方式的转变。同样，数字化教学资源作为教育信息化的基础，为教育信息化提供了现实支撑，因此信息化教育也常被称为数字化教育。各类教育通过将现有教育资源进行数字化、整合、提升、转换，对每个教学环节进行信息化处理，使教育形式更加多样化。

一、职业教育信息化的重要性

高职院校的信息化建设是高职院校发展的必然趋势，以信息化推进教育现代化，是当前教育体制改革的必然选择。要实现我国的教育现代化，首先要实现高职教育的现代化；要实现高职教育的现代化，就要实现高职教育的信息化。高职教育信息化是当前高职教育发展的必然趋势，也是时代发展的必然趋势。

高职教育信息化是高职院校办学质量的一个重要指标。高职教育的成效与地方经济、社会发展密切相关。

二、信息化教学

长期以来,关于信息化教学的界定问题在学术界引起了广泛的争论。现代化教学思想的核心是对信息化教学的理论进行深入总结,并以信息技术为支撑,实现现代教育方法的革新。通过对这一概念的深入研究和剖析可以看出,"集成技术"的学科教学知识的内涵与其所蕴含的内容具有内在的一致性。教师和学生的共同发展是教学改革的重要内容,必须把信息化教学与信息技术、现代教学理念、现代教学方法和学科知识结合起来,不断深化教学改革。

对于教师而言,信息化教学意味着在信息化的条件下组织教学,而从社会层面来讲,信息化教学意味着教学的现代化改革发展。这种信息化教学不仅包括人们认为的多媒体教学,还涵盖了教学组织的方方面面。在信息化教学领域中,计算机网络教学是当下学者研究的热点,它将信息化教学同教育改革结合衍生出立体的信息化教学,促进教育事业走向现代化。

第二节 数字化教学资源建设与应用理论基础

一、人本主义学习理论

信息技术是现代教学理念、教学方法和学科知识的结合，是实现师生全面发展的有效途径。信息化教学与传统教学相比，其创新性不仅体现在对信息技术的运用方面，还体现在教学中转变师生间知识的传递方式，以促进引导和积极接受，从而更好地推动教学的发展和完善。另外，在教学过程中，教师采用情景创设、问题探究、协商学习和意义建构等方式来指导学生，使其成为教学的主体。教师的解释性工作也将更好地转化为一种能促使学生主动学习、协作探索、意义建构、解决实际问题的工具，而学生可以使用这种工具进行各种形式的学习，如查询资料、搜索资讯、合作学习、对话沟通。

二、建构主义学习理论

建构主义是认知主义的进一步发展，是基于皮亚杰、布鲁纳两人的思想而形成的一种结构化的观念。通常建构主义认为，知识并不是真实的具体表现，而是一种解释与假定，它不是问题的终极解答，而是在人类社会发展过程中被推翻，从而产生新的"假设"的过程。认知灵活性，是指学生能在同一时间内以各种不同的方法来建构自己的知识结构，并能在情境中做出最适当的回应；在遇到复杂、非良构的知识问题时，学生能从多维度来进行知识的建构和整体认知。

以建构主义学习理论为指导，数字化教学活动与教材应以多种形式呈现。教师应尽量多地设计知识的表达形式，避免过度简化的资源内容，让学生了解到知识结构的多样性、关联性和情境依赖性。

三、关联主义学习理论

关联主义的中心思想是学习者需要连接到一个学习社区来获取知识，同时也向这个社区贡献知识。学习社区的定义是一群有着相似学习兴趣的人在一起通过不断的对话和交流形成的群体。

信息的传递内容非常丰富，但传递过程却很复杂。在这个过程中，需要将信息内容、学习者和信息制造者当时所处的环境、学习者的认知过程甚至是当时的心情都考虑在内。从书本(或者其他任何信息来源)上学习知识的过程，也许并不像心理学家在认知理论和建构理论中所描述的那样，即学习知识首先需要对知识进行接收，然后再将知识整合到个人的学习网络中。而新的知识节点是怎样和其他现有的知识节点联系在一起的？如果二者之间联系紧密，那么新知识节点就会很快融入学习网络中；如果新知识节点与现有的节点之间有冲突，那么它仍然可以存在，但是需要更长的时间来与其他节点建立联系。

关联理论的主体部分，体现了知识与学习的观点。可以看出，关联主义一直在强调与学习网络中他人的连接过程，认为知识就是通过这样的多向连接与信息交换而产生并传播的，而非以往的单方向传播（从教师到学生）。关联主义的创始人之一斯蒂芬·唐斯详尽地阐述了关联主义：就其核心论点来说，关联主义认为知识分散在网络连接中。因此，学习就是建立网络，在其间来回穿梭的知识不仅仅存在于某个个体或某一地点，而是分散在信息网络中，存在于许多个体中。因此，学习和创造知识的过程取决于人们意见和观点的多样化与对不同的信息流的共享。信息在不断地发生变化，因此人们需要不断对知识的有效性和准确性做出评估。

第三节 数字化教学资源发展演进

本书将数字化教学资源的发展过程分为自由发展阶段、有序整合阶段和协调快速发展阶段。

一、自由发展阶段

经过几年的高速发展，国内已经形成了大量的教学资源，包括课件、教学视频、多媒体素材、教案和参考文献等，构建了一套基于不同类型的教学资源库管理体系，在此基础上，开发了基于网络的教学资源和网络教学平台。其中，教学资源库管理体系的主要形式有文件目录管理、专题资源网站、静态学科资源网站、教育资源管理数据库、教育资源中心、教育资源网络。在我国高校自主发展的历史时期，高校的教育资源建设呈现出如下特征：

第一，教学资源的建设得到了迅速的发展，各类教学资源的开发与支撑体系的开发也得到了极大的发展。大部分的高职院校的教学资源都是从网上采购、自行开发建设的。

第二，由于缺乏统一的规范和建设计划，不同的开发语言、数据库结构千差万别，缺乏统一的数据接口，使得各个系统之间不能进行资源的交流和共享，形成了大量信息资源的"孤岛"。

第三，教学资源重复累积，不能直接用于教学，不能及时更新，不能"正常"地累积。

二、有序整合阶段

在经历了一个迅速而又混乱的发展时期后,我们不得不开始理性地思考:怎样才能消除资源的"孤岛",从而达到更大程度的共享;怎样让教育资源更有意识地与学习相结合。在实践中,一系列的工作已经开始。

从技术上讲,企业应用系统集成了JCA、JMS、Web服务、XML等,并通过中间件将不同的系统、应用、数据源进行连接,实现用户界面、应用系统、数据库、数据仓库之间的无缝数据共享,从而消除异构系统之间数据交换的障碍。为保障教师的个人知识产权,基于数字图像、文字、视频和声音的数字水印技术已成为当前的研究热点。

从理论上讲,共享机制是目前最受关注的资源构建问题。引入高质量的国际化教育资源,发展网上教学,建设数字图书馆,建设虚拟实验室,建设开放灵活的公共服务平台,推动优质教育资源的普及和共享,创新网上教学方式,实现高质量、高层次的远程教育是当务之急。

有序整合是一个长期探索的过程,其教学资源的构建呈现出如下特征:

第一,教育资源的建设步伐减缓,向稳健发展转变。

第二,在这个时期,融合是主题。其中包含了数字教学资源与教学流程的集成,整合教育资源与各类资讯服务,硬件存储平台的物理集成、应用层集成、数据层集成。

第三,制定了多种特定的标准和有效的评估方法。

三、协调快速发展阶段

通过对资源管理系统和学习平台的整合,实现了对资源的有效整合,缓解了资源的"孤岛"情况,增强了高校资源的共享。经过大浪淘沙,不能满足教学实际需求的资源被淘汰,提高了教学资源的整体质量。高等职业技术学院已逐步探索出了一套适用于自身教学发展的教学资源构建方式,数字化教学资源的开发与利用就是其中一个重要方面。这一时期的特征是：

第一，教育信息化建设得到了迅速发展，即"路"的信息高速公路、"车"的网络教学支持系统、"货"的数字化教学资源。

第二，教育资源的高度共享。

第三，通过面对面的教学，数字化教学资源与课堂教学紧密结合。

第二章
高职数字化教学资源建设

第一节 数字化教学资源类型

各种教材、新闻报道中的一些社会现象、自然环境，学生的学习方法、态度、能力，教师的教育教学理念、个人修养、教育手段，等等，都是对学生进行教育的一种资源。

教学资源包括教学材料、教学支持系统和教学环境。

一般认为，数字化教学资源是一种从狭义上理解的特定信息资源，是一种经过选择、组织，适宜于学生发展的信息。

数字化教学资源是指经过数字化处理，可以在计算机或网络上运用的教学资源。

从信息的呈现方式来看，可以把数字化教学资源分成幻灯片、投影、音视频、网上教学资源等。

数字化教学资源相对于传统的教育资源具有处理技术数字化、处理方式多样化、信息传输网络化等特征。

处理技术数字化是指将声音、文字、图形、图像、动画、音频和视频等通过采样和量化，实现从模拟到数字的转变。其优势在于数字信号的可靠性要远远高于模拟信号，并且易于进行误差校正。

处理方式多样化是指通过多媒体计算机技术对多种媒体进行存储、传输和处理而形成教学资源。相对于通过单纯的文字和图像来进行信息处理，采用多媒体计算机进行信息处理的教学资源更为丰富。

信息传输网络化是指利用网络技术，可实现网络教育资源的远程传送，学生可以在任意一台网络计算机上获得所需的信息。

教学资源系列化是指通过资源管理者或教师对教学资源进行系统分类，为学生提供多种教学信息。

资源构建可操作化是指学生和教师可以通过各种不同的信息处理手段对教学资源进行再创造。

第二节 数字化教学资源的建设思路与路径分析

在新的形势下，高等职业技术教育面临着前所未有的挑战。而构建数字化教学资源，促进了高等职业技术教育的全面变革，是实现高职教育信息化的关键。从一定程度上说，建设高职院校的数字化教学资源，既要有专门的教学设备，又要有高水平的教学队伍。要实现高等职业技术学院的信息化建设，必须把高职院校的教学与管理优势资源整合起来，为高等职业技术学院的信息化建设打下坚实的基础。

一、高职院校数字化教学资源的建设思路

(一) 树立正确的建设目标

高等职业教育信息化教学资源的构建，最终目的在于加强对人才的有效培养。在构建数字化教学资源的过程中，必须坚持以人才培养为核心，既要与我国现行的教育体制、教学标准相适应，又要为广大师生提供丰富的教学资源，有效保障高职院校教学质量和人才培养水平。

(二) 坚持科学的建设原则

高职院校的数字化教学资源建设是一个综合性的教学工作，它要求有系统的教学计划与安排，同时要遵循科学的教学理念，保证教学资源、教学内容的规范化、科学化，以提高人才培养质量。

(三) 制定完善的教学方案

如果要从根本上保证数字化教学资源的建设效果，必须制订一个完整而系统的教学计划。以构建目标为导向，合理规划数字化教学资源，积极完善数字化教学基础、教学环境，建立高素质的教学团队，运用全新的信息化教学理念，提升高职院校数字化教学资源的建设水平。

二、高职院校数字化教学资源的不足

(一) 缺乏科学的数字化资源设计

目前高职院校的数字化教学资源建设还没有一个清晰的规划和设计，没有针对不同的专业、地域、文化、学校特点制订相应的数字化教学资源计划。

(二) 缺乏系统完善的建设机制

在高职教育信息化进程中，数字化教学资源建设离不开教育部门、社会以及高职院校的支持，这是一项系统而又复杂的工作，需要有完善的建设机制作引导。但是实际上，我国很多高职院校都缺乏系统而完善的建设机制。一方面，高职院校的领导以及一线教学的教师等对于数字化教学资源的建设不够关注，使得高职院校数字化教学资源建设的效率不高；另一方面，我国基层教育界和相关主管部门对数字化教学资源的管理还不够到位，对其实际改革部署工作的监管与保障也不够充分，严重制约了高职院校信息化和数字化教学资源的利用。

(三) 缺乏优质的教学资源

目前，随着高等职业教育课程改革的深入，高职院校对数字化信息资源的掌握还不够充分，在教育信息化建设和课程教学中缺少优质的教学资源。一是高职院校一般都是依靠学校内部的网络资源进行信息资源的收集，因此获得各种不同的教学信息和新的课程资源仍然很困难。二是一线教师的整体素质和水平参差不齐，对数字化教学资源的开发、课件的编辑能力相对薄弱，这就从根本上降低了高职院校信息化教学的效率和水平。

三、高职院校数字化教学资源的建设策略和路径分析

(一) 完善数字化教学资源设计和规划

数字化教学资源的构建直接影响到高等职业教育教学的实施和改革。在新的阶段,必须首先对数字化教学资源的设计与规划进行优化,并结合高职院校的实际教学需求、课程体系、教学目标,充分利用现有的教学资源,构建一套完整的数字化教学体系。其次,高职院校的领导和一线教师要真正重视数字化教学资源,了解学生的实际需要,并结合当前的学科发展趋势和课程改革,合理安排数字化教学资源教学。最后,为避免数字化教学资源的重复无序,高职院校还应积极设立专门机构,承担数字化教学资源的开发与采集工作,从而为教育信息化提供良好的环境。

(二) 建立健全制度保障

要切实落实信息化教学与数字化教学资源的建设,从宏观层面上加强与教育系统的整合,同时要积极探索数字化教学资源的开发方法,建立高职院校数字化教学资源的统一规范,实现对高职教育的信息化建设。只有如此,才能更好地为高等职业教育信息化提供服务。

(三) 积极优化一线的教学团队

在新时期,高职院校要加强对一线教师的队伍建设,强化对高职院校信息化教师的引进和培养,充分给予一线教师一定的信息技术以及信息化理论的培训。比如,加强教师制作数字化课件的能力,开发微型课程等。同时,高职院校还应积极引进现代信息化技术人员,为高等职业教育提供新的信息资源和业务技术骨干。

进一步明确数字化教学资源的开发与建设,并结合自身的实际需要,针对目前信息化建设中的一些问题,进行有针对性的优化,为高等职业教育数字化教学资源的建设寻求新的发展途径。

四、数字化教学资源建设的必要性

目前,高等职业教育的教学平台已经成为高等职业教育的重要阵地,同时也成了数字技术和现代教育资源的重要载体。数字化教学资源教学平台是实现师生自主学习的重要途径,是他们获取知识的重要渠道,是教师利用信息技术提升教学质量的有效手段。

(一)高职院校数字化教学环境的基本条件和主体

1. 数字化教学环境的基本条件

首先,高等职业教育的硬件设施是高等职业教育信息化的基础,现代化的物质条件和技术水平是现代高等职业教育信息化的基础。当前,许多高职院校已经告别了黑板粉笔时代,教师们的板书也已经成了过去式,被PPT等现代化的教学手段所代替。当然,当代教学模式也存在诸多缺陷,尽管如此,数字化教学仍然是主流,这也是当前科技发展的新趋势。其次,由于计算机和互联网技术的发展,目前高职院校学生已经对网络技术和网络环境非常熟悉,他们能够迅速地适应网络,熟练地运用和利用网络资源,并能够理解和把握这些信息的含义,这为高等职业教育的数字化教学创造了有利的条件。因此,在新技术、数字化的教学手段下,如何让传统的、枯燥的课程变得生动直观,是当今高等职业教育教学的新课题。

2. 数字化教学环境的基本主体

现代高职院校在历史传统、经验和基础上,形成了新的发展模式和发展计划:结合文化环境、社会环境等因素,设置教学内容,利用数字化技术与平台将高职院校讲授、传递与学习知识的过程结合起来,创建个性化、特色化的新型平台和链接系统,以完成教学过程。

综上所述,高职院校的教学环境是实现全数字教学的关键要素,它是由校园网络、多媒体网络系统、操作者等多种要素共同组成的硬件环境。也就是说,支持数字化教学的软硬件设施与环境有校园网、多媒体教室、网络技术中心、相关学科与专业精品课程、高职院校图书馆的馆藏资源等。

数字化教学的具体内容与结构，除了物理环境条件外，还与专业领域、学科特点、地域文化知识密切相关。一所高校的教育内容，除了与各专业、学科发展的基础条件有关之外，还与馆藏资源的特点、结构和使用方法有关。

在高等职业教育中，除了硬件和客观环境的影响外，还应考虑到师资队伍建设、专业分布和知识结构的特征。运用现代化媒体技术，利用数字化教学基础设施，是高职院校教育数字化教学的重要内容，它包含高职教育的认知、适应和运用现代教育环境的全过程。根据专业特色、教学内容、教学需求，结合高职院校的图书馆资源，通过案例教学和精品课程的教学，将教材资源转变为可利用的有效教学资源，将其运用到实际教学中去。教学过程也离不开高职院校图书馆的工作人员，他们既是职业教育的主体，也是职业教育的间接载体。因此，图书馆的工作人员在数字化教学中的作用是十分关键的。

(二) 高职院校数字化教学的功能及必要性

1. 高职院校数字化教学的功能

（1）资源链接

数字化教学就是利用现代数码技术与手段，运用新技术、新手段进行教学活动，将学校的教学资源进行有效链接。通过应用系统模块，实现多种教学资源的集成，并为学生提供一个可操作的平台。利用现代化的数字技术，将整合的资源作信息化处理，改变了传统的教学方法，使教学模式与内容逐渐发生变化。高职院校图书馆作为高等职业技术教育和研究的基地、资源中枢，是资源链接的核心部门。教师和学生之间的联系和互动，可以在资源的整合下，形成一种高效的资源交换和对话。

（2）时空链接

现代科技发展中最重要的结果和变革之一，就是空间与时间的联系与交叠。学校的教育资源数字化进程，使校园网络与教学平台相连，教师、学生可以随时登录教学平台查阅有关内容，不受时间、空间的限制，通过快速、敏捷、生动的数字化过程获得相关信息和知识，进而反映出学校教学的时代性、社会性意义。

（3）人员链接

科技为当代社会提供了空前的交流与联系的方式，数字化的进程不仅让学校的资源与时间、空间得以有效链接，更推动了师生之间的凝聚、互动与联系，整合了人力，从根本上改变了高职教育的教学模式和人才培养模式，为人才管理和队伍建设开辟了新的平台和空间。数字化教学不仅需要有专门的教师，而且需要有整理、收集文献资料的专门的网络技术人员和高级管理人才，图书馆的运行机制与效能将直接影响高等职业教育的发展。

2. 高职院校数字化教学的必要性

当前，数字化进程正渗透并改变着人类社会的方方面面，是现代化与时代性的显著特征。在这个不断变化的时代和技术环境中，高职院校教学流程的数字化已经成为不可缺少的环节。在过去的十多年里，随着一系列重要文件的出台，教育信息化受到了国家的重视，数字化教育逐步上升到了国家教育和社会发展的战略层面。

高职院校是社会发展和知识更新的第一线。首先，在高职教育信息化的过程中，师生在知识的传递交流中发挥着重要的作用，这为开拓学生的眼界开辟了新的途径。对少数民族地区高等职业学校而言，利用数字化资源，可以让师生从更宽广的视角了解到更多的信息，并以另外一种方式展现和传播民族语言。其次，高等职业教育教学数字化为民族地区的教学提供了学习和掌握新知识的方式和方法，帮助民族地区高职院校师生改变传统学习理念、方式和手段，提升学习效率和质量。最后，数字平台为高等职业教育提供了一个共享的机会，实现了教育资源的共享，使教育资源从一个被边缘化的"孤岛"变成了一个"中心"。

第三节 数字化教学资源开发展望

把教育信息化作为国家信息化发展的总体战略，就要提前布局教育信息化。运用先进的资源、技术，创新的运作机制、管理方式，整合现有的资源，建设先进、高效、实用的数字化教学平台。要加快网络终端的普及，大力推进数字校园的建设，做到网络的多元化。要强化农村中小学的信息化建设，努力缩小城乡之间的数字鸿沟。加速中国教育科学研究网络的升级和中国教育卫星网络的升级。建立教育信息化的基本标准，推动信息系统的互联互通。

新时期教师要与时俱进，改变传统的思维方式，多使用诸如交互智能白板、光标阅读器、教学平台等数字化产品，也可以让学生有针对性地选择教学方法，从而提高教学的交互性。让教师在教学过程中，尽可能地激发学生的主动性，让僵硬的理论知识变得更加灵活，更容易被学生所接受，让学生的学习不再那么单调。在教学过程中，教师要注重培养学生的能力，合理地使用教学资源、教学媒体和教学材料，使教学效果达到最佳。现代智慧教室的建设，离不开一位"智慧型"的教师——他能够熟练地运用信息技术，做到教学有方、授业有计、解疑有计。

随着数字化教学进入普教体系，我国的校园网建设也已进入成熟期，但目前国内的教育信息化建设仍有很多缺陷。如缺乏一套完整的、适用于学校信息化和信息教育的模式；教职工也普遍缺乏必要的资讯系统与应用技术；而在整个教育领域，也缺乏高效、实用、针对性强的多媒体教学软件。与此同时，在学校的信息化建设上，还存在着经费不足、校园用户过分依赖于网络的维护和技术服务等问题。

　　数字化教育的核心竞争力在于数字化技术的创新与管理运营，而提高数字化技术创新与管理运营能力的关键在于人才的培养。数字教学的高层次人才，尤其是复合型的数字化教学人才短缺，数字产品技术开发人员短缺，成为数字化教学发展的瓶颈。

　　尽管数字化教育的道路任重而道远，但我们可以看到，数字化教育在面对新的挑战的同时，也会有更好的发展机会。经过近几年的实践，教育界人士日益意识到，资讯科技为教育提供了更有效的手段、更广阔的思考空间、更充分的机会。从这一点可以看出，信息化已经成为我国教育发展的一个新的增长点，也是我国教育现代化的必然选择。众所周知，教育的实质是人的全面发展。教育信息化使教育信息资源质量空前、规模空前，教育也超越了校园的围墙，传统的教育观念将会得到进一步的发展和变革。

第三章
数字化教学在高职教学中的实践

第一节 数字化教学在高职院校实施中遇到的问题与挑战

当前，社会对高职院校毕业生的强烈需求，使高职院校得到了较快发展，招生人数不断增加，学校规模也在不断扩大。同时，这些也都给高职院校的教学管理带来了严峻的挑战。高职院校要想适应新形势的发展，必须不断提升教学管理水平。现代资讯科技的发展日新月异，这对提高高职院校的教育教学水平具有较强的推动作用。高职院校的发展需要不断创新，以提高办学质量。要创新教学管理方式，就要将计算机信息技术融入其中，研发适合高职院校发展所需的教学管理信息系统，建立信息化的教学管理模式。

一、高职院校学生对信息化教学的认可度不高

高职院校的学生都是十几岁的孩子，对社会、所学专业等都充满了好奇，对未来的工作和学校里的新东西也有很高的接受度。同时，由于高职院校学生正值青春期，其心理素质和行为能力都处于尚未成熟的阶段，因此，在日常生活中，学校要对其进行适当的指导，培养其良好的个性。目前，网络教学逐渐在高职院校的课堂教学中得到了运用，而其中的一个重要环节就是学生的参与。高职院校的学生既有一定的可塑性，又有一定缺陷，这使得信息化教学的普及遭到挑战。

（一）文化知识基础较差

近年来，国家对于高职院校扩招的政策一直很宽松，基本上已达

到人人有学上的程度。在此情况下，一些高职院校招收的学生的知识文化水平较之从前有所下降。尤其是高职院校，相对于其他高等院校，门槛相对较低，学生的综合素质参差不齐。因此，高等职业教育在提高教学质量上存在着一定的困难。

(二) 学生学习动机缺失

目前，有的高职院校学生存在错误的观点，即进入大学校门便高枕无忧了，因此现在很多大学生在学校没有了学习的动力，只是机械地去上课、被动地去学习，至于教师在课堂上讲授什么并不关心，学习积极性下降，也不考虑对未来的规划。

(三) 缺乏自我管理和约束能力

目前高职院校教师在进行课堂教学时所运用的网络信息化的程度还不高，并不能很好地满足学生对课业的需求，因此，教学也无法达到理想的效果。鉴于目前高职院校学生存在的文化知识基础薄弱的问题，在教学内容设计上要有针对性。在教学过程中，教师要重视对信息技术的运用，采用新的教学方式，以激发学生的学习兴趣。

高职院校教师在课程设计上，首先，应当注重课程教学内容的设计。在教学中应适当地运用信息化教学方法，并与其他多媒体教学工具相结合，以期实现教学的立体化。同时，也有利于教师在实操中提高自己的信息技术水平，让学生能更好地学以致用。其次，还要逐步更新落后的教学观念，紧跟时代步伐。在网络环境下，加强自主学习、主动学习，利用信息化手段，提高教学质量。

二、高职院校教师对信息化教学的掌握水平不一

在对几所高职院校的学生进行问卷调查，以及对部分教师采访后得知，目前，在高职院校内开展的信息化教学建设还存在一些问题，需要逐步解决。现在高职院校课堂开展的信息化教学建设，多数处在空有其表的状态，并未真正发挥其应有的效果。在高职院校课堂中落实信息化教学建设，重要的是要以学生为本，在课程内容设计时

充分考虑学生的基本状况，制作的课件要切实可行，不能盲目追求课件的华丽，也不能简单地将课本知识进行由纸质书籍向电子屏幕的转移。以对学生知识、技能和情感三方面的共同提高为目标，建设立体化的教学。信息化教学模式建设的目的是使学生能够不受时间、空间的限制，随时随地地学习知识，不再受上课时间的限制，能够随时通过网络资源进行自主学习。信息化教学以计算机为主导，它改变了传统的教学方法，其所具备的交互性、超文本性、网络性等特征，极大地激发了学生的学习热情，可以让学生在知识的海洋中自由地邀游，探索新的世界。在信息技术教室中，教师不再是教室的主人，而是从传统的传递知识转变为教授知识和学生学习的助手。

三、信息化教学面临的挑战

信息化教学在为高职院校的课堂教学提供方便的同时，也给它提出了一系列的挑战，主要体现在：当教师没有作好充分准备时，会出现无法控制的情况。在信息化教学模式下，要把学生置于首位，使其主动地获取知识和信息，而不是单纯依靠教师来进行教学。而教师要在教学中充分发挥学生学习的主导地位，减少其对教育的控制力。在培养学生的主动性和创造性的同时，还可以调动他们的学习兴趣，使他们在现实中提高解决问题的能力和应变能力。传统教学模式中，客观上存在着教师在教学中工作效率低下的实际问题。在这种情况下，由于教师自身权威地位的变化，导致其在应对突发状况时处理不当，进而阻碍信息化教学模式的顺利实施。

另外，由于多数学校自身不能满足现代化信息教学的需求，导致其在现代化教育发展进程中落后，这就要求学校要不断对其办学设施进行更新升级，提高学校的教育技术水平。但由于各地经济发展不平衡，导致各地区的教育水平差距明显，有些学校甚至没有可供现代化教学模式转变的资金支持。而且在师资建设上，缺少具备相关技术能力的教师，在很大程度上也影响了信息化教学模式的实施。

四、高职院校教学管理信息化存在的主要问题

部分教师对教学管理信息化的重要性认识不足,在教学管理过程中,一些教师习惯了传统的管理模式,采取的仍是人工作业方式,缺乏信息化管理应有的积极态度与意识。这显然不能满足目前的教学管理需求,会导致工作效率低下。高职院校要想走上科学化、规范化的发展道路,必须提高信息化的管理水平。针对我国高职院校教学管理信息化建设存在的问题,学校在实施过程中,必须进行改革,以适应教务工作的实际情况,并对不合理的情况进行相应的调整。教学管理信息化体系的建立要立足于当前的信息化应用现状,并对其未来发展趋势进行有效管理和控制。

第二节 高职院校课堂信息化教学的改良

一、高职院校课堂信息化教学改良原则

具体而言，在高职院校课堂信息化教学建设过程中应遵循以下原则。

（一）理论性原则

理论知识是教育的重要组成部分，是一切学科的基础。在实施了信息化教学后，教师教学的性质并没有发生变化，其最终目标还是要为社会培养技术人才。教师要清楚地了解学生应该掌握的技能，同时，要使所传授的理论知识和技能能够适应社会的需要。

（二）实践性原则

高职院校对于人才的培养，更多的是培养具有实践能力且能够独立完成某项技术工作的人才。除理论教学之外，还应该对学生进行实践能力的培养。信息化课堂教学的实践性，就是通过课堂上的实操过程，让学生直观地了解所学知识的应用方法。

（三）交互性原则

高职院校信息化课堂教学的建设，更加注重学生与教师之间的交互性，打破了传统模式下教师只"教"的模式。教师在教学中以学生为主体，鼓励学生积极利用一切可利用的资源，特别是网络资源进行学习。教师可以面对面地对学生进行学习指导，也可以通过网络为学生答疑解惑。

(四)动态生成性原则

信息化课堂教学的目的是要让学生能够主动地去学习,这就需要高职院校在进行信息化课堂教学建设时遵循课程的动态生成性原则。学生通过教师的引导,主动地去探寻知识,完善整体的知识架构。通过这种方式,可以让学生感受到自主学习的快乐,从而提高他们学习的积极性。

(五)互补性原则

课程学习的内容是多样的,课程的呈现方式也应该是多种多样的。要利用声、光、电等不同的表现形式使课程变得生动有趣,从而改善课程本身的枯燥性。教师要以课堂讲解和自主学习相结合的方式进行教学,学生也可以通过网络搜索更多的课业资源来对课堂上的内容进行补充。

(六)学生中心原则

无论是传统的教学模式还是新型的信息化教学模式,学习的主体都是学生,课程的设计都要体现以学生为中心的原则。信息化课堂教学的建设也应有学生参与其中,这样的设计才更能贴合学生的自身特点,这对提高教学效果具有一定的参考价值。

(七)立体化原则

高职院校的课堂信息化建设,以适应不同层次学生的需要为目标,既要考虑到不同的学生需要,又要考虑到不同的学习需要。教师的教学方法应该遵循"立体"的原则,逐步丰富课堂的形式,以达到教学目的。

二、高职院校课堂信息化教学改良的重点

目前,高职院校课堂信息化教学建设不足主要表现为方法与内容组织不合理、视频媒体优势没有得到充分发挥以及评价过程中主体缺位。

高职院校的课堂信息化建设不能仅仅停留在形式上,尽管它在传

统的基础上进行了改革和建设，但信息化的教学并不是单纯地将纸质图书转化为电子书，而是要在教学和教学体系的设计上与信息化教学相适应。本书着重探讨了在高职教育中，教师在课堂教学中如何合理安排课程与教学方式，尤其针对如何在教学内容的组织与外部资源的构建方面进行了有益的探讨。

(一) 建构主义学习理论

建构主义学习理论是社会建构主义学习理论的另一种表达形式，是在社会主义文化背景下对学生所处环境的具体理论指导，是推动学生主体与他人主动互动交流的过程。

建构主义学习理论彻底摒弃了以斯金纳为首的行为主义，以加涅等人为代表的认知主义思想中的落后因素，并对其内涵的可采纳部分作了深入的探讨。皮亚杰的学习理论是建构主义学习理论发展的主要推动力。在新建构主义的"学习"与"知识"的观念里，知识就像一棵充满生机的榕树，它的建构与榕树的成长过程一样，是一个缓慢而渐进的过程。新建构论将知识划分为三个层次：第一层次是感性认知，第二层次是对理性认知的理解，第三层次是发挥想象力。这三个层次构成了一个完整的知识体系，它们彼此紧密联系，缺一不可。

(二) 后现代主义课程理论

20世纪60年代后期，建筑领域中广泛采用的后现代主义理论课程，是用来描述区别于以往风格的构建风格的基础理论课程。随着信息技术在社会发展中主导性地位的实现，人们逐渐认识到后现代主义课程理论对教育领域的深刻影响。后现代主义课程理论所代表的具有进步意义的指导思想，对现代主义课程中封闭、简单、累积等问题进行否定，并充分强调其自身理论的开放性、变革性与复杂性，以及其对教育教学的指导意义。高职院校信息化教学建设对后现代主义课程理论的应用，是对课程建设创新中单一性、封闭性的一个推翻过程；不同思想意识的产生，是建立在对不同事物的不同理解与不同立场上的充分思考。所以，后现代课程理论在高职教育信息化教学建设的根本作用体现在对多样性学生群体的整体把握上，学校应以开放性的知识组织形式与指导思想，满足不同学生群体的实际需求，引导学生更好地参与到教学实践的全过程中去。

（三）知识管理理论

知识经济时代的快速发展，推动了知识管理理论的形成与发展。知识管理理论的具体实践，是通过对现代化技术工具的具体应用，将信息化教育领域中的知识、经验进行系统的处理归类，并通过网络技术环境，将具有实践价值的知识理论进行传播、共享的过程。知识管理理论是一项具体的知识管理系统理论，根据其所具备的功能可分为显性知识管理与隐性知识管理两种管理形式。具体表现在对于知识的表达方面，显性知识是对知识明确而系统的表达形式，而隐性知识则是根据其字面意义进行隐性解释，通过演示说明来表达语言无法解释的知识。

技能学习是高职教育教学过程中的关键环节。领悟与练习，是技能教学过程中重要的教学方式，是语言文本无法替代的实验教学。而当前环境中的教学研究，对于隐性知识的显性化研究，是传统教学实验过程中对于技能学习的实践引导与理论指导的有机结合。其根本目的是更好地推动隐性知识的发展与传承。职业技术教育的目的在于培养学生的实际操作能力，使他们能够适应社会发展的需要。在实践教学中，学校必须增加技能学习的课程设置，将技能性隐性知识的显性化研究作为高职院校教学课程建设研究工作中的重点研究对象。

第三节 高职院校课堂信息化教学发展策略

高职院校教学管理信息化发展与计算机技术的应用程度和水平紧密相关。教学管理信息化要以计算机应用为基础，通过科学、先进的教学理念指导，将信息管理方法运用到教学管理全过程，实现教学管理的各项职能与教学目标。教学管理的信息化建设主要从教学计划、教学组织、学科建设和教学质量评估等方面进行。

高职教育教学管理信息化的发展趋势：第一，把教学管理中的海量数据进行数字化处理，从而提高教学管理的效率。第二，教学管理信息化要能够实现共享。当今时代是知识经济时代，信息化方式改变了知识传播与应用的方式。第三，教学管理要能够通过网络建成信息系统。通过互联网技术，将高职院校内的计算机互联，实现网络资源的共享。

如何有效地实现教学管理的公正、公开和公平，是高职院校教学管理工作的重要组成部分。具体而言，首先是实现科学的教学管理，提高教学管理的工作效率。通过信息化建设和发展，教学管理可以实现对教学基本资料的精确把握，从而节约人力、物力、办公费用。教学管理信息化也将为各级行政机关提供方便，减轻工作负担。

其次是实现了教学管理的透明化，实现了教育、教学资源的公平和共享。通过公共信息平台，将教育教学资源的使用状况进行披露，使得教务部门能够最大限度地优化教学资源，让学生得到相对公正的对待。信息技术和教育教学深度结合，使得教学管理中对学生成绩的管理更为透明，从而增强了学校教育教学的严肃性和公平性。

最后是教学管理工作的质量和评估水平得到了改善。教学管理信息化对于提升教学服务水平、推进日常教学和学科建设具有重要意义。同时,教学管理信息化可以方便教务部门进行教学评估和监督,可以方便学生进行信息反馈,为教务部门依据评审结果改善工作、提高服务质量提供直接推动力。

对于信息化课堂教学的建设前人早有研究,基于前人所作的努力,为了能更好地改良和辅助高职院校改变传统的课堂教学,本书从教学方法和教学内容上,建立起了针对高职院校信息化课堂教学建设的模型。

一、教学方法与过程建设

国家提倡"因材施教",而信息化教室的建立则使这种教学方法成为现实。在高职教育的课堂上,采用信息化的教学手段,使得师生、生生之间的交流与学习更为方便,打破了时空上的局限。尽管学生的学习状况、能力各有不同,但完全可以满足不同水平学生的需要。随着网络的不断普及,教师的工作也越来越繁重。在教学中,教师要比学生更熟练地运用网络,将传统课堂改造成符合网络教学模式的新形式课堂,从而确保教学的顺利进行。在新的教学条件下,营造轻松、有趣的教学环境,是实现教学目标的最好的途径。

二、教学内容组织

高职院校信息化教学模式在逐步推行的过程中会不断出现问题。目前,在信息化课堂中主要存在以下几种问题:第一,教学的主体是学生,但教师在课程内容设计上往往会忽视这一主体,使学生丧失了自主学习的机会;第二,部分课程内容设计没有考虑高职院校学生的自身特点,所以学生不能适应这些课程;第三,课堂设计应当注重理论与实践相结合,在了解理论知识的同时多进行实践,目前课程中实践的部分过少;第四,虽然采用了信息化教学模式,但是对于课程内容的更新仍需加强,教师教授的内容过于陈旧,不能展现行业的前沿信息;第五,课程中虽然加入了互动交流的部分,但是没有真正起到应有的作用;第六,对课业的评价仍旧只注重结果,课程学习过程的评价还有待创新;第七,对于学习方式的设计,虽然有了大体的轮廓,但是未能体现出信息化教学的精髓,对于新型教学方法的运用还有待加强；第八，课堂中网络信息的优势被埋没，课程设计中虽有涉及但是皮毛，对于网络的运用还需进一步加强。对此，本书从不同方面对其进行了分析并提出了相应的解决措施，以期能加快实现高职院校信息化教学内容的立体化建设。具体的解决方案如下。

(一) 教学目标

在构建信息化教学的过程中，建立课堂教学目标至关重要。在课程设置上，应以清晰的教学目的为出发点，而不应仅限于理论上的表述；应与教学实际相结合，依据现代教育学的知识、技能、情感、态度等，制定出一套切实可行的教学目标，并以此为依据进行细化、实施，以激发学生的学习动力。这样，教师在课堂上就会更加有针对性。

(二) 思维点拨

在课堂教学中，不管是传统的教学方式，还是信息化的课堂教学方式，教师对学生的引导都是必不可少的。思维点拨即可看作教师在教学过程中对学生的问题引导。信息化课堂教学与传统教学的不同之处在于，教师要做的只是对学生进行思维点拨而不是代替学生思考，将思考回答问题的权利还给学生。在学生回答不出问题的情况下，教师要做的是点拨、引导学生通过网络、书籍或是小组讨论的方式得到他自己的见解，从而得出答案。

(三) 知识架构

一节课的内容往往很多，而传统的教学方法仅仅是知识点的罗列，学生很难记住，也不利于复习。在信息化的课堂教学中，构建知识框架是一个非常重要的环节，它既方便学生记忆，又有利于学生在课后自主学习，因此可以有效地提高学生的学习质量。

(四) 资源开发

在课堂教学中，学生要积极挖掘与课程内容有关的知识，并运用所学知识来扩大自己的知识面。资源开发是指在教学中为学生提供更多的知识，通过互联网来获取更多的信息。

（五）三维评价

信息化课堂教学建设要求对学生和教师的评价要包含过程性评价和结果性评价两方面，这两方面又分别来自学生、教师和其他团队成员的综合评价，概括来讲就是"三维评价"。三维评价强调对学生的全面评价，而非只重视学生的成绩。通过评价学生的学习进程，可以为他们提供有价值的建议，从而为他们提供更好的指导。

三、媒体资源建设

在信息化的课堂教学中，教师运用各种方法和手段来展示教学内容。当前，教师选择的最常用的方式是 PPT，除此之外，还有视频、图片、实物模型等。视频、PPT、图片等，都可以在网上和同学们进行互动和共享，既方便了教师对资料的管理，也方便了学生们在课堂上的学习。在多媒体教学中，多媒体资源是最重要的，而多媒体资源的表现形式也是多种多样的。

（一）电子教材

在新型授课模式下，以电子设备为载体的教材越来越为学生所接受。时下，智能手机等电子设备的更新换代越来越快，设备的功能也越来越强大，电子教材正逐渐替代传统的纸质教材。所以，高职院校信息化课堂教学的建设要建立完善的电子教材库，以供学生自主学习使用。

（二）电子教案

与电子教科书相比，电子教案同样不可或缺。教学计划是教师完成教学任务的基础。随着教学信息化的发展，传统的纸面教学逐渐向电子教学转变。电子教案在教师教学过程中的便利性自不必说，其形象生动的展现方式也深受学生喜爱。电子教案的使用使得教师的教学变得简洁明了，但是电子教案并不是完美的，对于电子教案的使用还需进一步完善，以便满足学生的需求、符合教学大纲的要求。

（三）电子课件

教学课件是可以独立使用的软件，可以通过专门的开发工具或计算机语言直接制作，其制作的动画等可用来解释教学中的重难点问题。在制作教学课件时，可以使用仿真技术、动画、视频等技术手段。在应用过程中，设计和制作尤为重要。视频、动画和仿真技术的应用，不但可以让教师有更多的时间来解决基础问题，也可以有更多的时间来满足学生的个性化需要，帮助他们更好地理解这些知识，提高他们的学习效果。值得注意的是，在视频播放过程中，教师不能不言不语，还要在适当的时机针对视频中所提到的知识点加以讲解并提出问题，再给学生充足的时间对问题进行讨论，让其能够在与其他同学的交流中完成课堂任务。

相信在不久的将来，教师的角色将不再是知识的搬运者，而是学生思维的开发者，学生在学习生活中变得更有自主性、独立性与创新性，这也是适合时代发展的一种新型的教学模式。

第四节 高职院校课堂信息化教学的实施措施

一、根据高职教育的特征，选择适合高职教育的信息化教学资源

第一，高职教育以培养技术型人才为目标，学生在毕业后，具备相关专业的实际操作技能，不仅掌握所学的专业理论知识，还能解决生产、服务、管理等方面的实际问题。高职教育在培养人才时，更注重培养学生解决实际问题的能力，而不仅仅是对某一领域的知识的掌握。高职院校培养的人才均为经验丰富、工作能力强的复合型人才。

第二，高职教育培养手段多种多样。高职教育培养出的人才都是实战型人才，因此在教学过程中，除了理论知识的传授，教师也会更多地带领学生进行大量的实习、实践活动等。在高职院校短短三年的学习时间里，教师需要通过不同的教学方式，让学生全方位地了解自己所学的专业。而了解的最好办法就是到一线工作岗位，切实地去亲身体验一下。当然，不同的课程、不同的教师，教学的方式也不尽相同。目前，在课堂信息化教学建设逐步推进的背景下，教学多采用现代化的多媒体技术手段。

微课是信息技术时代网络教学的一种新形式，它利用互联网进行分散的知识信息传播。目前在高职院校中，不管是哪个专业，学生所要掌握的知识点都是非常分散、繁杂的，通过微课的形式，将各个知识点进行梳理和整合，可以让学生在不同的时间、地点学习。学习不

再是固定的、定时的、死板的模式，而是无处不在的学习、无时无刻的学习，这对传统的教学模式来说是一种挑战。借助这种新的信息资源，学生可以改变学习方法，可以自主学习，建立自己的学习模式，整理自己需要的知识。高职院校的课堂教学不仅要为学生提供各类学习资源，还要让学生掌握各种技能，例如虚拟实验的录像、现场演示等。总之，要实现高职院校学生"零距离"就业，构建信息化课堂教学资源十分重要。高职院校应结合自身特色，充分发挥其在高职教育中的作用，推动高职毕业生顺利就业。

一、优化信息化教学过程，使教学课程立体化

调查发现，高职院校的信息化课堂教学无法充分满足学生的需要，是当下高职院校信息化教学中存在的一个重要问题。因此，在构建和组织学习内容时，如何设计有效的信息格式（即资源）是信息化课堂的一个重要的影响因素。高职教育信息化课堂教学的建设要做到以下三点：一是要优化课程的内容与过程，二是要确保高职教育信息化课堂教学的有效性，三是要确保课堂教学资源的合理配置。具体操作如下：

第一，从系统方法角度，认识高职院校的信息化课堂教学的开发和利用。对于高职院校的信息化课堂教学的设计、实施方案，采取宏观调控的方式，以达到步骤准确、操作规范，保证资源的多样化。从高职院校信息技术教学的发展和利用的广度、深度和高度出发，探讨高职院校课堂教学的信息化建设和使用中的技术选择，并具体实施。

第二，在高职教育中注重师生之间的情感交流。在教学过程中，要避免过分注重学生的知识和能力，而忽视了对其情感、态度、价值观等方面的培养。目前，大部分的在线教学资源构建都过分注重知识与交互，而忽视了学生的情感交流。单纯的知识教学，容易使学生产生厌倦情绪，"以人为本"的教学应该是激发学生的积极情感和情感体验的有效途径。信息技术的课堂教学过程使用微信这个新形式的媒体、公众平台，给学生更多的互动体验，让学生主动挖掘内容。教师通过微信公众平台后台和学生进行实时沟通，鼓励学生树立信心，积极探索，从而使学生在学习过程中实现情感交互。把微信公众平台设置为相对

私密的平台，以不公开姓名的方式在课堂上回答问题，不仅能照顾学生的隐私，还能更好地沟通。在考虑科学合理的组织教学内容和设计的同时，对学生进行情感启示，保持其主动学习的状态，这样的教学才能称为高质量的教学。

三、实训视频实时交互，增强课堂教学的互动性

三维网络教学资源的构建是为了更好地支持教师在课堂上进行教学，提高学生的学习水平。专题视频对教师的教学和学生学习都有很大的帮助。同时，把传统的培训录像转换成能够进行实时互动的实训录像，既能增强课堂互动，又能促进校企合作，共享社会资源，是一种行之有效的方法。

第一，实训视频使信息化课堂教学更具专业性。

高职院校的课程开设是根据专业的不同而分门别类进行设置的，相关专业的教师对于本专业的教学内容和课程特点应当十分清楚。在进行课堂信息化教学建设时，专业课教师对于专业知识的重点和难点，能够更好地通过网络来更加直观地对学生进行讲述，在给学生进行答疑解惑时也能更具有针对性和实用性。另外，在备课阶段选择学生学习的辅助资料时，专业课教师也能准确地挑选一些具有实用性的视频资源或图片资源等。

第二，实训视频资料对立体化网络教学的意义。

视频教学是一种非常直观的教授学科知识的形式，特别是对于高职院校的学生来说，多数专业技能需要与实际联系才能掌握，视频教学是一个不错的方式。实训视频是学生学习本专业相关技能时一种简单有效的教学方式，对于一些语言难以描绘的实际经验，实训视频无疑能解决这一难题。实训视频，对于提高网络教学的学习效率功不可没。

资讯科技与传统教学方法的结合，使学生对课本知识有了较深的认识，同时也对新的事物产生了浓厚的兴趣，因此，学生可以更好地学习和应用教师所教授的知识和实践技巧。高职院校培养出来的学生，要面向社会，这是每个高职院校都要面对的问题。因此，在开设公共

基础课和专业课程时，突出"开放"的学生视野，为学生接受继续教育、转换职业、适应科技进步等创造了必要的条件。教学的目标是让学生掌握最新的科技成果，重视学生在专业领域的创新与发展，推动科技进步，满足特殊需要。

第三，实训视频建设有利于立体化网络教学资源的建设。

实训视频需要不断地优化和改进，以供给刺激需求，通过实践加深学生的理解，满足不同学生的需求。建设实训视频资源，促进网络环境的立体化教学资源建设。

本书摒弃了以往以视频和内容训练为主的建设模式，而采取通过应用聊天软件平台进行实时实训教学的模式。学生在实训教室中，手边就是实训设备，同时可以与视频中的企业工程师或其他院校的教师等进行实时互动，遇到问题及时解决，碰到困难当场讲解，真正实现了高职院校立体化网络教学资源的良好应用，达到了根据需求去完善现有应用建设的目的。

四、网络教学资源有偿共享商业化运营

为了适应未来的教育可持续发展和教学社会化的需要，应适当地进行教学资源共享，其符合当代教育发展的趋势，能够促进全民教学信息化的发展，也可以促进教育公平与社会化的实现，共享范围大，使用人群多，这是资源共享的显著特征。

在实训录像的基础上，制作课堂直播的实况录像，并根据专业设置微信和QQ群，利用有偿入群和资源共享的形式，实现教学资源的有偿共享。这一商业化运营模式虽然还处于试行阶段，相信在形成规模后不仅可以突破传统的政府补贴措施带来的壁垒，充分吸纳资金，缓解各界发展教育教学的压力，还可以实现高职院校课堂教学与社会其他教学相关资源的置换。在未来的发展规划中，基于市场需求，可以构建共享的多种课程，并与其他院校、企业、事业单位进行有偿共享。同时，它还可以增强高职院校课堂教学主体的主观能动性，增强课堂参与人对其价值的关注，从而实现学校信息化教育资源投入的主要收

益和可持续资源建设。这有利于高职院校三维立体网络教学资源的建设和维护，实现三维立体网络教学资源的可持续发展，通过提高经济效益来促进科研成果的转化。

五、多方合作培养创新型人才

当今教育信息化的主要任务在于利用社会资源促进信息化教育建设的发展，提高国内的信息化教学水平。我国的教育资源建设经历了从零起步到现在的全面资源共享的过程。本书提出了我国高职院校合作建设三维计算机网络教学资源共享机制的适用方法，其中，充分调动企业资源合作培养人才，是一个重要的视角。充分利用企业人才，是校企合作资源共建共享模式的一大亮点，这一模式既符合我国经济社会发展的需求，也能更好地切合学校、社会的实际需求，有效促进社会教育资源的有效整合，促进计算机网络教学资源平台的建设，提高高职院校教学资源的利用效率。可以创建一个多主体环境，充分发挥高职院校专业教师的优势，依靠政府的政策导向作用，发挥企业优势，通过专业的销售渠道，让更多的学习者理解和使用高质量的资源，实现主体建设的经济效益和社会效益双丰收。对信息化教学方法的研究，主要是为我国培养急需的创新型人才，使高职教育真正走向现代化。信息化教学手段不能只局限于使用多媒体，还需要教学技术的更新、思想观念的更新。只有不断改进思想、实事求是，发动全社会的力量共建共享，才能满足社会对新型人才的需求，提高高职教育的信息化水平。

六、量身打造"微课"，充分利用信息资源

微课的产生与网络时代的特点相吻合，为高职院校的在线教学搭建了一个平台。微型课程简短，与网络学习者的碎片化学习方式相契合，通过与手机等电子终端的有机结合，可以让学生获得更多的信息。

为使学生能更好地运用"互联网+教育"模式进行移动学习，本书从分析目前高职院校微课教学的实际问题和学生手机课堂管理的困境入手，结合笔者在高职院校的实践与实证研究，通过对校内微课的

推广和学生的反馈问卷，证实微课只有借助各种教学创新平台，才会在"互联网+教育"这样的范式下实现"微课+终端"的广泛应用。

通过对问题和实际情况的分析，采取微课与微信公众平台相结合的模式来实现微课在高职院校的推广。教师录制好微课后，经过技术人员和微信公众平台管理人员的编辑，推送给学生。这样一来，学生不仅可以随时在手机终端查阅微课的历史记录，还能够利用微信公众平台的回复功能与教师互动、沟通。这样的设计，真正地改变了微课与手机管理的共同困境，将技术教育、生活实践、创新教育向前推进了一大步。

实施微课资源的教学与应用是基础微课的后续发展，呈现了课程化、专题化和系列化的趋势，使高职学生真正做到在"学中玩"，从而达到快乐学习的目的。

七、加强高职院校教学信息化建设的有效措施

首先，高职院校要加大对教学管理信息化的资源投入。要加强信息化网络的硬件设施投入，扩充现有的硬件设施，购置课程建设平台，提高课程建设水平。高职院校还应该优化教学管理团队结构，将信息技术专业人员引入教学管理队伍中，发挥其专业优势，使软硬件相融。其次，提高教学管理的信息系统功能。师生可以在教学管理的信息系统中便捷地获取相关教学信息。要对信息进行分类管理，让各级教学管理人员了解各自角色所具有的权限，熟悉权限对应的功能，掌握操作要领，提高工作效率。最后，充实与完善教学管理应用平台。教务部门要通过教务管理平台、网络平台，实现人才培养、教学监管、教学评价与反馈、顶岗实习管理等功能。设置管理权限，实现网上录入、网上查询、适时监控与反馈。其具体内容包括专业人才培养方案管理、课程设置管理、教师资源库建设、授课计划管理、考试改革与管理、教师业务考核结果、信息反馈等。实现教学管理从计划到实施再到评估的全程电子化处理。教学管理信息化要适应不断变化的教学管理需要，

不断提升技术水平,改革和完善管理手段,以提升教育教学质量。

要强化高职教育信息化的基础,必须从增强管理人员意识和素质、规范和健全信息化管理体系等几个方面入手,制定信息化管理战略。首先,要增强教育管理者的信息化意识和素质,加强对信息技术的运用和管理。教育管理者的信息化管理意识是促进教育管理信息化的重要因素,应积极转变教育管理者的信息管理理念,注重应用信息技术,提高信息管理水平。高职院校要进行信息化建设的宣传与教育,形成教学管理信息化建设的校园氛围,使教学管理信息化建设得到师生的理解和支持。其次,在推广教学管理信息化建设过程中,教师的计算机信息技术水平是比较重要的,高职院校要组织教学管理人员进行相关的信息技术培训,提高他们的计算机操作能力与网络信息的应用水平,改善教师在教学管理系统使用方面的能力和获取、分析、处理数据信息的能力,以确保教学管理信息化建设的顺利进行。再次,要整合各部门管理信息化系统。为了确保教学系统的正常运行,必须将各个部门的信息化管理工作有机地结合起来,形成一个高度兼容的信息系统,各个部门能够协同工作,形成统一、完整的教学管理体系。最后,强化教育管理系统的信息化。要结合高职教育信息化的实际情况,对高职院校的教学管理信息化进行系统的调整和完善,为教学管理的信息化建设提供制度保证。在建设高职院校信息化平台的过程中,要从信息化的角度对学生的操作行为进行规范,以保证信息的安全和高效。建立健全的信息化管理体系,可以有效地适应高职教育信息化的发展趋势,掌握教育信息化工作的特点和规律,保证教育信息化的顺利实施。

第四章
翻转课堂在高职教学中的应用

第一节 概念界定

一、翻转课堂概述

(一) 模式概念

模式，可以被界定成一种标准的形式。模式是一种以抽象、简化、假设为基础的科学方法，它可以再现事物的基本特性，并由此对事物进行认知与改造，建构新型客体。美国的比尔和哈德格雷夫从三个角度对模式进行了较为完整的界定：第一，模式并非无中生有，而是源于实践，也引导着实践，能够重现真实；第二，模式要有一定的理论基础，并以某种方式体现理论；第三，虽然理论源于真实，但其并非完全的真实，只是一种简单化的形式。

模式是一种简化的理论，可以再现现实。所以，模式以一种简单的方式，结合了一定的理论基础，对我们的实际生产起到了很大的指导作用。模式是人类长期生产实践的一种抽象与升华，它把理论与实际相结合。关于"教学模式"这一概念，国内外学者曾多次讨论，但迄今为止，尚未形成一个统一的概念。教学模式是课程组织、教材选择、教学活动实践（包括教师和其他情境）的一种规划或范例。布鲁斯·乔伊斯、玛莎·韦尔等人对此作了深入的探讨，认为教学与学习是一样的，其核心是要创造一种可以使学生学会学习方法、学会相互影响的多功能学习环境。但布鲁斯·乔伊斯认为教学模式过于实际，忽视了理论色彩。

在我国，有三种类型的教学模式：第一类是"教学方法论"，从

"教学方法"上界定；第二类是"教学结构说"，在具体的教学过程中，教学方式与教学方法是紧密相连的，但它们又是相互独立的，在不同的环境、不同的时间下，它们的作用是不同的；第三类是"程序法"，即教学思想和观念是教学方式的源泉，教师可以按照自己的意愿来选择教学活动中的各种客观条件，以此来确定教学结构的"程序法"。从这一点可以看出，上述的教学模式只是一个具体的层面，其内涵、形式都不完整，尚未触及其本质。在笔者看来，首先，教学模式是一种必然存在于具体的教学实践中的教学结构，而各种不同的教学活动是其生存的基础。其次，它必须依赖于特定的、先进的教育观念，以教学目的为导向，把它展示在具体的教学活动中，从而达到预期的效果。总之，教学模式是一种教学行为的表现，它不仅需要先进的教育思想作支撑，而且是对教学的反思与总结，是将教育思想与特定的教学活动紧密联系起来的纽带。

(二) 教学模式的构成要素

为了更好地掌握教学模式的本质，以将其更好地运用于实际的教学中，本书对构成要素作细致的探讨与剖析，大体可以分为如下几个方面。第一，先进的教育观念是一切教学方式的基础，先进的教育观念将会对具体的教学活动产生不同的影响，这也是教学方式的重要构成因素。例如，目前较为流行的无教师讲解、学生自学的教学方式，就体现了以人为本的教学思想。可以说，任何一种教学方式，其本质都是为了达到预定的教学目标，创造出预先设定的教学效果。所以，在实际教学中，能否达到教学目的，是评定所有教育方式好坏的标准。第二，为了达到教学效果，教育方式要具有适应性。比如，现在流行的生本课程，注重学生的自我价值，让他们在绝对的自由空间中发掘自己的潜能，并发展自己的独立思考能力。第三，任何一种教学方式的实施，都离不开教师和学生，也离不开教学手段。所谓推进过程，就是按照一定的流程来完成教学，每一步都有对应的工作要完成。由于不同的教学方式存在实施过程和目标的差异，所以其评估结果也不尽相同。

二、翻转课堂教学模式的概念

(一) 关于翻转课堂教学模式认识上的盲区

当前,科技迅猛发展,传统的教学方法已不能满足时代发展的要求,一种新的教学方式,即"翻转课堂"应运而生。

这种新的教学方式,受到国内外许多专家和学者的关注。经调查,笔者发现,大多数的教育工作者都认可这个模式,但是也有一部分人对此表示异议。笔者认为,要真正了解翻转课堂的内涵,就必须消除这种认识上的错误。首先,把演讲换成录像档案。当我们谈到翻转课堂时,首先想到的就是在课堂上使用录像,而翻转课堂则是单纯的录像,"互动"只是翻转教学的一个重要特征。其次,把教师的话补上。有些人相信,翻转式的教学就是把教师换成录像带,教师在课堂上不需要再教学生了。他们觉得教师的教诲是没有任何意义的,因为在传统的教学方式中,教师管理着整个教室。然而,"翻转"教学模式使教师从教授的角色转换为引导学生的角色。教师制作的录像,就是让学生们提前预习所要学的内容,然后在课堂上指导他们进行实验。无论是在教室里,还是在教室外,教师的作用都是不可替代的,这种方式仅仅是改变了教师的角色。再次,就是网上教学。一些人认为,翻转课堂只是一个单纯的网上训练项目,因为所有的网上训练都是通过网上课程进行的。网上教学的特点是学生与学生的交流很少,教师无法及时了解学生的动态,学生只能依靠网上的学习平台进行学习。在线翻转课堂的视频教学,也仅仅是学生课后与同学之间的沟通工具。要使知识内化,就需要在教室里进行交互。最后,把学生隔离开来。许多对翻转课堂持质疑态度的人相信,翻转课堂使学生始终面对着计算机,从而使学生与外界隔绝,无法交流。翻转课堂的教学录像通常不会太长,一般为7~10分钟,学生可以在任何时候暂停或快进播放,直至完全掌握,并将自己不懂的内容记录下来。通过翻转课堂学习,可以向教师请教,也可以和同学们交流。因此,"翻转"的教学方式使学生和教师之间的交流更加自由。总之,翻转课堂与一般的网络训练不同,它没有用录像代替教师,也没有隔离学生的学习。与其他的教学方式不同,翻转课堂的目标在于为师生提供一个互动的平台,利用好这个平台，师生、生生、师师之间可以进行交流与讨论，从而传播思想和知识。

(二) 翻转课堂模式的本质

翻转式教学与其他教学方式的最大不同之处在于"翻转"。"翻转"是一个动词，我们所说的"翻转"有两层意思。首先，翻转课堂将传统的课堂内外相转换。在翻转课堂，学生必须提前完成对知识的学习，而传统的教学知识学习是在教室里进行的，课堂的翻转教学是知识的内化过程。其次，"翻转"的教学方式使师生之间的关系发生了变化。在这个过程中，学生可以自主地学习，只有掌握了自主的能力，他们才能明白自己的学习进度、学到了什么。教师在教育活动中扮演着指导者的角色，而非直接实施行为。学生已经是教室的主导，而不是被动地学习。在课堂上，教师不再只是单纯地传授知识，而是在学生需要时进行恰当的评价。与传统教学方式不同，翻转教学方式是教师在教学过程中不断创新教学内容、优化教学过程，以达到教学目的，使学生掌握教学内容。翻转课堂改变了教师在课堂中的角色，使他们从单纯的知识传授者变为了引导者，实现了知识的向内转化。教师要通过持续的组织活动，使师生之间、生生之间的关系得到良好的发展。教师通过多种方式帮助学生内化知识，培养学生的自主意识和探究问题的能力。通过对教学内容的分析，笔者认为，在教学中运用微型视频进行教学活动，可以有效地促进学生的学习。相较于以往的教学方式，翻转课堂可以让学生从"接受"到"内化"。任何一种教学方式都有其局限性，而翻转式教学更是如此。对于学生数量过多的班级来说，翻转课堂并不适合。通过信息技术使学生在课堂上学习，在课堂上通过解决问题来实现知识的内化，内化的实现就是解决师生、同学之间的相互影响和相互矛盾。翻转课堂是一种新的教学方式，即利用信息技术，利用学生的课前自主学习，通过课堂上的互动来解决问题。

三、传统课堂教学模式与翻转课堂教学模式的比较

从课堂教学的组成要素入手,将传统的课堂教学模式与翻转课堂教学模式进行对比。主要研究内容包括角色扮演、课堂内容、课堂时间利用、教学手段、课堂评估。教师和学生在课堂上的作用是"翻转",这与传统的课堂教学模式有很大的不同。自学校诞生之初,课堂上的教学方式就是教师讲授、学生被动接受,这一模式至今仍在延续,学生的探究意识被"扼杀",学生仅仅是教师主导的课堂服从者。而在翻转课堂中,学生才是真正的"主人",学生积极地参与到教学中来,共同探讨课堂上的问题。教师就是学生的向导、同伴,而非高高在上的"权威"。从课堂教学的形式来看,传统的教学方式是教师在教室里传递知识,课后学生做作业。在这种情况下,学生只能在课堂上被动地接受知识,在课余时间对没听明白的内容进行再学习。翻转式教学要求学生与教师、学生与学生互动,学生在上课前就对课堂上要学的内容进行预习,而课堂上则是要解决学生在学习中碰到的问题,并通过讨论来加深对知识的理解。翻转课堂与传统的课堂教学在时间安排上有很大不同。从内容上看,传统的教学以教师的讲解为主,以教好学生为中心,以传授知识为主,学生以被动的方式学习。这样,教室就变成了教师的私人空间,而学生则需要通过课堂来获得更好的成绩。

传统的课堂教学强调的是知识的传递,从知识的传播方式和成果的角度进行讨论,认为知识传递是一切的基础。翻转课堂强调的是学生的综合发展,以学生为中心,以知识为载体,寻求未知的知识。在传统的教学方式中,教师的权威是不容置疑的,课堂上教学的主要形式是知识的灌输,一切教育都是为了向学生提供知识。而教育方式的改变,也只是零星地发生。翻转式学习使学生从学习中解脱出来,自主学习与集体学习相结合,真正做到了互动学习和自主学习。当前,普遍采用的各种教学方法都强调教学评估,而不同的教学模式,其评估标准也不尽相同。在过去的教学实践中,教师是主导,而学生的被动接受则是教师的主要课堂活动,相应的教学评估也是如此,通过试卷测试的方式来检验学习成效,并以此来衡量学生的发展情况。当前

中国教育界正在努力改变这种考试模式，但如果不改变教育理念，一切对教育方法的评估都只是小打小闹，无法从根本上改变当前的教育状况。教育部提出的教育改革，旨在使学生的德智体美劳得到全面发展，从而使他们学会灵活地使用知识，但现行的应试教育仅仅反映了学生对知识的理解，却忽略了学生的许多优点。与传统教学不同的是，翻转式教学评估模式没有否认试卷测试，而是把试卷作为教师了解学生的一种手段。翻转式教学全面认识学生、科学评估学生，使学生真正认识自我。

四、翻转课堂教学的内涵

翻转课堂是在信息技术的背景下，教师向学习者提供以教学录像为主的学习资源，学生在课前自主完成学习，师生与学生之间有较多的交流。在课堂上，学习者通过合作探究、讨论交流、答疑解惑等方式实现知识的内化，从而激发学生的学习兴趣，提高学习的效率。翻转式教学可以增加学生的互动时间，以适应学生的个性化学习需求，从而达到个性化学习的目的。

(一) 教学理念的转变

传统的教学以教师为本，忽略了学生的个人需要。改变传统的教学理念，以尊重学生为中心，强调学习者的主体性，使学习者在民主、平等的学习氛围中学习。翻转课堂是一种以"学生为主"的教学思想，它有效地防止了传统教学的强制性和对思考的依赖性。翻转课堂注重培养学习者的自主学习、合作学习和创造能力。

(二) 教学流程的转变

在信息技术的支撑下，翻转课堂改变了传统的教学过程，让学生在课堂上先通过教师的解释来了解知识，再在课后进行实践。从"先教后学"转向"学而教"，由"教"转变为"学"。翻转课堂的核心思想上是学生在课前充分利用教师所提供的学习资源进行学习，在课堂上解决问题、深化概念、开展合作学习。课程安排的变化导致了课堂时间的重新分配，教师的授课时间减少，学生的课堂互动时间增加，学生有更多的时间进行讨论和交流。

(三) 师生角色的转变

在传统的课堂教学中，教师是教学的主体、控制者、知识的传授与灌输者，而学生则被动地接受知识。在翻转课堂中，教师和学生的角色发生了改变，教师成了学习的促进者、课程内容的设计者。学生是学习的主体。学生可以根据自身的实际状况自行选择学习时间和场所。在信息协作学习的背景下，学习者在互动中解决问题，完成任务，拓展知识的广度和深度。

第二节 翻转课堂教学的特点

一、建构主义学习原理

建构主义学习的基本原理是：学生在特定的环境中，在教师和同学的协助下，运用所需的学习材料，并以语义建构的形式获取知识。建构主义以学生为主体，教师是学习的指导者和推动者。情境、合作、对话、有意义的建构是建构型学习的理想情境。教学情境的设计对于培养学生具有重要的作用，它可以通过创造情景来激发学生的学习动力，让他们在轻松愉快的氛围中内化所学的知识。建构主义强调合作学习，学生通过与教师、同学的交流与讨论来获得更全面、更丰富的知识。建构主义教学是一种有效的教学方法。在课堂上，学生运用教师提供的资源进行自主学习，进行团队协作，并与教师、同学们进行讨论和沟通。在整个教学过程中，建构主义教学以学生为中心，教师从知识的灌输者转变为辅助者，是真正意义上的建构。

"以学生为主体，教师为主导"是建构主义的学习理论。在教学设计中，应以建构主义学习理论为指导，充分发挥学生的主体作用，重视新旧知识的关联，设计适当的情景，培养学生的兴趣，并耐心地引导学生进行有意义的知识构建，营造轻松融洽的学习氛围。

二、掌握学习理论

美国教育家布鲁姆提出了"掌握学习"的概念，认为只要给予学生最好的教育方式和充足的时间，就可以使大部分学生掌握所学的知识。

学生的学习能力不同,是由学习所花费的时间决定的。这一理论强调了学生的学习能力,强调了学生在学习过程中需要适当的协助,并使学生有足够的时间进行学习,以保证学生的学习效率。在传统的教室里,教师讲课,无法顾及每个学生,也无法及时地帮助那些落后的学生。翻转课堂是指学生根据自己的学习状况自行设定学习速度,不论学习者的学习能力、学习速度如何,都可以重复观看教学录像。教学录像的可重复性,避免了学习时间的限制,使学习者能够达到学习目标,掌握所学的知识。在课堂上,学生有不明白的地方,可以和教师、同学讨论,教师会给他们提供有针对性的个人辅导。掌握学习理论还强调了反馈的重要作用,适时地给学生提供反馈,并对其进行个性化的辅导,使其在一定程度上掌握某一单元的知识,进而进行更深层次的学习,最终实现学习的目的。翻转课堂教学模式能够兼顾全体学生,提高学习效果,使大多数学习者获得较好的学习效果。

三、合作学习理论

合作学习理论诞生于20世纪70年代初期,在1970年到1980年间有了很大的发展。合作学习是一项以学生为中心的教学活动。在合作学习中,优秀的同学能够帮助学习成绩不佳的同学,从而实现共同的目标;学生与教师、同伴之间的交流也越来越频繁,师生之间的关系也越来越融洽。在课堂上,同学们结成了"学习小组",互相帮助解决问题,尤其是在班级里,同学们可以通过集体合作的方式来解决问题。在团队协作中,注重团队成员的相互信任,有效沟通,各成员分工负责,有效协作。

第三节 翻转课堂教学的优势与局限

一、翻转课堂教学优势

(一) 增强交互性，提高学习兴趣

在传统的职业教育中，教师往往主导着整个课堂的教学节奏，比如英语课堂，教师讲授英语词汇、语法、结构等知识，却忽视了学生的差异性，导致课堂氛围沉闷、呆板，影响学生参与的积极性。教师的批评和质疑，打击了学生学习的热情，导致很多学生对课堂学习反感。在高职院校的课堂教学中，实行"翻转"的课堂教学，以学生为中心，注重学生的差异和个人的发展，使学生从被动接受知识变为主动获取知识，而教师是学生学习知识的促进者和指导者，为学生解决问题、巩固知识，发挥了积极的作用。通过这种有效的交流，可以增强学生掌握知识的能力，从而提高学习效果。

同时，翻转课堂还可以给学生创造一个宽松的学习环境，让师生在课堂上可以充分沟通英语知识的重点和难点，并运用教学视频和教学材料，突破传统教学枯燥、呆板的教学氛围，运用生动的文字、声音和视频，激发学生学习的热情，增强学习效果。利用网络实现视频教学、情景素材教学等，可以使学生在教室之外独立地进行新知识的学习；学生自主安排学习时间和地点，控制学习进度和学习量。

(二) 实现从终结式评价到过程性评价的转变

在这种教学过程中，需要从单纯的终结式评价转向以过程性评价为主的教学评价。翻转教学不但注重对学习结果的总结，还注重对学

生在课堂上表现的观察,对整个过程进行评估,并作最终的总结。它需要团队成员密切配合。翻转教学的成功开展,还需要软件技术的大力支持。师生、生生之间能否做到无缝沟通,关键在于沟通平台的构建。所以,在开展翻转教学测验时,应在技术上给予指导教师协助,并作好各种准备,为录像教学提供支持。

(三)促使学生主动学习,提高学习效率

在课堂上,学习者使用教学录像进行学习,他们通过团队协作来完成作业,这使学习者在课前和课中的参与程度得到了明显提升,教师也有更多的时间来指导他们的学习。翻转课堂是一种有效的学习方式,它能有效地促进学生的自主学习。教师是学习的促进者,是课程内容的设计者,是学习活动的组织者,是学生的好朋友,在这种学习环境中,师生之间、生生之间可以进行有效的对话和交流。

(四)提升学生的综合学习能力

翻转课堂强调培养学生的自主学习、合作学习、解决问题的能力、创造能力。课前学习是培养学生自主学习的重要条件,而学习者要取得良好的学习效果,就必须掌握好课前知识。在教学中,学生要充分利用创造性思维,更好地完成教学任务。在团队协作与演示中,学生的逻辑思维和交际能力都得到了提高。翻转教学提高了学生的综合学习能力,为他们以后的学习奠定了坚实的基础。

二、翻转课堂存在的不足

(一)受传统教育观念影响,短时间内难以接受改变

在高等职业教育发展进程中,多数教育者仍然坚持以教师、教材和课堂为核心,采用"填鸭式"的教学方法,使学生被动地接受所学知识。在翻转式课堂中,学生是学习的主体,而教师是学习的促进者和指导者,这一观点尚未得到教师的普遍认可,他们觉得教师也不是万能的解题机器,担心自己回答不了有关问题,会没有面子,所以不愿意采用这样的教学方式。由于翻转课堂在我国的应用和推广时间较短,

因此，有些教师难以接受和认同。

(二) 受学科适用性的限制，不利于高职院校教学的实施

翻转课堂的重难点是学生在课堂时间和空间以外自主地学习新的知识，例如，英语是语言类学科，而目前高职院校的英语水平存在着两极化现象，使得学生的自主学习变得更加困难。目前，国际上能够进行翻转教学的主要是自然科学，而文科则更多的是各种学科间的理论归纳，要学好它，就需要师生间的思想交流。然而，英语教学本身就存在许多问题，如中西文化差异、语法差异、词组变异等，这无疑增加了在高职院校英语教学中推行翻转课堂的难度。

(三) 缺乏信息技术的大力帮助

要使翻转课堂教学得到有效实施，就需要相应的硬件设备。无论是录制课堂录像，还是通过录像教学来获取知识，都离不开计算机等硬件设备。目前，一些高职院校规定，一年级的学生不能带计算机，这使得翻转课堂难以实施。

(四) 实验应用结果存在局限性

本书教学研究的样本容量偏少，仅在一班进行教学实践，研究对象的范围和代表性不强，所获得的资料不精确，对翻转课堂的运用效果也不能完全正确地体现。此外，本研究的实际操作时间较短，只在一学期内进行了翻转课堂教学，因实际情况所限，无法进行长期的观察。受研究对象及时间限制，本书所提出的翻转课堂教学模式的实施效果有待今后观察。

(五) 教师能力经验需要提高

在教学过程中，教师应根据教学理念、学科特性、学生的学习特点，合理安排教学活动，帮助学生解决问题，实现知识的深度建构。教师要组织小组报告，采取适当的教学策略，激发学生的积极性，有针对性地适时引导小组学习，评估小组报告的效果。而恰恰在这方面，教

师的能力和经验尚有不足，需要不断提高。

(六) 学习者的自主学习能力和合作学习能力需要加强

学生的自主性是学生在课堂上运用学习资源进行自我调节的一种方法。在班级学习中，学生通过小组合作学习、互动交流来完成知识的构建与迁移。然而，学生在学习过程中，往往会受到传统的教学模式和教师的影响。高职院校学生的学习积极性较低，个别学生上课前连书本都不看。日常在班级里，我们发现个别学生学习不积极，态度冷淡，不能积极地参与小组作业。在翻转教学中，学生要花更多的时间和精力去学习。因此，在教学过程中，教师必须正确地引导学生主动地参与学习，并在一定程度上促进他们自主学习和协作学习。

第四节 翻转课堂在高职教学中的应用

一、课程的导入

在传统的课堂教学中,导入是一项重要的教学内容,其时间虽短,但影响着教学效果。一个好的教学引导可以引起学生的兴趣,变"要我学"为"我要学"。在翻转课堂中,教师的课堂导入同样是连接课前自学知识内容和课堂教学活动的关键点,起到承上启下的作用。好的课堂导入有利于学生迅速回忆起课前预习的知识和疑难点,迅速进入状态,为下一节课的活动打下坚实的基础。如果一开始就让学生感到枯燥无味,那么,他们就难以专心学习,甚至对下一堂课也不感兴趣。

二、课堂教学活动的组织

单纯依赖于"宣讲纪律"的学习方法无法激发学习者的学习积极性,而且会使学习者产生更强烈的抵触情绪。因此,课堂是检验学生对知识的掌握程度,以及如何解决问题的最佳选择。管理型教学活动组织是指教师对班级纪律的组织,其宗旨是为了提高学生的自觉性,保证教学秩序。在翻转教学中,教师不再是主体,课堂上与学生互动的机会更多。而高职院校学生的自我控制能力较弱,容易出现走神、聊天等现象,需要教师对他们进行监督,对不积极参与的同学要多鼓励、多督促,让学生把有限的课堂时间充分利用起来。

在职业教育中,教师的作用由"内容呈现"向"教"转变,强调了"实践能力"的培养。翻转课堂的教学方式使得课堂教学更具个性化,因此，在课堂上，学生的学习任务会被提前完成，这就需要教师根据实际情况，为他们提供更多的有挑战性的任务。教师们会将两到三个人分成一组，而且每个小组都会进行一次评估，根据结果来决定谁的成绩好，谁的成绩差。对于学习成绩差的学生，教师会一对一地进行指导。教学活动要按照学生的具体情况进行组织和管理。对于学习氛围不浓厚、学习纪律不健全的班级，要实行控制式的管理，纠正课堂上的不良行为，使其养成良好的学习习惯。对于有较好学习氛围的班级，可以采取引导式管理，以增强其自我管理的能力。

三、翻转课堂的学习支持

学生在学习的过程中，必然会遇到很多问题，这就需要来自外界的支持，包括学术性或者非学术性团体的帮助。这种支持可以来自教师，也可以来自小组内部成员或者其他同学，目的就是让学习者克服困难、解决问题。学习支持应贯穿于整个翻转课堂，无论是课前预习还是课堂的教学活动，学习支持都起到了保障的作用。"学习支持"这一理念源于远程教学。在远程教学中，师生之间存在着时间、空间上的分离，学生在学习过程中会出现与课程内容有关的问题，会出现学习方式上的迷茫，甚至会出现厌学等问题，这些问题都需要得到帮助和支持，以使他们的学习更加顺畅。在翻转课堂的教学模式中，前期的自主学习阶段与远程教育的情况十分类似，学生自学，教师和学生产生了时空上的分离，学习支持也成了一个必不可少的环节。其实对于翻转课堂这种特殊的教育形式来说，无论是课前的自主学习还是课堂的教学活动，学生都越来越需要来自教师、学校甚至是社会的帮助。

翻转课堂实施过程中需要的学习支持包括课程支持、学习方法支持、情感支持。

课程支持主要包括对课程相关信息的支持和对课程本身的支持。课程相关信息包括课程的设置、作业的发布与提交、课程评价信息等。对课程相关信息的支持包括课程内容的咨询辅导、答疑等，可以是对课程内容进行系统的梳理，也可以是对其中的重点难点录制成视频进行专题讲解。学生可以反复观看视频，模仿教师的思维模式，或者在期末考试之前将专题视频作为备考复习的材料进行复习。

　　学习方法支持是指教师应注重对学习者的学习能力的培养,并帮助其进行改进,因为翻转课堂的学习策略与传统的课堂教学策略存在差异,需要教师在教学中进行适当的引导和辅助。首先,让学生学习如何充分地利用网上的资源,并学习如何使用搜索引擎搜集信息。其次,让学生学习如何使用互动的网络进行沟通。最后,合作学习能促进学生相互帮助,促进学生的双向交流,充分发挥学生的主观能动性。合作学习是指教师将学生的学习活动划分为一个群体,每个人都有自己的职责,最后汇总才能完成学习。在本书的翻转教学中,我们运用了合作式教学法,把学生分为小组进行教学。通常将合作学习分成五个阶段:任务引导、阅读引导、组织协作、引导发言、总结评价。任务引导阶段是合作学习中的重要环节。一项好的任务通常包含任务的大小合理、任务所涵盖的知识点全面、任务表达清楚和任务的角色分配合适四项基本原则。阅读引导阶段是指学生在完成了学习任务后,就开始了对材料的收集和整理。在这个过程中,教师仅仅是学习的组织者和观察者,而学生则是合作的主要参与者。在团队沟通中,教师可以进行沟通,但是只能提供指导和协助。组织协作阶段是指学习团队之间相互合作。合作并不限于团队内,也可以是不同的团队之间。引导发言阶段为各小组汇报工作完成的情况,包括对本组成员的贡献评价。最后一步总结评价阶段是指根据所提供的评价标准,针对不同的内容和对象,采用不同的形式进行评价。可以是对问题解决程度的评论,也可以是对各小组完成任务的统一评论,或是对小组各个成员实现目标的情况进行的评论,等等。

　　在翻转课堂中,我们还需要情感支持。情感支持主要指学生与教师之间,或者学生与学生之间的情感交流,这种交流不仅可以促进学生思维开放,还有助于加强教师的授课信心,提高学生的学习效率。学生大部分时间都和教师打交道,教师对学生的评价直接影响学生的自我认知。在翻转课堂教学下,很多时候教师都需要对学生进行教学评价,因此在教学评价时一定要做到客观公正,这样才能保证教学顺利进行下去。作为同龄人,学生之间有相似的情感体验,因此较容易进行情感交流，表现为可以取长补短，教师可以适当设置学习榜样，以此来激励其他学生不断自我学习。因此，在翻转教学过程中，对于表现好的小组与个人，教师应该注重在课堂上对其进行表扬，以达到激励其他小组与个人学习的目的。各小组之间的活动，比如看画猜词，可以提高学生参与的积极性，使学生互相交流和分享经验，从而提升学习效果。

从"传统"与"翻转"两种教学模式的比较结果来看，翻转教学可以有效地促进高职院校学生的学习积极性，改善职业教育的教学质量，促进教学效果的提高。

第一，翻转教学能促进学生自主学习，使其养成良好的自学习惯；学生在自我学习中取得进步，会使他们产生一种成就感，进而对学习产生强烈的兴趣。第二，实施翻转教学，教师在课堂上讲授知识更加容易，同时也使教学脱离了应试教育的桎梏。应试教育是通过大量的练习，来提高学习者的能力，即使有些教师重视能力的训练，也会因为应付不了考试而忽视了实际操作。如果采用翻转教学，将会改变当前的应试教育状况，从而促进高职教育的快速发展。第三，丰富的课余活动，使课堂教学更具弹性。教师有更多的时间来组织小组讨论、情景表演等活动。丰富的教学内容，不但改变了传统的"填鸭式"教学方式，也使学生在愉快的学习氛围中学到了知识。第四，翻转课堂促进了优质教师的整合，有效地解决了教师素质参差不齐的问题。翻转教学是将学校的人力、物力都集中在一起，使其发挥最大的作用。由具有丰富教学经验的教师将自己的课堂记录下来，记录下来的视频既可供全校教师参考，也可上传到网上，供学生学习用。学校可以组织学校中的优秀教师开展研究，使每位教师都能充分发挥自己的潜能，从而使教学更加完善。

翻转课堂既是当前我国高等职业技术教育改革的一个重要契机，也是一个新的挑战。翻转教学作为当前较为流行的一种教学方式，我国高职院校中实施翻转课堂的却并不多。当前的教学改革重点在于：

注重高职教学实践，强化网络辅助教育，持续改进形成性评估，全面推动高职教学的发展。

总之，翻转课堂对于提高学生的学习兴趣、提高学生的综合素质能起到很好的作用。当下，科技日益发达，计算机技术进入课堂教学已不是新鲜事，这种多媒体教学不但直观有趣，还能减少教师的工作量。翻转教学以其新颖的观念和方式，能给学生在学习上提供巨大的帮助。笔者也期望翻转教学这一新模式能被更多的高职院校所接纳和采用，以为我国教育发展贡献新的力量。

第五章
微课的设计与制作

第一节 微课概述

在混合学习和移动学习日益盛行的趋势下，微课成为当前我国教育信息化资源建设的重点和研究热点。

一、认识微课

微课的雏形最初是由美国爱荷华大学的罗伊教授提出来的，今天的微型课概念是 2008 年由美国新墨西哥州圣胡安学院资深教师彭罗斯提出的。尤其是从 2013 年开始，关于微课的研究如火如荼，许多教育技术专家学者和教育行政部门都对其作出了不同的界定。微课是一门以教学录像为主，内容包括学科知识点、例题、疑难问题、实验操作等内容的教学过程和相关资源。微课的主要特征是：以视频为主，短小精悍，资源丰富，情景逼真。微课的教学内容以教学录像为主，其内容表现形式有演讲、动画、实景、座谈、对话等多种形式。一节微课教学视频通常都较短小，一般 5～20 分钟，基本都是围绕一个教学问题或者知识点展开，内容紧凑且目标明确。微型课程一般都是以知识为中心，如课件、案例、习题测试、活动任务、拓展训练等。微课吸引学生的一个重要方面就是情景真实，如清华大学"中国建筑史"这门课程在讲解建筑构造时可以在北京故宫等地拍摄，其真情实景更容易引起共鸣。在操作技能展示类课程教学中，也可以通过近距离或者特写、停顿等强化动作细节，使学习者可以看得更清晰。

在普通全日制学校中，微课被运用在教学实践中，学生在教学活动中充分发挥其主观能动性，促进他们的全面发展。此外，微课具有很强的迟钝性和重复观看性，这就为学生提供了极大的便利，学生在遇到或是想到问题时，可以通过终端软件随时随地地观看和学习，这既能帮助他们有效利用时间，又能提高学习效率。

二、微课的类型

（一）讲授型

教学型微课主要针对学科知识点、重点、难点和考点进行教学，教学方式多种多样，不限于课堂教学。讲授型微课通常是教师通过口头语言向学生传授信息，这种类型的微课最普遍，在一门课程中提倡多种授课形式相结合。

教师在微课中通过口头语言向学生传授知识非常便捷而且高效，通过语言来描绘简单的情境、叙述事实或案例、解释名词概念、论证事物原理和阐明客观规律。这种类型的微课适合用来传授概念、演示示范、传授新知识、巩固旧知识。

讲授有如下多种具体方式。

1. 讲述

讲述着重于对特定的事物现象的描述，对事件发生与发展的过程进行描述，使学生在情感上形成清晰观念，受情感的影响。在描述某一问题的历史背景、发明及发现过程、人物的生平等方面，都经常使用这一方式。

2. 讲解

讲解着重阐述较为复杂的概念、定理、原则等。讲解在文科和理科中被广泛使用，在理科教学中也有很多的应用。如果演示和演讲不能很好地解释事物的内在机理或者关系，那么就必须进行解释。在课堂上，讲述与讲解往往是相结合的。

3. 讲演

教师在讲课时，要讲得头头是道，不穿插其他话题，也不穿插其他活动。该方法多在高中阶段和高职院校中使用。

(二) 解题型

这是数学、物理、化学等理科课程常用的方法，适用于典型的例题、习题、考题的讲解和推理，重点在于培养解题的思维。解题式微课，是指用一个或若干个典型的范例作为载体，对解题思路和解题步骤进行说明、归纳、总结，从而使问题得到正确解答，并实现知识的理解和巩固。

解题型微课以典型问题、案例或课题为中心，对问题的解决过程进行讲解，并最后进行归纳总结。通常其篇幅较小、有针对性，是微课中的经典类型。微课不仅是对教学内容的碎片化处理，而且从本质上讲，这是一种将文本问题转化为图形化问题的解决方法，使问题的解决更为生动和直观。微课解决问题的特征主要有以下三个方面。

1. 以问题为靶向

解题型微课通常要围绕一个或多个问题展开。这里的问题，就是指传授知识的线索，有时是现实的情境，有时是生动的案例，其关系到学生能否进入学习情境，学到的知识能否用于解决现实问题。因此，靶向问题的选择就显得非常更要。

2. 注重呈现解题思路

解题型微课解题思路的呈现，应该发挥的是教学思想，应该应用的是教学手段。有时候，过程和目的虽然重要，但问题的解决思路和解决方式才是解决问题的关键，所以这种微型课程尤其注重从思路上出发解决问题。

3. 注重解题方法的总结

教学型微课以传授知识为主，而解题型微课则侧重于解题思维和解题过程，强调对解题方法的总结与运用。解题型微课通常是针对典型问题进行推理。对解题的总结、归纳，是知识的系统性整理，能使重点难点知识更有条理，解决问题思路清晰，知识内容的传递也更为便捷有效。

（三）辅导答疑型

辅导答疑型微课是围绕学科疑难问题进行分析与解答的微课。这类微课一般针对性较强，对学习困难的学生（简称学困生）有很好的帮助。现今我国学校教育还是以大班授课制为主，如何关注到每个学生，做好学困生的辅导工作，是提高教学质量的重要方面。而微课由于其具有目的性强、短小精悍、分享方便、不受时空限制等特点，是学困生的好帮手。辅导答疑型课件是针对学生在学习学科知识时遇到的困惑问题，以图形、图像、动画等生动的形式为学生提供答疑解惑的课件类型，它是班级授课以及网络课程的有益补充。以学困生的学习为基础，辅导答疑型微课的开发，通过对内容的精炼、聚焦、整合和深加工，形成了"经典错误""典型解题""综合疑难"三大资源，通过"微课"对学生进行细致的解析和说明，使其真正地"因材施教""按需学习""个性化学习"，成为转变学困生的最为有效的方式。

（四）实验型

实验型微课是设计、操作和演示教学实验的一种形式，实验教学十分重视对学生实际操作能力的培养。首先，微课与传统的幻灯片式教学模式不同，它可以通过实物演示，让学生理解实验的目的和原理，更直观地展示出实际操作的步骤和要领，达到一目了然的教学效果。其次，传统的实验教学往往是在对实验的理论、方法进行说明后，将学生分成几个小组进行实际操作。但是，这对于一些高职院校来说存在着高成本、高风险等问题，或是受时间、地理条件的制约，传统的教学方法不能很好地满足每个学生的实际操作要求，而实验型微课则能使学生对实验过程及相关知识有直观的认识。

第二节 微课的教学设计

微课是利用多媒体技术，根据教学设计的思路，在几分钟内就能完成的一种有针对性地解释某一知识点的视频。其可以是教材解读、题型精讲、考点归纳、方法传授、教学经验等技巧的讲解与演示。微课虽然只有短短的数分钟，但是也需要进行精心的教学设计，好的微课应该是井然有序的。

一、微课的设计理念与教学设计要求

(一) 微课的设计理念

1. 以学生为中心

教师要牢牢记住，学生需要看什么，学生喜欢听什么，微课所采用的表达方式学生能否听得懂。微课并非课堂记录的微缩版本，学生既不是教师，也不是评审人员，他们不需要全程关注整个教学过程，他们所需要的只是教学内容。微课也不是传统的说教，教师只有真正激发学生的学习兴趣，学生才会愿意去主动学习。

2. 以讲授思路为主

教师要讲授学生不易懂的、不易想到的、书中没有但与题目紧密相连的东西。教师要强调自己的思想，向学生展示自己对问题的思考过程。智力的增长高于知识的增长，学习的思想高于接受的知识，指导的学习多于领导的学习。

3. 提高学生的参与度

只有充分尊重学生的主体性，充分发挥他们的主观能动性，才能在课堂上产生积极有效的思想碰撞。可以邀请学生参与微课的制作，如在课程的编制与选择时征询学生的意见，了解学生的兴趣，也可以在微课中加入学生讨论或评论环节。

4. 强化问题意识

强调培养学生的思考能力，教会他们思考和解决问题。要充分发挥学生的主动性，使学生自觉地、主动地参与到课堂的教学中来，为学生今后的学习和科研工作作好铺垫。

(二) 微课教学设计的要求

1. 切入课题要迅速

学生打开微课的主要目的是学习微课中的内容，因此微课要尽量开门见山，在创设情境进行导入环节时一定要引人入胜，快速展开课题。如 10～15 分钟的微课，建议导入环节不超过 2 分钟。

2. 讲授线索要清晰

尽量在一条线索上突出重点内容，如由现实生活中的真实案例引出学生感到困惑的问题，以解决问题的过程为线索，将所要传授的知识点清晰地表述出来。在问题的讲授过程中，线索更要清晰明确，这样有利于学生对解题思路的整体把握。

3. 教师语言要得体

教师的语言要富有感染力，切忌平铺直叙，学生一听到"同学们好，今天我们来学习第二章第四节，这一节的主要内容是……"，极有可能让其产生厌烦情绪。语言可以口语化一些，尽量亲切、自然，消除距离感。语音要标准，语速要均匀、自然流畅，情感要到位，让学生感觉到是对自己讲的，而不是对机器讲的。

4. 教授的内容既要有用又要有趣

在内容方面，一方面，要让学生可以理解，学得会；另一方面，形式也要新颖，有吸引力，能够使学生将注意力投入学习中。可以有多种方式使枯燥的内容变得有趣，如对抽象概念进行形象化的处理，用诙谐的语言进行解说，在适当的时候提出问题，进行自我反省，引入动画、游戏、电影等元素。

5. 课件界面要简约

课件界面内容不宜太多，画面要突出教学内容。在设计时要站在学生的视角，做到清晰、干净、美观。在教学过程中，要有文字说明，突出重点和难点。如果需要，可以采用漫画、动画、速写等形式。

6. 课后小结要快捷

在微课的最后，要对本节所讲授的知识点进行小结，时间不宜过长，建议 10～15 分钟的微课，小结时间不超过 3 分钟。总结的内容，既包括知识内容的学习情况，还应该包括解题思路、学科方法、学习策略等。

二、微课教学的过程设计与设计方法

(一) 微课教学的过程设计

1. 选题

微课选题要求是所属学科的重点、难点、疑点、热点问题。制作一节微课的工作量是比较大的，因此，不宜把所有内容都制作成微课，学生通过阅读教案就可以学到的知识点，就没有必要再浪费时间制作微课。

2. 教学目标分析

教学的目的是使学生朝着目标所规定的方向前进。因而，目标的明确、具体和规范，直接关系到教学是否能够朝着既定的方向发展。在进行微课教学设计时，应对教学目标进行清晰的界定，用可观察和可感触的词汇来描述，从而为教师的教学评估提供良好的基础。

3. 学习者特征分析

学习者特征分析即对学习动机、态度、认知结构、学习风格等方面进行研究。认知结构是指学生所掌握的知识的数量、清晰度和组织能力。通过对学生特点的分析，可以使教师认识到学生知识结构上的不足。教学设计者也可以通过预测题、问卷、观察、访谈来了解学习的特点和知识能力基础情况。对于网络学习过程来说，还要对学习者的计算机和网络技术的掌握程度及态度进行了解。

4.内容结构分析

微课的教学内容是经过碎片化处理的，在进行微课教学设计时，要了解知识点在整个知识网络中的位置，通过一定的线索将知识点串1联起来，便于学习者将其纳入自己的认知结构中。

5.教学策略设计

个案教学法、问题教学法、启发式教学法，是现今微课教学中常用的教学方法。个案教学法是一种基于个案的教学方式，其实质是一种教学困境，没有具体的统一的解决方案，而在教学过程中，教师起到了设计者和激励者的作用，并使其积极地参与到讨论之中。问题教学法是把学生放在一个重复的问题环境中，引导学生分析问题，逐步解决问题，培养学生分析和解决问题的能力。启发式教学法是在教学活动中，教师依据教学任务、学习的客观规律，运用各种方法，以激发学生的思考能力，激发学生的学习热情。

（二）微课教学的设计方法

1.体现先进的教学理念

（1）梳理以学生为中心的教学理念

在微课设计上，注重对学生能力的培养，传授给学生的知识应以学习方法为主，注意激发学习者的主动学习动机。美国著名的心理学家加涅将学习的成果分成五大类：言语信息、智力技能、认知策略、动作技能和情绪态度。相对来说，认知策略是认知领域较难达到的目标层次，其对信息加工过程有特殊的要求，然而实现认知比传授知识更重要。微课是用来解决教学重点和难点问题的，先进的教学理念是选择微课内容和形式的指导思想。

（2）运用教学设计的方法设计教学内容

微课设计是课程教学设计的一种特殊形式，因此，教学设计方法在微课的设计过程中是普遍适用的。运用教学系统设计法进行微课设计，是最为有效的。在教学内容的设计上，可以利用教学设计理论分析教学对象的个体特征，来确定教学起点；选取和设计具体的教学内容，将教学内容进行科学的组合排列；采用讲授、演示、游戏等多种教学方法或策略，使教学过程更加科学；教学成效的评定，主要是以过程性和总结式的方式进行。

（3）教学方法和教学模式的多样化与个性化

微课教学设计中最重要的一个环节就是教学方法和模式的多元化与个性化，现在大部分微课以讲授法和演示法为主，采用的教学方法和教学模式比较单一。丰富的教学方式更有利于提高学习效率，自主学习和协作学习、翻转教学、混合式教学都是比较有效的信息化教学设计模式，微课的设计应该与多样化的教学模式相适应。

2. 设计构思应树立三种观念

（1）时间控制

通常一节微课为 5～20 分钟，已知播音员每分钟读 200～250 字，那么教师一节微课的演讲稿需要 1000～5000 字。成人一次集中注意力的时间大约为 20 分钟，小学生在 15 分钟左右，因此，一节课的时间不宜过长。微课的优势就在于短小而精练。

（2）内容选取

微课的教学内容应该是碎片化后的知识，适合采用讲授法和演示法等直观的方法来传递。在教学内容的编排上，最好设置启发式的提问，以便于在开展混合式学习时展开讨论，也可划分为说明性知识和程序性知识。有些知识是隐性的，但显性知识更容易进行传递，所以隐性知识需要先显性化，或者通过模拟等特殊的方式才更易于传递。

（3）结构设计

结构设计可分为内容结构设计和教学结构设计。

内容结构是教学内容的知识网络关系，可以通过思维导图来表示。

教学内容的结构可能是并列的，也可能是有顺序的，而更多的是混合的。

教学结构是教学环节和教学功能的集合体，也可以利用思维导图软件描述出教学环节、教学流程和相应的学习支持工具。教学结构可能是有顺序的，也可能是多分支的。现今网络学习支持工具比较多，它们都能为学生提供多样化的自主学习支持。

3. 提高语言教学技能

语言的清晰表达是微课的基本要求。有一项调查表明，学习者对于微课教学视频中清晰的语言要求最高。因此，教师要发音标准，音量适中，语言清晰，要让学生有和教师面对面沟通和交流的感觉。

（1）发音和吐字

发音要尽量标准，既要避免使用方言，又要吐字清晰，还要在掌握好声母、韵母的同时，注意声调的优美。

（2）音量和语速

音量要适中，声音太小不适宜学生收听。语速是说话时吐字的快慢，它是良好沟通的一个重要因素，每个人因性格、情绪、场景等不同，语速也会有快有慢。语速没有完全统一的标准，一般认为每分钟说 200 个字左右比较合适。

（3）语调和节奏

语调是语句中语音的高低、快慢、升降的变化，用以表现情绪的高低起伏。教师的讲授应该在语调上有所变化，如：升调常用于表达喜悦、兴奋、惊异等感情；降调可以用来表达肯定、感叹、自信、允许等感情；平调的特色是整体上没有明显的高低起伏，音调基本不变，通常用于表达严肃、冷静等情绪。韵律是由特定的思维和情绪所控制的，表现出轻重缓急的声调回环。节奏分为轻快型、凝重型、低沉型等，要注意把握课堂教学节奏，避免节奏单一。

第三节 微课制作工具

一、微课制作工具概述

(一) 常见的微课制作方式

1. 方法一：摄像机拍摄

（1）工具与软件

用摄像机拍摄微课视频的工具与软件有摄像机、麦克风、黑/白板、蓝/绿箱、视频编辑工具。

（2）方法

使用摄像机对教学过程进行录制。

（3）注意

应注意在后期使用视频处理软件添加片头文字，对影片进行剪辑和美化。

（4）优点

用摄像机拍摄微课视频的优点是：画面更清晰，可以录制高清或者超高清视频，可以利用视频处理软件进行抠像处理。但这种方式需要团队协作，一般是专业机构所采用的方法。

（5）缺点

用摄像机拍摄微课视频的缺点是：对专业水平要求较高，需要配之以照明、音响等辅助设备，制作成本相对较高。

2. 方法二：智能手机拍摄

（1）工具与软件

用智能手机拍摄微课视频的工具与软件有手机、手机支架、白纸、笔等。

（2）方法

利用智能手机记录教学过程。

（3）注意

应注意可在他人的帮助下拍摄，也可以使用手机支架自己录制。

（4）优点

用智能手机拍摄微课视频的优点是：简便易操作，不受环境限制，教师可以在家中录制，录制成本也比较低，能给学生一种一对一辅导的感觉。

（5）缺点

用智能手机拍摄微课视频的缺点是：表现力较弱，不适合所有类型的知识，白纸和笔的功能有限，表现力和吸引力不足。

3. 方法三：录屏软件录制（推荐）

（1）工具与软件

用录屏软件录制微课视频的工具与软件有计算机、麦克风、录屏软件、PPT办公软件。

（2）方法

录制方法是用PPT办公软件先制作PPT课件，然后利用录屏软件进行解说和录音。

（3）录屏软件的选择

录屏软件一般使用 Camtasia Studio。

（4）优点

用录屏软件录制微课视频的优点是：适合讲授软件操作类课程，制作技巧要求不高，教师都可以胜任，录制和编辑用同一款软件就可以完成，功能比较齐备，可以进行视频抠像、声音降噪等处理。

（5）缺点

这种方式的缺点是要利用摄像机录制后才能进行抠像处理。

4.方法四：可汗学院模式录制

（1）工具与软件

此方式需使用的工具与软件有计算机、麦克风、录屏软件、手写板、绘图工具。

（2）方法

录制方法是利用写字板和绘图工具，对课堂教学进行讲解，并利用录像软件进行录音。

（3）工具的选择

选择绘图软件 SmoothDraw 以及汉王手写板。

（4）优点

它是方法二和方法三的一种整合方式，适用于录制问题解决型的微课，教师可以更方便地写板书。

（5）缺点

此方式的缺点是需要手写板、麦克风等硬件设备的支持，不适合所有类型的微课。

（二）Camtasia Studio 微课制作软件简介

Camtasia Studio 是一款由美国 TechSmith 公司出品的屏幕录像和编辑的软件。该软件可提供屏幕录像、视频剪辑、视频播放等功能。通过该软件，用户可以轻松地录制、配音、剪辑、作画，添加说明字幕、水印，制作视频封面和菜单，进行视频压缩和播放。

利用 Camtasia Studio 的 PPT 插件，可以迅速地把 PPT 视频录下来，然后把它变成一个互动的视频，再上传到网站上。

不管是记录屏幕或 PPT，使用者都可以记录录音和视频。在影像制作完成后，使用者可以将摄影机的影像以画中画的形式嵌入主影像中。

制作视频时能添加系统图标、标题、声音效果、鼠标效果，还可以作画。

二、微课制作工具的使用

下面以 Camtasia Studio 微课制作软件为例，分享一下微课的制作过程。这款软件操作简便，在国内外比较受欢迎。

（一）安装软件

1. 运行 Camtasia Studio

单击"Install"，即可进行安装（单击"选项"来设置安装目录等），然后选定安装路径。

安装完成后，进行注册，输入注册码，完成注册即可使用软件。

2. 建立任务

打开软件，第一次使用时需要新建项目，如果要打开以往编辑过的项目，可以选择"打开项目"或者在最近项目中作出选择。

3. 视频录制

调试好录音设备，选择屏幕左上角"录制"按钮，打开录制控制面板。可以选择录制区域，支持全屏录制和用户自定义录制区域。打开摄像头和话筒，开始录制。

录制开始后，按"暂停"或者"停止"键，即可停止录制，也可以利用快捷键F10结束录制。单击"结束"后，选择"保存"并编辑，再选择要保存的位置并设置分辨率，分辨率一般选择大于800×600像素的，如果想要高清的话，建议选择1280×720像素的，选择后就会生成"*.camrec"格式的工程文件。

4.视频剪辑

（1）分割

选择时间点，单击鼠标右键选择"分割"或者"分割所有"选项，在界面下方有一条线，选择分割后，被选中的文件会从这里被截断。

另一种方式是通过工具栏中的分割按钮进行分割，要求先选中视频或者音频文件，单击按钮就可以完成分割。

（2）复制、移动、删除、粘贴

选中要进行操作的视频或者音频片段，也可以同时选中一起操作。单击鼠标右键，选择"复制"或者"剪切"，也可以通过工具栏选择相应功能，再将编辑线拖曳到要粘贴或者移动的位置上，再单击鼠标右键，选择"粘贴"即可。如要移除，按鼠标右键，在弹出的菜单中选择"删除"。

5.噪声处理

"音频效果"选项位于左边的工具条，选中以后，会展开音频效果选项，有降噪、音量调节、淡入、淡出等功能。从右侧属性窗口可以调节音频增益和灵敏度。

6.抠像处理、转场效果、添加字幕

（1）抠像处理

在主面板左侧选择"其他"项目，里面有"视觉效果"选项，提供的视觉效果包括阴影、画线、着色、颜色调整、删除等。利用"删除颜色"功能可将人物后面的绿色背景删除，再将人物与PPT画面叠加，即可完成抠像处理。

(2) 转场效果

单击"转场",选择合适的转场效果,也可使用软件提供的转场效果,拖动转场效果到视频衔接的地方即可添加该转场效果。

(3) 添加字幕

选择工具栏的"其他"选项,选择"字幕",在属性窗口可以添加字幕,字幕会显示时间点,可以调整字幕的背景色、字体、字号等属性。

7. 导入片头和片尾

可以通过文件菜单导入片头和片尾视频文件,将视频文件拖动到时间轴,即可进行编辑处理。

8. 生成文件

在时间线中选择要制作的影片,单击鼠标开启快捷键,选取"生成文件",或在界面上方的菜单条中选择"输入"功能,开启"生成向导"。

9. 常用的其他功能

(1) 变焦功能

首先选择时间点,再单击变焦按钮,可以通过工具条改变显示比例、显示位置、变焦速度等。

(2) 标注功能

首先选择要加入标记的时点,再按下标记键,选择适当的标记格式,调整标记的逗留时间。

第四节 微课在高职教学中的应用

一、微课在高职院校教学应用中存在的问题

如今，许多高职院校的教师都将微课运用到课堂教学中，使学生的实际操作能力得到了一定的提升，但同时也存在着许多值得思考的问题。微课在有的高职院校中的应用尚属空白，大多数高职院校尚未建立起一套完善的教学资源系统。一些教师在设计中没有充分考虑到这一点，仅仅关注录音和录像，忽视了其他的教学设计，使当前的微课资源零散、不系统。微课的使用要从整体上进行思考，包括微课的使用、如何使用、何时使用、是否聘请专业人士录制录像等。微课教学模式使学生在课堂上不能只面向教材，使教师在教学中讲授的形式也不再单一。互联网为学生提供了丰富的文字、图片和视频等多种学习资源，并可与任何人进行交流，然而，有的高职院校至今还没有开设各类专业的微课教学，也没有建立起对学生进行全面网络信息素质教育的课程，因此客观上给学生学习带来了很大的困难。在网络环境中，自我控制能力较弱的学生，其学习意识也较弱，对网络的使用效果也不是很好。在利用微课实现自主学习的过程中，学生很容易陷入"以人为本"的误区，忽视了与教师、同学的互动。教师在展示微课时应注意，不仅要有教学内容，还要有教学互动，并进行灵活多变的交流活动。

教学方法可以促进学生的思考与学习，所以教学内容不应该只是观看影片，还要有提问、练习、测试，着力提高学生的成绩，提升他

们的学习兴趣，保持他们学习的专注度。同时，课程评估也要包括互动。在信息化时代，教师的教育观念已经发生了巨大的变化，教师的目标是让学生能够通过多种途径自主地获取知识。然而，大多数教师对教育技术的理解还不够透彻，还停留在传统的教学方式和方法上，很难把新的教育思想和技术运用到教学中去。微课制作的媒介有屏幕录制工具、PPT的录制功能、专业的录播系统、手写板、绘图工具等，还有音频添加、字幕制作、留言互动等。高职院校应在教师上岗时进行教育技术能力的培养，注重后期定期培训，并采取分层培养的方式，以不断提升教师的教育技术水平。

（一）内容信息量大，中心不明确

传统的课堂教学目标太多、信息太多、容易出现问题不突出、重点模糊等情况。由于学生注意力集中的时间非常有限，学生的学习水平和接受能力也参差不齐，但是出于教学进度的需要，教师往往会在课堂上列出一些具体的内容，教学目标无法与学生的实际认知发展程度相匹配，导致教学效果不理想。微课的制作是以知识为基础的，每个微课都有一个知识点，每节10～15分钟，重点突出，可以满足学生的各种需要。所以，微课教学既可以做到有针对性，又可以让学生的注意力集中，从而提高教学效率。

（二）个体差异明显，学生参与度低

在传统的课堂教学中，由于学生数量众多，其知识基础、学习能力存在着很大的差别，教师的时间和精力都有限，不能很好地照顾到每个学生的需要，特别是那些表现不佳的学生。此外，在传统的课堂教学中，教师讲授、学生听讲，缺少教师和学生的互动，学生在课堂上的参与度较低。同时，由于不同的学生学习起点不同，教师在兼顾个体和全面发展的前提下，教学难度、任务数量都会大幅增加，这就使得传统的教学模式难以适应学生的学习状况和学习进度。而随时随地地进行流动教学，能为不同层次的学生提供适合自己需要的个性化教育，从而有效地提升他们的学习热情和参与度。

(三)教学资源匮乏,课堂气氛沉闷

如今,我国很多高职院校仍然存在着教学资源不足的问题,其教学内容大多来自教材和教辅,缺乏高质量的信息化教学资源,这与高职院校学生的认知相违背,导致教学方法单调、乏味,导致课堂教学质量下降。在这样的背景下,需要充分发掘适应信息时代的新的教育资源,而微课是不错的选择。微课的教学方法生动、简洁、有趣,既能提高学生的学习兴趣,又能提高教师的教学质量。

二、微课在高职院校教学中应用的发展策略

(一)将微课引入高职课堂的意义

1. 微课在高职教学中的功能体现

微课是一种新型的教育平台,许多高校都在进行微课的探索,都在围绕着微课本身、微课的特性展开各种各样的探讨,以更好地利用这一平台进行知识的传播和教学设计的创新。从不同角度来看,微课呈现出如下特征:首先,微课的特色在于"微",体现在时间、内容、形式上。从时间上来看,微课和传统的45分钟课有很大区别,其通常是10分钟;从内容上来看,则是"小而精",仅需对特定的知识进行说明或完成一个特定的教学环节;从表现方式上来看,微课的呈现方式是以多媒体终端设备为载体进行播放,所需的数据量达数十兆,能方便网络的传送与共享。其次,微课具有明确的课程目标,它是基于特定的学科知识或特定的教学环节的主题活动,并且其目的很明确,其存在的意义在于服务于高职教育的各个环节,确保科研项目的顺利开展;此外,微课的教学目标清晰,资源设计指向、教学活动指向等都很清楚,即微课是针对特定的专业课程设计及制作的特定知识和教学环节。

微课的教学设计应尽量与课程主题相结合,利用校内外实训基地,以模拟或全真训练为主要形式,促进学生理论与实际能力的培养。教师和同学们都要穿与课程主题一致的服装,并配以各种教学工具,使整个课堂具有与平时教学活动所不同的环境,注重学生的综合专业素

质等。微课内容简洁、具体,将教师的隐性教学知识呈现出来,便于同行业间的交流与评论,对促进教师的专业知识发展具有重要意义。微课视频短小,易于引起学生的注意,实现了教学资源的共享和沟通。微课的学习目标没有时空的局限,更适合作为学生自主学习的资源,并能及时地对课程的内容进行评估和反馈。教师还可以在课堂上与学生进行交流互动,并对学生的课堂评价进行总结,从而使课堂教学更加完善,提高课堂教学质量。

2. 将微课引入高职院校教学的现实意义

(1) 促进学生自主学习,开创学习新体验

高职院校的学生具有强烈的情感倾向,他们对感兴趣的事物有很高的学习热情,但对枯燥的内容却没有太高的热情。因此,在组织课堂教学时,要注重与现实生活相联系,使课堂教学更加生动,激发他们的学习兴趣。与传统的课堂教学活动相比,微课是教师精心准备的,教学设计与内容也是教师精心考虑过的。虽然微课的时长很短,但是教师在前期的付出却很多,目的就是要使微课与以往的单调的课堂教学有所不同。作为高职院校,实习教学应当是其一大特点,在微课中可以通过增加实习环节来提高学生的学习兴趣,使学生在轻松愉快的环境中学习,并创造出一种全新的学习体验。

(2) 展示教师教学风采,促进教师专业发展

通过微课的演示,高职院校的教师不但能更好地传授知识,而且还能起到很好的宣传作用。高职院校的技能与技术性知识往往是通过教师的示范操作、现场演示等方式体现的,有着直观的、具体的情景。在传统的课堂教学中,优秀的教师往往也只是向学生们解释和演示,这就导致了优秀的教师在课堂上无法发挥积极性。同时,对于优秀的微课,很多学生和专家都会给予积极的肯定,这是对教师工作最好的激励。教师可以利用微课这个平台,与学生进行互动,在这种交流互动中,他们会找到自己的长处和短处,在自己的专业领域里不断地完善教学方式,提高自己的教学质量。

(3) 拓宽知识传播覆盖面，倡导移动学习

互联网时代，人们的信息来源也由传统的纸媒向网络媒介转变。微博和微信等正在改变着人们交流的方式。网络时代的人，更喜欢使用手机来刷微博、看新闻、看视频。高职院校的学生对网上教学方式有着更浓厚的兴趣。微课利用网络媒体，将网络教育与网络紧密地联系在一起，能够更快、更广泛地传递知识和技能，扩大传播范围，让更多的人能够获得更多的知识和技能。

(4) 搭建教师交流平台，优化教学能力

通过微课，教师在课堂上展现教学的魅力，而来自不同学校的教师、行业的培训师则可以将自己的教学流程与训练流程，在彼此的回馈与评估中，对教学方法、教学设计、教学改革、教学效果等进行交流。在这种不断的探讨中，许多教学上的问题都能得到解答，并且能得到及时更新。

改变被动式的学习方式，以积极的方式学习，提高学习的效果。一般来讲，一些高职院校的学生其学习能力不是很强，若再缺乏有效的学习方式，就更难形成良好的学习气氛、提高学习效率，但是他们对新的东西很感兴趣。微课是把原来的教学内容用视频的形式展示出来，具有很强的图像感和说服力，很容易激发学生的学习兴趣。通过观看微课的录像，能使学生从被动学习变成积极学习，有效提高学习效率。

微课具有如下作用：

一是有利于学生掌握技能训练的重点和难点。高职教育主要进行技术技能的培养。技术操作培训与理论课程不同，须观察才能习得，而微课能将技能训练的重点和难点制作成短小视频，可供学生反复观看，而且视频时长较短，可使学生较好地保持注意力，教学效果好。

二是有利于学生进行差异化的自主学习。在传统课堂教学上，教师为照顾大多数学生的接受能力，对课程的讲解和演示要使大多数学生都能理解，但实际上，学生的学习能力是有差异的，有的课程即使在课上不能完全理解，也可以在课后利用微课来学习，以实现学生差

异化的自主学习。

三是有利于提升教师教学质量。在制作微课时教师需要重新组织课程的知识体系,用录像作为载体进行展示,同时教师也可以利用微课平台来了解学生的学习反馈和意见,从而提高课程的设计水平。同时,教师可以通过微课平台来积累教学经验,体现微课的"自主性""互动性"等特征。

(二) 微课的设计原则

根据我国高等职业教育发展的现状,结合其自身的特点和传统优势,实现二者的相辅相成、相得益彰。

1. 聚焦原则

"短小精悍,重点突出"是微课教学的基本特征。微课的教学效果与知识的选取和处理有直接关系。在选定教学内容时,设计者要结合学生的认知规律和接受能力,对相关知识点进行甄别,并围绕教学难点和重点,保证每节微课仅涉及一个知识点,力求做到精益求精。

2. 以生为本原则

与传统的课堂教学相比,微课的设计应由"教师授课"向"以生为本"转变,各种教学手段、方法的运用,都是为了激发学生的主体性,从而达到提高课堂教学质量、提高学生学习成绩的目的。所以,在微课的设计中,必须坚持"以生为本"的理念,借助现代信息技术,让学生能够主动地参与、主动地使用"微视频",从而达到"授之以渔"的教学目标。

3. 交互原则

互动原则是设计微型课程的关键。教师、学生和方法是教学目的实现的三个要素。只有将这三方面有机地结合在一起,特别是调动师生的主动性,才能真正地发挥学生的能动性,从而达到教学目的。因此,在设计微课的时候,要尽量将抽象的道理和平面化的语言转换成可视性强、趣味盎然的图形和动画,这样就能引起学生的注意和兴趣,并为师生的交流打下坚实的基础。

很明显，微课作为信息时代的一种新的教学形式，其流动的学习模式、生动的教学视频等都符合高职院校的实际需要，同时也是对传统课堂教学的一种创新和补充，对推进高职教育的教学改革、提高教学质量意义重大。

4. 吸引原则

教师开发的微课应该能够吸引"消费者"，即学生。为了让微课成为一支新的力量，微课的开发者必须从学生的视角出发。在这一点上，教师可以在微型课程的学习和趣味上做文章。教师应开发出符合高职院校学生认知特征的微课。"消费者"必须不断地点击、不断地观看，只有这样，这个学习资源才能被有效地利用，学生才能"满载而归"。

5. 效用原则

在确保"微小"的情况下，高职教师开发的微课还要让学生感受到这些细小的学习资源是有用的。微课的开发者们不能为了跟风，把精力浪费在那些没有任何教学价值的东西上。这是所有微课都要遵循的原则。

6. 灵活原则

在课程教学中引入微课，可以在课前、课中、课后灵活运用。在课前，学生可以自主进行微课的学习，提前了解教学内容，有利于教师和学生在课堂上讨论问题，直到学生完全掌握所学的知识为止。将微课程运用于课堂，教师将其作为纯教学资源，在教学需要时将其集中播放，使学生能够更直观、更形象地了解其中的重点和难点。教师在下课后派发微课，让学生们能够观看教学录像，可确保每个学生都能熟练地掌握所教的内容。这样，有助于学生自主学习，反复学习，直至掌握学习内容。

7. 反馈原则

微课开发、应用与交流共享完成后，还要对微课进行多层次的评估，为以后的微课的开发和开展提供指导和借鉴。教育评价、应用评价等评价手段，均可应用于微课评价。适时的评价和教学反思，能更好地推动微课资源的开发和共享。

（三）微课在高职院校教学中的应用策略

要想将微课更好地运用于高职教学中，首先，必须正确认识微课。要确立"以生为本"的教学设计思想，充分考虑到高职学生的学习特征，设计出符合学生学习需求的微课；微课设计要能反映教学内容的重点和难点，而且要精准；微课创作要基于职业教育理念和学生认知规律。其次，还要提高教师的微课制作水平，加强对教师进行微课制作理论的培训，通过优秀微课展示，提升教师的微课设计水平，特别是微课教学设计水平。对教师进行微课创作技能培训，如视频拍摄技能培训、视频软件剪辑技能培训、视频影音合成及后期处理技能培训等，提高教师的微课制作技能。最后，对教师进行信息化技术的培训、学习和交流，通过组织教师参与各种形式的微课比赛，提高教师的信息素养。

学生既是微课的直接受益者，又是微课的目标。实际上，学生可以直接参与微课作品的创作过程，可以在教师的微课创作过程中提出建设性的意见和建议。通过让学生真正参与微课制作，教师制作的微课才会更加贴近教学实际，才更有益于学生进行差异化的自主学习。

1. 整合微课与现实课堂关系

微课是"微视频"的一种，应该把它植入和融入实际的课堂中。微视频是一种教学资源，它可以扮演多种角色：课程介绍、核心概念讲解、操作过程演示、课后练习等。在教学的层面上，要重视教学设计，从学情分析、任务分析、内容分析等方面入手，针对不同班级的特点，开发出相应的课程。此外，课后还要进行辅助性的教学资源的补充。教学设计、微视频和辅助学习资源的集成应该为实际教学工作服务。

2. 开通微课教学的支持服务渠道

微课不只是一个简单的展示，而是一个有一套完整教学计划的整体，所以它应该包括必不可少的各个环节：学习辅助工具、学习路径、同步和异步、讨论和协作、不同层次的训练和反馈以及相应的学习资源等。教学的支援服务具有网络咨询功能，为学生提供充分的学习支撑和路径，可以防止学生因学习内容太分散而产生迷茫。同时，教学的支持服务应加强利用师生间的同步、异步交流的工具，使课堂上的正式学习和课外的非正式学习成为一体并保持连续。

3.培养学生养成移动学习的习惯

在互联网时代，像许多社交工具软件一样，微课在教学中的应用也是很有前景的。微课可以更好地满足学生个性化学习和选择性学习的需求，并能在一定程度上弥补多样化的不足，加强和巩固知识，是传统的课堂教学的一个重要补充。尤其是在高等职业技术教育中，微课有着重要的"直接"作用。随着手机移动数字产品的普及，移动学习、远程学习、在线学习以及"泛在学习"等都有微课应用，微课已然成为一种新的学习模式。但是实际上，现在高职院校的许多学生用手机玩游戏、聊天、购物、刷微博等，他们并没有把手机当成一种学习工具，所以教师和学校都要对他们进行正确的引导和鼓励，让他们能够积极地使用手机进行学习。

4.建设系统性微课资源体系

碎片化的微课，要对其进行系统的分类，要将各种资源按特定的结构进行整合，并形成有意义的联系，而不是一种非线性的、分散的网络；它不是一成不变的，而是不断向前发展的。高职院校微课的初步构想完成后，需要教师同行、学生、企业界人士的评判和实践，并在实践和交流中不断完善，尤其要注意的是微课与其他点状微课资源的结合，并根据教学要求和环境的变化不断发展与丰富这个网络结构，这样的学习资源以及课堂教学才会充满生机。在教学中，其他教师和学生要对教师的教学进行评估和反馈。教学评价包含了对学生的学习和对教师教学的思考。微课学习平台可以将学生的学习轨迹记录下来，让他们更好地了解自己的学习状况，制定出适合自己的学习方案；也可用于教师的学习分析，以便于其在正规的课堂教学中有针对性地查找问题、弥补缺憾。因此，评估和反馈，能够为微课的前端分析和设计提出一些有益的建议。

5.组建专业化的微课制作团队

微课制作过程中,除了使用常规的视频录制软件外,还需要大量的视频编辑软件、图像处理软件、影音编辑软件等。如果让教师学会所有这些软件,一方面他们精力有限,另一方面也增加了微课的制作难度,很难将教师从微课制作中解放出来。因此,可以组建专业化的微课制作团队,教师只负责微课设计与微课教学过程的录制,其他的工作全部由团队完成。微课是现代教育信息化技术的产物,其所具备的独特优势使其在高职教育教学中被广泛应用并取得了很好的成效,它对现代教育的发展起到了积极的推动作用,是我国高职院校学生自主学习的重要途径和重要的学习资源。虽然在其发展的同时也存在着许多问题,但必须坚信,在高职教育教学过程中,正确应用微课进行教学,教师和学生都将会从中受益良多。通过实践应用和创新发展,微课必将成为一种高效、实用、应用广泛的教育资源。

6.微课教学具体设计策略

一是通过自己的方式观看微课。在高职微课中,微课录像能有效地进行知识的传递,这是由于教师根据学生的认知水平进行科学的微课设计,使知识点之间形成有效的联系,并在上课之前将其上传至相应的教学平台,学生能够独立地进行学习。同时,学生按照教师的要求,选择自己的位置和时间,观看教学录像,学习新的知识,将学习中遇到的困难和问题都记录下来,以便与其他同学进行交流。

二是通过提问来完成作业。在观看教学录像后,要按时完成教师布置的相关作业,并进行自我测试,以检验自己对新知识的掌握程度。同时,在学习的时候,还需要认真思考一些困难和问题,如果自己无法解决的话,也可以将其记录下来,方便以后交流。当然,学生也可以通过各种途径,如微信群、自主学习论坛、聊天室等,讨论练习中发现的问题,并与其他同学分享学习经验。同时,在学生的自主交流学习过程中,要充分利用课堂上的虚拟学习环境,适度地增强学生的凝聚力和归属感,让他们在学习过程中体会到快乐,并时刻保持良好的学习状态。

三是通过自我探索来确认问题。课程的探究问题是由学生和教师共同决定的。在课堂上学生会向教师提问，教师也会根据教学重点、单元教学目标来提问，并从两个层面来决定问题。教师根据学生的实际学习需要，适当地选择探究题目，充分利用网络、教材等工具进行自主探索，并将调查的结果记录下来，供小组成员讨论。在教学过程中，教师要有选择、有目标地进行教学，充分尊重学生的自主性，培养学生的自主能力，形成知识系统。

四是团队协作式的探索和小组式的学习。协作探究是实现教学目的的一种重要的学习方法，它可以使学生通过在课堂上相互争论、讨论、提问等得到充分的证明。而团队是协作探索的基本单元，通常由2～5人进行交流互动。在高职微课的教学中，可以将选择相同任务的同学分成一组，根据小组成员的特点和问题难度，再将他们分成不同的小队，把问题分成几个小问题，每个小队负责一个问题，最后进行合作式的整体探索。

五是对自己的经验进行反馈和分享。在探索合作学习之后，同学们应在课堂上通过团队PK赛、情景剧、PPT展示等方式，与其他同学交流，分享自己的学习心得，互相学习，一起进步。同时，学生也可在课堂上记录自己的课堂报告，并在课后将报告上传至平台，供教师和同学们进行讨论和评估。此外，课后还要充分吸收教师所讲的内容，主动地总结所学所得，深入思考，积极探索知识技能的盲点，探索课堂延伸的问题，增强创造力和发散性思维。

微课是近年来兴起的一种教学资源。要想更好地设计、开发和实施微课，并将其与特定的应用环境相结合，有效地推进高职学生的正式和非正式学习，还需要进一步的不断探索。随着以微课为代表的新生教育资源的推广，相信未来微课会在教学实践中获得更多的经验、更新的启迪，并能提供更多有价值的成果。

第六章
数字化教学资源设计与开发

第一节 数字化教学资源开发基础

计算机及其网络技术的普及应用筑起了"信息高速公路",合理高效地运用"信息高速公路"于教育信息化的深入发展,数字化教学资源的建设是首要任务。因此,设计开发和运用数字化教学资源是未来教育工作者必须掌握的基本知识和技能。

一、数字化教学资源的分类

教学资源涵盖了与教学相关的教学设施、仪器设备、师资队伍、图书资料、环境、财务、规章制度、教学计划、人事档案、教学资料等。数字教学资源是指以数字的形式表现的教育与教学软件,根据目标和用途,分为两大类:教育管理软件和教学应用软件。

(一) 教育管理软件

教育管理软件又可以分为教学资源管理软件和教务管理软件。

1. 教学资源管理软件

教学资源管理软件的主要功能是对各类教学资源数据进行采集、统计、检索和调用。

目前,高校办公自动化系统、员工档案管理系统、仪器设备管理系统、财务管理系统等都是常用的教学资源管理软件。

教学资源管理软件必须把各种教学资源配置成有层次、有科学的组织。同时,要充分利用教育资源,让教育资源更好地为教学服务,为学生提供一个方便快捷的应用平台。

2. 教务管理软件

教务管理软件主要由学生档案管理系统、教学计划与课程安排系统、测试与评估系统组成。

学生档案管理系统主要是对新生的入校和学籍进行管理。入校管理的重点是招生登记、付费和相应的付费课程的选择。学籍管理负责记录学生从注册到毕业各科目的学习情况，例如上课签到、回答问题、完成作业、阶段考试、期中期末考试、考试成绩、毕业论文（毕业设计）、其他学习活动等。

教学计划与课程安排系统主要包括各类学科、各种专业、各门课程的设置、时间、课时数、地点、师资分配和课程学分等。

测试与评估系统包括试题库管理、试卷生成、试卷打印、联机测试、试卷分析和成绩登录等。

（二）教学应用软件

教学应用软件是指按照教学目的设计的计算机教学程序，它反映了特定的教学内容，反映了一定的教学策略，既可以存储、传递、处理教学信息，又可以与学生互动，对学生的学习情况作出评估。

教学应用软件包括多媒体教学软件、网络教学和教学网站、精品课程、课程课件、测试评价类软件等。

1. 多媒体教学软件

多媒体教学软件又称为"多媒体课件"，是数字教学资源的重要组成部分。它是一种以教学和学生自主学习为主要目的的教学软件，通过多媒体的方式来实现或协助某一特定的教学任务。

多媒体课件的特点体现在交互性、个别化、信息形式多样性、教学模式丰富等几个方面。

（1）交互性

交互性是指在教学过程中，学生通过与计算机之间反复的信息交互而进行学习。

（2）个别化

在教学过程中，学生可以根据自己的兴趣、能力和需求来进行个性化的学习，从而达到因材施教的目的。

（3）信息形式多样性

构成学习内容的信息包括文字、图形图像、动画、声音、视频等多种形式的信息。多媒体课件可以实现内容表达准确、生动形象、再现过去、预示未来、缩放视野等传统课堂难以实现的教学情境。

（4）教学模式丰富

多媒体课件中可以包含课程讲解、操练与练习、问题应答、模拟演示、游戏娱乐、问题求解、发现探究等各种模式的教学活动。

由于多媒体教学软件内容丰富、种类比较多，后面再作详细的介绍。

2. 网络教学和教学网站

网络教学是一种以线上方式进行教学活动的教学方式。网络课程的教学目的须符合教育和教学要求，要求课程知识体系比较完整、系统，具备知识辅助扩展、教学信息和教学过程的控制和评价机制。教学网站是一个完整的网络教学平台，提供丰富的网络课程、完善的学籍管理、教学流程的控制。

3. 精品课程

精品课程是由教育行政部门组织建构和评价产生的一种优质的共享网络课程。它除了具有网络课程的基本特征外，还可提供教学名师的课堂教学视频。学生可以通过精品课程的学习，享受他校教学名师的教学辅导。

4. 课程课件

课程课件是一种相对较小的、只反映一个特定知识的教学软件，具有文件小、易于网络传输的特点；多以动画或录像的形式展示，便于用户二次开发、集成使用；也能独立使用，可作为多媒体课件的制作材料。因此，课件是一种深受广大教师、课件设计者和学生欢迎的教育资源。

5. 测试评价类软件

测试评价类软件主要的特点是测试过程简单、效率高、结果客观准确、数据处理方便。计算机无纸化考试系统是一种具有以下功能的测试软件。

（1）库系统模块

库系统模块主要包括试题录入和题库维护等。

（2）试卷生成模块

试卷生成模块主要包括试卷编制策略、试卷生成和试卷打印。

（3）联机测试模块

联机测试模块主要包括考试信息管理、试卷自动分发、考试过程控制、考生答疑信息的采集管理、自动评分。

（4）数据分析模块

数据分析模块主要包括考试结果统计、试卷分析、生成评价报告和学生成绩查询等功能。

（5）考生档案管理模块

考生档案管理模块主要包括考生注册、学籍管理等功能。

教学过程评价测试系统的应用是教育信息化的主要标志之一，应该被普及。

多媒体教学软件按其教学方式、教学策略又可划分为下列类型。

1. 课堂演示型教学软件

课堂演示课件通常都是教师利用 PowerPoint 等自己编写的,其教学过程基本上是线性的,以辅助课程的形式进行。

课堂演示型教学软件具有图形、文字、声音、图像等多种媒介要素,具有很强的表达能力;以线性编程为基础,具有简单的跳跃和连接的功能;适用于各种课程的内容提要、数据图表、动态现象、模拟示意等;并可与课堂讲授、讨论、练习、示范等多种教学方式相结合。

通常情况下,课堂演示型教学软件是针对特定课程的教学重点和难点而设计的,侧重于启发、提示、反映学生的解题过程,可以在课堂上进行示范教学。该类型的教学软件需要有清晰的图像,有更大的尺寸。

2. 操练与练习型教学软件

操练与练习型教学软件为学生提供类似于所学范例的实践,并给出反馈。反馈内容由学生自己决定,反馈方式有简单的对错判断、提示继续尝试、动画演示、语言解释等。如果答对一题,就可以直接进行下一题的练习了。

与书面作业相比,操练与练习型教学软件具有即时反馈、激发引擎、节约教师劳动时间等优势。但操练与练习型教学软件的滥用,会让学生在"题海"中失去学习兴趣,无法有效提高他们的学习能力。这类教学软件可以替代课堂上的书写和作业,还可以在考试之前帮助学生检查和发现问题。因为学生可以通过该类软件来学习,所以教师有更多的时间来对他们进行指导。

设计操练与练习型教学软件时应注意以下事项:

(1) 规定练习时间

在平时的课堂上,教师要让学生做 10~15 分钟的练习题。只有这样,学生才能巩固好当天的学习成果。

（2）以个人练习为主

操练与练习型教学软件的优点在于可以自行设定进度、有针对性地进行反馈，所以应以个别训练为主，当然，也可以安排团体比赛。

（3）有针对性的练习

很多时候，并不是所有的学生都必须在软件中完成所有的训练。教师可以针对学生掌握知识和自身能力的情况，安排他们在不同的时间进行必要的训练。

3. 指导型教学软件

指导型教学软件是一种以教师为主体的教学软件，可以对学生进行系统的教学，包括线性和分支两种。它还可以用来教授不同的学习内容，如语言信息、复杂的规则、解决问题的方法等。指导型教学软件应当包括加涅所提到的全部教学活动，所以好的指导型教学软件一般都会包括一些练习。有的指导型教学软件还具备教学管理的功能，教师可以为学生设定学习的起始级别、安排学习进度、查询考试成绩等。指导型教学软件旨在展示知识和演示技巧，引导学生掌握基本的知识和技巧，通常不包含拓展训练和系统的学习评价。

指导型教学软件能取代教师授课，使整个班级在同一时间内完成一个相对完整的教学单元。

该类软件具有很好地满足学生个人需要的优点。有些学生需要在教师的指导下进行更多的温习，有些同学则需要更长的学习时间或者自己制定学习步骤，有些则是主动学习、自主学习。远程教学中，广泛使用的就是指导型网络教学软件。

4. 资源型教学软件

资源型教学软件作为一种适合学生的自主学习软件，正在日益普及，特别是在网上被广泛应用，其最根本的特征是超媒体的结构。资源型教学软件与之前所介绍的演示型、练习型、指导型等教学软件相比，其结构不同，"每一页"之间没有线性的序列，而是由链式构成的网络。

资源型教学软件主要分为学科电子参考读物、专题分析、案例研究等。

5. 模拟软件

模拟是用多媒体技术来再现一个现实的或想象的系统,用以解释一个系统的运行模式。根据模拟的教学目标和所模拟的内容不同,模拟软件可分为两种:第一种是物理模拟和过程模拟,主要用于演示性知识、概念、命题等;第二种是程序模拟和场景模拟,主要用于学习智能技能、认知策略等程序知识。

总体来讲,对真实事物的研究要优于模拟,但由于经费、时间等条件的限制,在教学过程中应使用模拟技术。如果学生不想扮演真实的角色,或是真实的表现会让教学变得很难掌控,则可以采用角色扮演模式。

6. 教学游戏

教学游戏的作用在于在学习过程中加入游戏规则,从而激发学生的学习动力。

当前,在高职教育中使用的游戏类教学软件主要是英语单词记忆、速算、语文组词、地理发现等;还有一些类似的游戏,比如人体的器官之旅。在高职教育及职业培训的商务管理类课程中,教学游戏的运用较为广泛。

适用于训练和模拟训练的教学场景,均可采用相同的功能。游戏具有强烈的娱乐性,在学习过程中,学生往往会因游戏而偏离目标,所以在教学规划上,教学游戏更适合穿插运用,而且要有清晰的应用目标,充分考虑使用的时机和时间,要权衡游戏对学生的激励效应、课时的利用以及游戏的消极作用。

7. 发现学习(探究式学习)

这类课件着重于创造学习情境,以教学目的为中心,系统地构建解决问题的情境,提供探索、分析、掌握新概念和新原则的手段,使学生处于已构建的情境中,并借由建构或重复的方式获得新的知识。通过发现学习(探索式学习),可以使学生在探索基本概念、原理的过程中获得较高的认知水平。

二、多媒体教学软件设计过程

教学软件的开发方法和程序与普通的计算机软件开发有很多相同之处。教学软件是为学生创造一个良好的学习环境,教学功能、内容和流程的设计是关键。多媒体教学软件以学生为对象,具有丰富的素材、丰富的信息量和较强的交互能力,这就使得多媒体教学软件的开发要具有自己的特色。

在计算机辅助教学中,多媒体教学软件的开发包括需求分析、教学设计、系统设计、脚本编写、素材准备、教学软件制作、评价与修改、综合测试等。

(一)需求分析

需求分析是对教学需求进行分析的一种方法,它是对教学中需要解决的问题进行分析,主要包括下列工作。

1. 选定学科课程

选定学科课程是决定多媒体教学软件是针对哪些学科开展的计算机辅助教学。

2. 确定教学目标

在选择的课程中,确定课程的教学内容与范围,并对其实施的目的进行清晰的阐述。在教学内容上,要充分利用计算机辅助教学的这一特点。

3. 确定教学对象

明确所制作的教学软件的使用对象、学生已经具备的知识和认知能力水平。

4.教学软件运行环境

教学软件的运行环境由计算机硬件环境（计算机的硬件结构和图形、音频设备）、计算机软件环境（操作系统、教学软件的存储媒介）、教学软件的播放环境（课堂演示、个人电脑、计算机网络或多媒体网络教室）组成。

(二) 教学设计

教学设计是指教学内容的选择、教学内容的信息形式、教学过程划分的教学环节、教学活动采用的教学模式、学习效果检测的内容和方法。多媒体教学软件是以教学目的为基础，通过计算机的逻辑控制和用户的人机互动来实现的。在教学软件的设计和开发中，教学设计是一个非常重要的环节，总体而言，教学软件的设计和开发工作包括以下内容。

1.划分教学单元

划分教学单元即把教学内容划分为知识单位。

2.选择教学模式

选择合适的教学方式，如指导、练习、模拟等。

3.确定媒体信息的形式

根据不同的教学内容，确定所采用的多媒体形式，如文字、图形、动画、声音等。

4.建立知识结构

明确不同的教学单元或知识的转换模式。

教学设计是教师教学理念、教学经验、教学风格、教学特色的具体体现，因此在教学软件的设计中具有举足轻重的作用。

（三）系统设计

由于多媒体教学软件数据量大、交互能力强，所以要对其进行整体结构、主要模块以及各个模块的链接方面的仔细设计，以确保能达到最佳的教学效果。软件的系统设计包含以下几个方面。

1. 确定开发环境

根据教学设计的内容和方式，确定所需的媒体设备、写作系统、工具软件等。不同的工具软件都有其优势，合理选择工具软件，对于制作教学软件来说往往是事半功倍的。

2. 封面的设计

封面是计算机与学习者之间的最基本的互动接口，它能显示多媒体教学软件的主要内容和应用方式。封面设计要新颖、简洁，使学生印象深刻。

3. 建立教学单元间的层次结构

在对教学内容进行细致分析、阐明教学目的的基础上，把教学内容分成若干个教学单元，把每一道题目分解成若干个小的知识点，按照教学的需要，把这些子目标按照教学的需要进行组织、整理，并建立起各子目标间的逻辑关系，从而构建出学习目标的层级。常用的多媒体教学软件有顺序结构、层次结构和网络结构。

4. 确定教学单元的超链接

超链接是超文本与超媒体、多媒体教学软件的基础。点击图片、单词或短语，可以帮助学生完成跳跃，从特定的讯息或话题转移到与该讯息或话题有关的其他讯息或话题，最能反映出错综复杂的事物之间的关系。所以，在构建超链接网络时，必须充分考虑知识单元与知识点之间的逻辑与层级联系，从而构建一种非线性网络。

（四）脚本编写

编写脚本是开发教学软件的最直接的基础。在教学设计、系统设计等方面，虽提出了教学软件的思路，但是在开发过程中，仍存在着很多具体的问题，所以要用脚本来进行详细的解释。如何解释和提问，如何接受学生的提问，如何判断学生的答案是否正确，分析错误的原因并给予相应的反馈，这些都是教学设计、系统设计和教学流程图中无法具体说明的问题。

教学软件脚本是根据教学思路和要求，由专业教师根据教学目标来描述教学内容的剧本。同时，也为软件设计者提供了直接的参考。写脚本是一种具体化的路径，它规定了在各个单元中，计算机把什么信息传递给了学生，在学生接收信息后，怎样判断和反馈，学生怎样控制和选择学习内容等。

(五) 素材准备

在编写好教学软件的脚本后，就要开始准备制作素材了。适当选用多媒体教学软件素材，可以增加教学软件的表现力，激发学生的学习动力，促进其从感性向理性的转变。素材包括文字、图片、动画、声音、视频等。但不能选用与教学规律不符的材料。制作材料是一项耗时耗力的工作，要尽量使用原先已有的素材。但是，如果没有合适的素材就应当及时更新。素材的制作主要有文字的录入、图形的制作、图像的制作、动画的制作、录像的制作等。教材要按照教学要求和内容进行编排，学生能够听得懂、看得清、记得牢。

(六) 教学软件制作

在软件的文字、声音、图形、图像、动画、视频等多媒体素材制作完毕之后，要针对具体的环境选择相应的多媒体创作工具。采用特定的写作平台或高层次的语言来编辑各类素材，并根据教材的具体内容，把不同的素材综合起来，达到具有较强的互动性、灵活性的视听效果。通常情况下，一个完整的教学软件要经过多次测试，直至所有的教学单位都达到预定的设计标准。

(七) 评价与修改

在编写教学软件时，可以随时对以前的工作进行评估和修正。在开发出教学软件后，要对教学软件进行全面的分析和检验。首先，要检验该教学软件在教学单元、教学目标等方面的设计是否合理。教学软件的信息呈现、交互、教学过程控制、素材管理、网络辅助等方面都需要反复调试、修改和完善。其次，对该教学软件进行评估，以达到设计的要求。教学软件的评估是多方面的，既要从教学目标出发，又要考虑软件的实用性、有效性等。所以在进行教学软件评估时，不仅要有相关人员参与，还要有一定的专业评估人员参与，例如教师、软件开发者等。通过测试，找出在编写和调试过程中没有发现的技术和内容缺陷，并对其进行改进，以达到预期的教学目的。

教师的教学效能评估主要包括两个方面：一是通过分析软件自身对教学的影响，让软件开发人员能够清晰地看到软件结构、素材质量、交互设计和编程质量等因素对教学质量的影响；二是学生的学习内容和媒介内容的选择，即对学生的学习内容进行深入、仔细的分析，可以帮助教师在课堂上更好地进行教学。而对其进行的修改，将极大地影响到软件的结构设计、素材的准备以及程序的编写。所以，对影响教学效果的各种因素进行细致的分析，对于开发教学软件具有十分重要的作用。经评估，对所研制的教学软件进行综合分析与测试。最终，教学软件设计者要根据评估结果和评定结果，在适当的情况下对教学软件进行评估，然后再进行调试，使教学软件真正进入定形阶段。

（八）综合测试

经过评估和调试的教学软件将会经过一段时间的试用，大量的应用和对教学效果的检验会使其暴露出它的缺陷，从而可以继续对其进行改进。

在试用阶段对教学软件进行多次修改，大部分都是对功能的改进和细节的修正。教师应该广泛地征求使用者的建议，不断地对其进行修正和改进。在反复测试、修改、教学实践中，要实现教学目的和教学效果，还必须通过专家的评审。

三、教学软件开发环境

教学软件是一种既能满足普通计算机应用程序需求又能满足通用

计算机应用程序需求的计算机应用软件。为确保多媒体教学软件的顺利开发，确保多媒体技术在教学中的作用得到充分的发挥，必须保证软件运行的稳定性、界面友好、使用方便。开发高质量的多媒体教学软件，要有一个良好的开发环境。

多媒体教学软件的开发环境主要有中文操作系统及开发工具。

(一) 操作系统

现在的 Windows 系统，功能强大，性能稳定，深受用户的喜爱。当然，Windows 操作系统对硬件的要求也更高，必须要有更好的硬件和软件系统。

(二) 开发工具

本书所称的开发工具，是一种专用于开发多媒体教学软件的软件，该软件具有完整的功能，能够将多媒体教学软件组织起来，并将多媒体教学软件与教学内容进行整合。目前，国内外已有多种开发平台，它们都有各自的优点和缺点。以下是一些常见的开发软件。

（1）PowerPoint 是一种易于学习的多媒体演示软件的综合平台，其缺点是图案单一、交互能力差。

（2）Macromedia 的 Authorware 是一款以流线型为基础的多媒体教学软件或多媒体演示软件，学习起来很容易，即使没有很好的语言编程技能，也可以使用这个软件来制作优秀的多媒体教学软件。

（3）方正奥思是由方正公司研发的直观、易懂、友好的全中文交互的多媒体综合创作工具。

（4）Macromedia 公司的 Flash 是一款平面动画制作软件，同时也是一款优秀的多媒体教学软件。Flash 平台的出现和功能的日益强大，不但为多媒体制作行业注入了新的生机，同时也为网页创作提供了无限空间，作品档案很小，很容易在线上传、浏览，但互动不强，需要使用功能和程序。

（5）微软 Visual Basic 是一种面向对象的通用软件开发平台，其特点是通用性强、灵活，但要求有一定的编程基础，而且设计困难，调试过程不方便，这使得许多软件开发人员望而却步。

（6）Macromedia 的 Dreamweaver 是一款非常适合在线教学或者网络课件的开发平台。

其他的多媒体开发平台如几何画板、Mathtools、工具书、Director 等都有自己的特色。总之，掌握任意一种开发平台，就可以为多媒体教学软件的制作打下坚实的技术基础。

四、教学软件设计原则

教学软件的设计与开发必须遵循以下几个原则：教育性原则、科学性原则、艺术性原则、技术性原则、交互性原则。

(一) 教育性原则

对教学软件的选择要有明确的应用对象和明确的教学目的。要搞清楚为什么要开发这个软件，要解决什么问题，它可以给学生带来怎样的知识、能力和思想品德上的改变。对教学目标的实现没有任何帮助的都不能被选为教育软件。

选择的内容应能帮助学生更好地把握教学的重点与难点。其在提高学生的基本功方面，要做到有一定的高度和深度，同时要让学生在经过努力学习之后才能熟练地掌握。

结构应与受教育者的认知规律相一致。在教学过程中，教师应根据教学原理、教学规律、目标对象心理发展特征等进行合理的组织、安排。

多媒体教学软件的运用，旨在能够更好地组织课堂教学和得到更好的教学效果，我们要做的第一件事就是使用某种教学软件来实现它的目标。比如，学生自主学习的软件，其主要目的在于激发学生的学习兴趣，调动他们的学习热情，使学生的主观能动性得到最大限度的发挥。在确定了教学软件的目标之后，要以教材为基础，完成教学任务，充分利用它的优点，使教学软件具有更大的价值。

(二) 科学性原则

教学软件的科学性原则包括规范准确、客观实际两个方面。

（1）规范准确

在教学软件中使用的语言、文字要准确无误，无疑义、无歧义，阐述的科学原理，引用的资料、名词、术语以及计量单位要准确。

（2）客观实际

教学软件所采用的实例、所反映的各类现实现象，应能够客观地反映现实，能够正确、深刻地揭示事物的内部规律，并具有逻辑性。多媒体教学软件所表达的知识要科学，语言要精练、流畅，符合知识的内在逻辑和学生的认知结构。在教学软件中所显示的文字、符号、公式、图表、概念和规律的表达都要精准，配音也要精准。

(三) 艺术性原则

一款优秀的教学软件，不仅可以达到很好的教学效果，还可以让人赏心悦目、引起兴趣。高质量的教学软件应该是内容和美感的结合，而呈现的客体应该是结构上对称、颜色柔和、搭配得当、具有审美情趣。

教学软件运用图像、声音等形象地传达教学内容，并运用艺术手法，使画面清晰、声音清晰、色彩逼真、声画同步，能营造出一种轻松、愉悦的学习气氛，并能调动学生的情绪，激发他们的兴趣，让他们在学习的同时也能获得美的享受。

要注意防止出现与教学目的无关的图片或动作信息，因为这些无关的内容会使学生分心，从而影响教学的效果和效率。

(四) 技术性原则

所谓技术性原则，就是要使教学软件的制作工艺和编写方法与电脑软件的设计规范相一致。比如，运行流畅，跳跃灵活，导航链接高效，界面友好，操作简单，有即时的操作提示或帮助系统，有用户使用说明或文件，使用易学、方便、安全性高等。如果一个应用系统是在互联网上且远程开放，使用安全就尤为重要。需限制使用者对在远程存取会话中传送的资讯、在分支网络上传送的资讯及在网络中传送的资讯进行存取，以防资讯外泄，为使用者提供有效的、安全的解决方法。

安全性包括保密、完整性保护、认证、授权和防止重播。可以利用网络密码来最大限度地保护公共和私有网络中敏感信息的传送安全。

(五) 交互性原则

教学软件必须具有很强的互动能力，能够对学生的学习行为进行及时的反馈。呈现的知识应当具有可操作性，而非教科书的电子化。教学软件的操作应尽量简单、灵活、可靠，便于师生的操作，并能在操作界面上设定有意义的菜单、按钮、图标，尽量减少复杂的操作和过多的交互操作。

五、教学软件脚本的设计

在教学设计工作结束后，要根据这些内容来编写相关的文字。教学软件的脚本是教学软件开发的基础，它是教学设计者遵循教学软件开发的需要，根据教师的教学实践，经过精心设计的教学内容。教学软件脚本的编写是教师和学生之间的一座桥梁，它为编写软件提供了直观的基础。采用标准化的教学软件脚本，可以有效地保障软件质量，提高软件开发的效率。

多媒体教学软件的编写，是以优质的教材为基础，结合多媒体资讯科技的教学设计而成的。

（一）脚本的主要内容

多媒体教学软件的脚本内容包括基本信息、具体教学内容、运行效果。

1. 基本信息

脚本包含的基本信息包括课程名称、教学目标、使用对象、教学模式、脚本作者姓名、教学软件脚本编号、编写日期等。

2. 具体教学内容

依据教学设计的内容和媒介，具体教学内容可分为课文内容、公式、图形（包含草图）、符号、动画内容、需要的数码影像资料、需要的影像资料、需要的声音、解说等，重点和难点在于教学软件的具体实现。

3. 运行效果

运行效果，例如：相同的画面内容呈现顺序、动态字母，以及显示和擦除的淡入和淡出效果；课程内容单元之间的链接，控制转向和超级链接的描述。

（二）脚本的格式

不同的脚本制作者所写的脚本，其程序码的格式也不尽相同。现在常用的有表格型和卡片型两种。二者在形式上有很大的不同，但在内容上却是一样的。现分别介绍如下。

1. 表格型脚本

除标题的基础资料之外，主要有序号、屏幕显示内容及控制指令。

（1）序号又称屏幕号或屏幕序号

因为一般都是一屏一屏地展示教学内容，所以在脚本中，每个画面都会被标上数字，并用屏幕号码来指明不同的教学单位之间的联系和转折，即编号可以指明课程的方向和链接位置。序列号可以是连续的，也可以是不连续的。

（2）屏幕显示的内容，是实现教学目标所使用的视觉信息

屏幕显示的内容，如文字内容、公式、图形（包含草图）、符号、需要的动画内容、需要的数码影像资料、需要的配音或说明、前进、后退、导航等。

（3）效果与控制说明，是对运行时的显示效果、控制转向及超级链接的说明

显示的效果主要有文字显示顺序、色彩、文字风格、显示、删除等。控制转向是指从屏幕号码切换到这个画面，并可以在菜单、命令按钮或导航图标上切换到屏幕号码。超链接的说明是关于超文本、超媒体链接的荧幕号码。

2. 卡片型脚本

卡片型脚本其原理也是基于多媒体教学软件的内容一屏一屏地向学生展示，使其理解、记忆，因此，一张卡片所包含的内容与一屏教学软件的教学内容相对应，而卡片脚本就是电脑屏幕的复制品。一系列的卡片内容组成了一个教学单位，因此，一张教学软件的脚本是由几张卡片组成的。

因为大多数的多媒体教学软件都含有超文本结构和超媒体结构，因此在一张卡片上，不仅要有相应的教学内容，还要有屏幕间的操控。

不同的教学软件开发单位、开发公司所使用的卡片的格式一般是不同的。下面介绍教学软件课题组使用的一种脚本卡片，它具有结构清楚、编写方便等特点，也具有一定的代表性。

多媒体教学软件的脚本一般包括以下几个方面的内容。

（1）文件名

文件名是指这个屏幕上的内容属于哪个电脑档案的名称或模组名称。

（2）卡片号

多媒体教学软件通常属于模块式的超文本和超媒体，它的教学内容具有非线性，没有顺序。为方便管理与制作，通常将相应的文字卡片按照主要模块或子模块进行归类。相同的模组以特定的次序进行编号。

卡片号码可以是连续的，也可以是间断的。

（3）屏幕画面

屏幕是学生学习活动的场所，是展示教学内容的场所。该场所的设计充分反映了教师的设计思路和设计风格。

（4）跳跃关系

多媒体教学软件中的超文本结构是由跳跃关系构成的，其关系可以用"进入方式""键出方式"来表示。

（5）呈现说明

呈现说明重点阐述了不同媒介信息的呈现次序及显示或删除的结果。

（6）解说

解说包括解说词、背景音乐或音效等要求配音的内容。

（三）屏幕版面设计

在每一种文字的编制中，网页的设计与撰写是其中最为关键的一环，其设计的优劣直接关系到整个教学软件品质的高低。首先是组成屏幕的基础，其次是对屏幕的影响，包括屏幕布局和典型的屏幕规划。

从以上两种类型的脚本格式中可以清楚地看到，"屏幕内容"在表格型脚本中与"屏幕画面"是一致的。

多媒体教学软件的显示屏上有多种教学内容信息、帮助提示信息，以及能够进行互动控制或浏览的信息。设计一个屏幕的布局，就是设定这些信息的位置和尺寸。

1. 教学内容呈现区

教学内容包括知识内容、演示说明、实例验证、问题提问和反馈评估，这些都是以多媒体的形式呈现的。在设定教学内容呈现区时，着重于文字、图形、影像、动画等视觉资讯的尺寸及位置。整体教学内容展示区应该在屏幕上的显著位置，且占据较大面积。

2. 交互作用区

通常情况下，交互作用区的设计一般是将菜单和工具放在屏幕上方，浏览对象位于右侧、下方或底部。

3. 提示信息区

多媒体课件中含有重要的引导信息，所以在网页上要提供相关的提示。

屏幕画面设计要求教学主体信息突出、互操作方便、屏幕利用率高。一般要求遵循如下屏幕设计原则。

（1）一致性

一款软件的界面要有整体的感觉，包括界面的风格、内容的布局、互操作等。

（2）适应性

在教学软件的设计上，要尽可能地使不同的学生获得自己想要的信息。

（3）灵活性

互动方式多样，资讯呈现灵活，能够兼顾学习者的认知层次与能力，例如提示讯息的显示与隐藏、预设等。

六、教学软件的评价

要对一个作品进行评价，首先要明白评价的目的和意义、评价的方式和评价的指标体系等内容。

（一）评价的概念

教师的教学软件评价是一种教育评价。教育评价以教育质量为依据，根据某种价值标准，如教学目的，对测量结果进行价值评判。

在教学软件的开发中，任何时候都可以对以前的工作进行评价和修正。在开发出教学软件之后，需要组织相关的工作人员对该软件的题目进行全面的分析和测试。先要检验该课程的教学单元设计、教学设计、教学目标等是否符合教学目标，并对信息的呈现、交互、教学过程的控制、素材管理、网上协助等进行评价，通过反复的调试、修改和完善，才能使其日臻完善。作品完成后，要客观公正地评价。

（二）评价的目的与意义

教师对教学软件进行评价，以确保教学软件的质量，并使其规范化。开发的教学软件不仅要符合教育教学的规律，而且要满足软件开发的规范和需求。通过对教学软件的详细评价，可以发现问题、改进技术、总结经验，不断提升教学软件的整体水平和质量。

评价可以起到如下作用。

1. 诊断作用

通过对教学软件的评审与检验，可以发现教学软件中存在的问题，从而可对其进行及时修正。

2. 激励作用

对教师和学生的教学软件进行评价，可以有效地促进教师和学生的学习。通常，良好的评价（如对教学软件的表扬、奖励、肯定等）能够激励软件开发人员为开发更高质量的软件而更加努力，也可激发学生主动运用教学软件，从而提升学习效果。

3. 提高质量

对教学软件进行评价，可以发现问题、提高教学质量；同时，通过对开发人员进行教学软件评价，可以使其能够更好地开发出高质量的产品。

因此，对教学软件进行合理的评价具有保证教学软件设计开发的规范化、提供修改完善教学软件的建议或意见、促进教学软件制作水平的提高等理论意义和实践价值。

(三)评价的方式

评价的方式一般情况下有形成性评价和总结性评价两种。

1. 形成性评价

形成性评价又称为诊断性评价，主要是对教学软件的开发和生产进行评价。在教学软件的开发过程中，开发设计者和研究组要对开发中的每一步进行及时的评价，及时地发现问题并进行修正。

2. 总结性评价

总结性评价又称为终结性评价，通常是对一项已完成的工作进行的测试。其目的是检验和评价作品能否实现预定的教学目标，以及对学生的学习有没有促进作用。该评价必须由有关管理部门组织专家小组，严格按照评价指标体系，对教学软件进行评价，肯定其长处，指出其问题和缺陷。总结性评价可以为改善教学软件提供参考。

(四)评价的指标体系

教师对教学软件的评价要按照一定的标准来进行。在确定了评价准则的基础上，制定出一套科学的评价指标。由于教学软件的种类很多，教学目的和任务也不尽相同，再加上教学理念和观念的差异，使得难以形成统一的评价标准。因此，在教学软件评价中，通常要依据具体的需求，制定相应的评价标准。当前，许多学者都在不断地完善各种教育教学资源评价系统。教学软件的制作总体上应遵循科学化、艺术化、交互性和方便使用等原则。

第二节 演示型课件的设计制作

PowerPoint 是微软 Office 系列办公自动化系统中的一个重要组成部分，它的主要作用是实现多媒体演示，包括文字、图形、图像、音频、视频和动画。PowerPoint 功能强大、操作简单、使用方便，在会议报告、产品展示、学术交流、多媒体教室等方面得到了广泛的应用。

一、PowerPoint 使用

（一）认识 PowerPoint

PowerPoint 是用来制作演示文稿的，也就是 PPT。用户可以使用它制作、编辑、播放一个或多个幻灯片。它可以将文字、图形、图像、声音、视频等多种形式的内容通过图片的形式展示出来。

PowerPoint 一共分为四个区，分别是功能区、大纲视区、幻灯片视图区、备注区。

（二）PPT 的对象

1. 新建幻灯片

方法一：快捷方式。按 Ctrl+M 键，可以迅速地增加一个空白的幻灯片。
方法二：在"普通视图"中，把鼠标放在左边的窗口，再按 Enter 键。
方法三：使用命令法，按"插入"—"新的幻灯片"，或者添加一个空白的幻灯片。

2.图片的插入

在演示文稿中插入图片是增加题目可见度的一个基本步骤。

(1)执行"插入"—"图片文件"命令,打开"插入图片"对话框。

(2)找到要插入的图片所在的文件夹,选取对应的文件,再单击"插入"把图片放入幻灯片中。

(3)用拖曳的方式调节图片尺寸,然后把它放在正确的地方。

注:在进行图片定位时,按下 Ctrl 键,然后按下箭头键即可完成图片的微小移动。

3.音频的插入

在演示文稿中插入音频,可以极大地提高播放效果。

(1)执行"插入"—"音频"—"从文件中插入消息",打开"插入音频"对话框。

(2)找到需要插入的音频文件所在的文件夹,选取对应的音频文件,再单击"插入"。

(3)需要说明的是,当音频文件被插入后,幻灯片上会出现一个小型的扩音器图像,当幻灯片播放时,它就会出现在屏幕上。

4.视频的插入

我们可以在演示文稿中插入视频文件,从而提高演示效果。

(1)执行"插入"—"视频"—"文件中的视频",打开"插入视频文件"对话框。

(2)找到要插入的视频文件所在的文件夹,选择对应的视频文件,并单击"插入"。

(3)将视频窗口的尺寸调节到幻灯片的适当位置。

注意事项有两个:一是演示文稿支持 avi、wmv、mpg 等格式的视频文件;二是演示文稿支持 mp3、wma、wav、mid 等格式的音频文件。

5. 艺术字的插入

执行"插入"—"艺术字"命令，选中所需的装饰文字，再键入所需的文字。

6. 图形的插入

执行"插入"—"图案"命令，然后选择喜欢的样式，并将其插入文字中。

7. 添加注释

首先，把鼠标放在需要添加注释的地方；然后单击"查看"选项卡中的"新增注释"，在"注释"中输入注释。当要修改的时候，还可以单击"注释"或者"编辑注释"来进行修改。

还可以在幻灯片中单击"显示注释"来隐藏所有的注释。

8. 插入 Excel 表格

方法一：在 PowerPoint 中选取要放入的幻灯片，在区域内选择"插入"标签，在"表格"群组中单击"Excel 电子表格"，PowerPoint 会将 Excel 工作表插入目前的幻灯片中，而功能区则成为 Excel 界面。拖动表格边框，把它移到合适的地方；拖动边缘的黑色手柄来调节它的尺寸，编辑想要的表格风格。

在表格编辑完毕后，单击表以外的任何地方可进行编辑。只要在表格上按一下，就可以重新编辑这张表了。

方法二：在 PowerPoint 中选取要放置 Excel 工作簿的幻灯片，在功能区中选择"插入"标签，单击"对象"，弹出"插入对象"对话框。选中"新建"，在对象类型中选择"Excel"，单击"确定"。此时，将此工作簿插入幻灯片中，并将显示首份工作表格。在工作簿中选另一张工作簿或修改工作簿，只要在工作簿上点一下，就可以进行编辑了。

9. 插入图表

执行"插入"—"图表"命令，然后选择所需图表并单击"确定"。

第六章 数字化教学资源设计与开发

10.公式编辑

单击"插入",在"公式"标签中选择所需的公式。

(三)版面设置和设计

幻灯片母片是用来设定格式的,它可以插入一个占位符。这有两大优势:一是节省了安装的时间,二是方便了整个样式的更改。

(四)动画设置

PPT 的制作,不仅要有美观的照片,更要有逼真的动画,好的 PPT 可以提供更多的内容。PowerPoint 的最新版以华丽为主,与以前的相比,它显示出了很强的动画效果。PowerPoint 的动画效果分为 PowerPoint 定制和 PowerPoint 剪辑,首先介绍的是 PowerPoint 中的文字、图片、形状、表格、SmartArt 和其他物体的动画,赋予它们进入、退出、大小、颜色乃至运动的可视效果。

具体有以下四种自定义动画效果:

第一种是"进入"。在"动画"—"添加动画"中,"进入""更多"都是定制的动画,可以让物体慢慢变淡,从幻灯片中消失,也可以让物体从边缘滑行到另一个位置。

第二种是"强调"。在 PPT 菜单上有"强化""强化效果""基础""细微""温柔""华丽",还有四种特效,即缩小、放大、改变颜色或者围绕物体的中央旋转。

第三种是"退出"。这种白色的动画效果与"进入"的效果相似,但效果却恰恰相反,其是当物体从幻灯片中出来时就会出现。

第四种是"动作路径"特效。这个特效是根据物体的形状或者直线、曲线的路径来显示物体的移动轨迹。使用这种效果,物体可以上下移动、左右移动,或者沿星形或者圆形路线移动(以及其他效果)。

上述四种自定义的动画效果,可以分别使用任意一种,也可以结合不同的特效使用。比如,可以将"飞人"和"陀螺"的特效,加在一行文字上,让其旋转。还可以设定自定义动画的先后次序,延迟或持续动画等。"复制动画"就像它的名字一样，是一种可以将物体的动动画复制出来并将其应用到其他物体上的动画。在"动画"的"高级动画"中，选择"动画刷"，点击指定的动画对象即可完成。

制作PPT动画的另外一种方式：在PowerPoint的动作效果中，转换效果就是在PowerPoint菜单条上增加一个转换动画。"切换到此幻灯片"组有"细微观""华丽型""动态内容"三种类型。注意：PPT动画的学习，可以让PPT的特效更加逼真，但在PPT中，一定要尽量少加动画，以免造成PPT演示烦琐。

（五）演示文稿

1. 设置幻灯片放映方式

PPT演示文稿完成后，有些是由演讲者自己来播放，有些则是让其他人来播放，这就需要设置幻灯片的放映模式。

（1）选择"设置放映模式"。

（2）选择"观众自行浏览"—"放映模式"，设定"放映"的区域，设定"放映选项"。

（3）有必要的话，还可以选择"取消"。

2. 自定义播放方式

（1）执行"开始放映幻灯片"—"自定义幻灯片放映"的指令，开启"自定义放映"对话框。

（2）单击"添加"，开启"定制播放"对话框。

（3）输入播放方式的名称（例如"高级"），并按Ctrl键，选择播放幻灯片，单击"添加"，然后返回。

（4）当要播放某个场景的时候，可重新点开"定制播放"，然后单击"放映"。

3. 自动回放（.pps）

对于一个初学者来说，要打开PowerPoint演示文稿，进行一系列的播放操作,是一件很困难的事情。保留一个 pps 的自动回放就很有必要。

(1)启动 PowerPoint 并开启对应的文件。

(2)选择"文件"—"保存",然后打开"保存"。

(3)设定"存档类型",即 PowerPoint 播放(*.ppsx),单击"保存",播放员只需双击以上所存储的文件,就可以迅速地进入播放模式。

4.在播放时画出重点

在播放时,要将对应的焦点显示在屏幕上:在播放时,单击鼠标右键,选择"指针",这个时候,鼠标就会变成"笔",可以自由地在屏幕上作画。

需要注意的事项有两个:一是单击鼠标,然后在快速菜单中选中"指针"。选择"备注颜色",可以对"笔"的颜色作更改。二是当退出时,会有提示显示墨水是否保持,按要求选择即可。

(六)综合技巧

1.幻灯片的配音

如果你希望直接用声音来记录你的演讲,那么可以按照下面的步骤来做。打开演示文稿,定位到开始配音的幻灯片,执行"播放幻灯片"—"录制幻灯片播放"命令,打开"从头录制",单击"录制",在对话框中选择"当前播放",进入幻灯片模式。

播放和录制完毕后,单击鼠标,在快速菜单中选择"结束播放",然后退出,单击"保存",退出即可。

需注意的事项如下:

(1)在"录音旁白"对话框中,选择"旁白",当你将"旁白"放入其中时,系统会根据不同的幻灯片将其单独保存。

(2)单击"设定播放模式"对话框,选择"无旁白",选择"播放时无旁白",选择"返回"。

(3)使用该功能,任何记录都可以,其性能远远优于"录音机"。

2. 打印幻灯片

执行"文件"—"打印"命令，在"打印"对话框中，将"打印"设定为"笔记"，设定其他的参数，确认打印。

注意事项如下：

（1）选择"色彩"下方的"灰色"，可以节约油墨。

（2）若频繁地进行上述打印，则将其设定为预先设定的打印模式：执行"工具"—"选项"，打开"选项"对话框，切换到"打印"选项，选择"使用打印"，单击"选择"。

3. 将文稿转换为 Word 文档

一键提取 PPT 中所有文字到 Word。

（1）打开一张 PPT。

（2）在 PPT 菜单处右击，选择"自定义功能区"，在选项菜单可以找到"开发工具"，勾选并确定。Office 默认是不启用的。

（3）按"Alt+F11"，或者单击"Visual Basic"，在选项卡中选择"插入"。

（4）然后选择"工具"—"引用"。

（5）之后在相应的界面上找到类型"Microsoft Word 14.0 Object Library"，单击"确定"。"14.0"是本书写作时的版本号，与所使用的软件版本有关。

（6）使用"传送"功能，可以迅速地将未插入文字的 PowerPoint 演示文稿中的文字转化为 Word 文档进行编辑。

方法一：开启要转化的文件，然后执行"文件"－"保存和传输"命令。"创建教材"指令，单击"导入微软 Word"，选择"仅使用概要"，单击"确认"，系统会自动开始运行 Word，然后将文字转化为 Word，编辑保存。

注意事项：要进行转换的演示文件必须是由 PowerPoint 中的"投影格式"所生成的。

方法二：在"提纲"中，按"Ctrl+ A"全选，直接复制，再创建 Word 文档，粘贴即可。

注意事项：本方法具有过程简便、易于复制的优点，缺点是它会将所有的符号都拷贝到 PowerPoint 中。

方法三：将 PPT 放入另一个文件，也可以将 PPT 放入"概要"—"RTF 档"，在 Word 文档中打开，在".doc"或".docx"中保存。

注意事项：本方法具有使用简便、易用的特点；缺点是，在转换成 Word 以后，PPT 的格式也会保持不变，这就造成了大量的打印工作。如果不在意字体的大小，这也不失为一个好方法。

4. 把文稿保存为图片格式

如果我们要将 PowerPoint 中对应的幻灯片转化成图片，需将其放在其他地方。单击"另存为"，单击"保存"右边的下拉键，在快速菜单中选中一幅图片（例如"GIF"可转换格式"*.gif"），单击"存储"，在接下来的对话框中，点"每张幻灯片"。

注意事项：保存为图片后，可以通过图片浏览软件查看相关的视频（只是无法使用动画）。

5. 演示文稿加密

如果不想让其他人打开你的 PowerPoint 演示文稿，可以对其作加密处理。

如果要进行加密，单击"文件"—"保存新文件"，然后在文件下方找到新文件，单击"通用选项"，然后设定密码。

6.VBA 的应用

VBA 是 Visual Basic 的一种宏语言，用来在微软的 Windows 基础上编写一个应用，包含在多个微软程序中，还可以用来建立或编辑宏（宏：一个或多个动作，可以用来自动完成一件事）。

要用 Visual Basic 来创建或编辑巨集，可以在没有 Development 标签的情况下显示 Development 标签，或者通过按 Alt+F11 快捷方式。

在 Developer 标签中的"代码"群组中，单击"巨集"。在"宏"对话框的"宏名"栏中，输入"宏"的名称。

在"巨集"列表中，单击要存放巨集的范本（范本：由结构和工具组成的完整档案风格和版式的一个或多个档案）。在描述方块中，为巨集输入描述（宏的使用频率很低，只稍微了解一下即可）。

7. 制作电子相册

随着数码相机的迅速发展，人们对电子相册的需求与日俱增。

（1）执行"插入"—"相簿"—"新增相簿"命令，打开"相簿"对话框。

（2）执行"文件"—"磁盘片"命令，单击"新画面"对话框。

（3）找到相片所处的资料夹，用 Shift 或 Ctrl 键，选择要制作的相簿，然后单击"插入"按钮，再回到原处。

（4）按照自己的需求，选择"Create"。

（5）再对相簿作适当修饰即可。

8. 嵌入字体格式

在将已完成的演示文稿转到其他计算机上进行播放时，因其他计算机没有对应的文字，势必会影响演示的效果，所以可以在展示中嵌入字体。

（1）使用"工具"—"选择"，然后开启"选择"对话框。

（2）切换到"储存"选项，选择"内嵌 Type 字体"，确认返回。

（3）将报告重新保存。

9. 封装 PPT 演示文稿

具体操作：执行"档案"—"储存并传送"—"将简报封装成光盘"—

"复制到文件夹"。

10. 增加 PPT 的 "后悔药"

当用 PowerPoint 来编辑演示文稿时，可以在工具条上单击"撤销"，这样就可以回到之前的状态了。但是，在预先设定的条件下，PowerPoint 只能还原最近 20 个动作。事实上，PowerPoint 可以让用户"反悔"150 次，但是必须提前设定。设置如下：执行"档案"—"选项"—"进阶"，单击"编辑"选项卡，将"最多可取消操作数"改为"150"，最后单击"确定"。

11. 轻松隐藏部分投影片

把制作好的 PowerPoint 进行投影时，可以把投影片的一部分隐藏起来。方法是在正常的视角下，在左边的窗口，按 Ctrl 键，然后按下要隐藏的按钮，右击弹出菜单，选"隐藏投影片"。如果要取消隐藏，只要选中相应的投影片，再进行一次上面的操作即可。

12. 让幻灯片自动播放

要使 PowerPoint 自动回放，只需要在播放时单击鼠标右键，在弹出的菜单中单击"Display"，或者双击此文件的扩展名，由 "ppt" 变为 "pps" 即可。

13. 快速定位幻灯片

在播放 PowerPoint 时，可以通过以下方式来快速进入或者返回到第五个幻灯片：先按 5 个字母，然后按 Enter 键。有一种方法可以从任何地方回到第一个幻灯片：在单击左、右键的同时，保持不动超过 2 秒。

第七章
教学数字化资源库的建设

第一节 高职院校特色专业教学资源库的发展历程

一、高职院校特色专业教学资源库的内涵

(一) 高职院校特色专业

在高等教育大众化背景下，开展特色专业建设，是高职院校生存与发展的重要策略。特色专业是指在办学理念、专业建设、教学改革、人才培养模式和质量上都有突出特色和良好社会影响的专业。加强特色专业的建设，是进一步优化高职院校的专业结构，全面提升学科建设水平，提高人才培养质量、效益和竞争能力的重要途径。特色专业的创建，首先要树立自己的特色，并在此基础上不断地完善与升华。特色专业的建设目标包括教学、科研、社会服务。

(二) 建设高职院校特色专业教学资源库的意义

特色专业的建设是一个复杂的系统工程，是高等职业教育事业能否持续发展的基础。高职院校要立足于自身特色，坚持特色学科建设的科学原则和方针，合理地建立和形成自己的特色专业，既能突出特色专业的基本内涵，又能切实发挥特色专业的作用，还能彰显特色，增强学校的综合实力，从而推动高职院校专业向多样化、个性化、特色化的方向发展，从而在激烈的市场竞争中立于不败之地。

教学资源库建设为高职院校特色专业的建设提供物质基础，保障高职院校特色专业课程教学活动的有效开展。打破传统的教学时间和

空间的局限，实现教师备课的信息化、课堂教学的多样化、学生学习的个性化、实验教学的模拟化、复习测试的无纸化。

(三)我国高职院校特色专业教学资源库的建设概况

目前，我国正处于由教育大国向教育强国、从人力资源大国向人力资源强国迈进的新起点，高等教育在整体上还不能很好地满足经济、社会、人民对教育的需求，与世界先进国家还存在一定的差距。为促进高职院校面向社会需求培养人才、强化实践教学，需大力推动高职院校形成自己的特色与品牌。

二、高职院校特色专业教学资源库的功能

(一)高职院校特色专业教学资源库的建设目标

要加快实施高校数字化校园建设，普及高速校园网和各类数字化教学设备，建立职业教育的虚拟模拟训练基地。建立健全的信息发布、网络教学、知识共享、管理服务和校园文化服务等数字化平台，促进信息共享和资源共享。继续推进和优化高职院校的精品开放课程，把科技成果转化为高质量的数字化教育资源，实现科研与教学的互动与对接。

从学前教育、义务教育、高中教育、职业教育、高等教育，以及继续教育、民族教育、特殊教育等方面，构建高质量的网络课程和资源；将教师和学生的生成性资源整合起来，构建与各个专业相适应、动态更新的数字化教学资源系统。

特色专业是高职院校在一定的办学理念指导下，经过长期的实践而逐渐形成的有特色的学科。特色专业是根据国家经济、科技、社会发展的需要，引导不同层次、不同类型的高职院校根据自身的特点，制定不同的发展目标。

在建设特色专业教学资源库的过程中，要在科学规划、严密组织、统一标准的前提下，围绕特色资源库建设、特色资源网建设、特色教育资源技术标准规范与共享应用模式等主要建设内容，使各种资源优

化配置，共同为教育、教学、科研、社会服务。

(二)高职院校特色专业教学资源库的功能

从用户的角度来看，高职院校特色专业教学资源库具有以下功能。

1. 具备完善的库类别

高职院校特色专业教学资源库主要有资讯文库、多媒体资料库、多媒体课件库、专业网络课程库、试题库等。

2. 资源的共建共享

用户可以在任何时间、任何地点通过网络访问、上传、存储、使用图书馆的资源。

3.Web 集成

网络教学模式的建立，使得教学资源的制作、管理、信息发布、教学交流和资源共享成为可能。

4. 资源检索

用户可以通过课程导航、资源库导航、专业专题导航等多种方式进行资源检索。

5. 网上交流

高职院校特色专业教学资源库提供 BBS、教育论坛、电子邮件等服务，可通过线上或离线方式进行网上交流、辅导。

从高职院校专业教学的角度来看，高职院校特色专业教学资源库具有以下功能。

1. 支持学生专业学习

为学生提供专业学习所需的各种基本条件，拓展学习资源。

2. 支持自主学习

保障创新人才培养。建立或完善讲授型网络课程库、多媒体课件库、素材库、案例库、专家答疑指导等，用户可以自行完成课程的学习。

3.支持教师提高专业教学水平

辅助教师专业成长。

(二)高职院校特色专业教学资源库的构成

教学资源的构建可以分为三个层面:一是素材型教学资源的构建,包括题库、素材库、课件库、案例库四大部分;二是发展教育资源的管理体系;三是开发通用的远程教育平台,其中,其以网上课程为中心,以资料型教学资源为补充。

基于教育资源建设的基本框架,各高职院校可根据本校实际情况使用多种具体分类方法,如广东海洋大学学科资源库建设根据不同的资源类型建立了教材库、素材库、视频库、习题库、案例库、试题库、网址资源库和个性收藏库。

按专业教学资源的使用情况,可以将高职院校特色专业教学资源库划分为专业教学资源库、活动专题资源库、专题学习资源库。

本书将高职院校特色专业资源库分为信息文献库、多媒体素材库、多媒体课件库、专业网络课程库、试题资源库。

三、高职院校特色专业教学资源库的发展历程

在国内,随着远程教育的迅猛发展,很多企业都认识到资源库的巨大商机,并积极投入到资源库的建设中。

目前,原本的教学资源库仅仅是对多媒体课件中的内容资源进行过滤和管理,导致资源库中的资源质量不高,无法发挥应有的作用。

(一)当前职业技术教育教学资源库存在的问题

在信息技术飞速发展的今天,许多国家都认识到了高职教育的"瓶颈",并为此投入了大量的人力、物力、财力。尽管信息技术已经使高职教育的教学资源在较低程度上实现了自主、共享,比如通过多种通信方式,为高职教育的教学资源提供一定的技术基础。但是,由于我国尚未制定相关的技术规范,不能很好地确定教学资源在课程知识、

教学管理等方面的可交换标准，导致不同的教育教学资源不能形成系统的交流与共享，低水平的重复性开发资源现象严重。这不仅造成了大量的人力和资源的浪费，而且还减少了与世界网络教育系统的交流。

从体系结构上看，当前的教育资源管理系统主要以中央为单位进行集中管理，而各资源库的供应商都是独立的，这就导致了资源不兼容。在资源内容方面，经过对各类高职教育资源库进行分析，发现资源库的内容基本上是以教科书、教材的电子化为主，并有一些辅助教学的辅助资料。从资源的使用对象来看，这些资源主要是为教师服务的，很少是为学生自主学习服务的，因此，在这方面，资源的建设与高职院校的培养目标存在着矛盾。

通过对资源库进行实地考察，发现许多使用者普遍觉得资源库中的内容太过陈旧，有些是很久以前的教案，缺乏系统性和针对性，难以查找，操作不便，服务不到位。因此，教师们宁愿在互联网上搜集资料，或者自己制作教学资料，也不会利用这些资源。总之，当前的高职教育资源库的制造商数量众多，但是资源库的体系结构、功能设计，以及以厂商为基础的资源构建方式，在实践中仍有很多问题。比如资源的质量较差，教学理念较传统，功能上的简单堆叠、结构上的集中导致资源的低效、"孤岛"现象日益突出，缺少系统的宏观引导。

教学资源库的建设要以应用服务和教学活动为核心，兼顾各个学科的特色，向专业化方向发展。充分发挥教师的主动性和能动性，为学生自主学习、合作学习和研究性学习创造有利条件。实践表明，没有教育的服务性，科学的、实用的教育资源的建设也就形同虚设。为此，有必要以国家制定的标准规范为依托，建立开放性、普遍性、研究性和服务性教育资源，为高职教育教学资源建设提供丰富的资源，使之成为集网上教学与科研、网上教育资源检索等功能为一体的职业教育教学研究中心、指导中心、学习中心、资源中心与信息中心。

(二) 职业技术教育教学资源库未来的发展趋势

推广和试用资源库建设规范，将极大地推动高职院校的教学资源库建设规范化、科学化、系统化。资源库将会更加注重发挥平台的作用，并将资源与平台有机地结合起来。由于资源库的使用者之间存在着很大的差异，越来越多的使用者想要根据已有的资源库进行个性化的定制和扩展，这就要求资源库能够为使用者提供一个开放、先进的平台，以适应资源的个性化、本土化的应用。智能化资源库的智能化分析与智能检索也将成为高职教育教学资源的发展方向。现在，人们对资源库的依赖性越来越强，对资源库的需求也越来越大，因此必须在资源库中加入一些智能技术，以满足使用者的需要。教育与教学资源的智能化，可以为人们的生活提供更多的便利和个性化的服务。

专题化将是资源库纵深发展的主要方向。过去，人们往往片面强调资源库的"广度和丰富的量"，但这些却不能满足用户在应用过程中提出的个性化需求。因此，为广大师生提供有"深度和精度"的专题资源库，以便顺利地开展多媒体教学，促进资源在教学和学习方面的应用，成为当前资源库发展过程中亟待解决的重要问题。适应教材改革的步伐，加强教材配套资源的开发，将是资源库下一阶段建设和应用的难点及重点。职业技术教育就是就业教育，服务于学生就业将是未来职业技术教育教学资源库的一大特征。

第二节 高职院校特色专业教学资源库的建设路径

一、高职院校特色专业教学资源库的建设要求

高职院校特色专业资源库是一种大容量、开放式、交互性强、能适应网络化发展的综合性教育服务体系。在建设资源库的过程中,要与各行业的专家一道,建立一个较为畅通的资源采集通道和开发整理基地,使建设内容充实、形式多样,与生产实际相结合。

(一)具有优良的人机交互特性

高职院校特色专业教学资源库应当具备良好的人机互动特征。这种人机交互的特点,除了美观的界面、合理的布局、友好的人机对话、合理的导航设置之外,还可以方便地进行用户资源和数据的查询。

(二)强调功能的智能化

高职院校特色专业教学资源库要注重功能的智能化。随着资源库的不断发展,资源库自身的数据与应用也将变得更加复杂、更加庞大,因此,在资源库的应用中,必须依靠智能手段进行优化。这种智能化,并不限于一般人所知的自动组卷、自动阅卷等,而是通过对资源建设、学生学习、教师教学、资源使用、校际共享、系统应用等方面的智能化统计、分析和表达,从而帮助校方对整个平台的应用进行实时监控,提高整个平台的运行管理水平。

(三) 与专业课程教学紧密相关

高职院校特色专业教学资源库要能成为一个有效的、可推广的、可促进学生主动、协作,具有研究性、自主性的学习基地。教学资源的内容要与专业的教学密切相关,避免出现内容繁杂、混乱、缺少兼容性和系统性,不能只注重数量而忽视质量;既要保证专业的理论、实践、实验等教学需求,又要保证学生的学习质量和效果。

二、高职院校特色专业教学资源库的技术架构

互联网教育与教学资源分布在世界各地,资源非常丰富,必须进行科学的组织和管理,以实现教育教学资源的优化。

在充分利用和高度共享的基础上,实现网络教学资源的安全、稳定、广泛共享、使用方便。

(一) 基于 Web 服务的网络架构

可以把一个应用程序变成一个 Web 应用,它可以把一个应用程序或者是一个特定的特性发布到世界各地。与此同时,其他的应用也可以利用 Web 服务,为企业乃至多机构间的商业活动提供一个共同的机制。

Web 服务的基本平台是 XML+HTTP。在这些网络协议中,HTTP 是使用得最多的。XML 为各种平台和程序语言提供了一种语言,它是 Web 服务平台中最基础的表达形式。XML 的最大优势是它不依赖于平台,也不依赖于制造商。

SOAP 是一种简单的对象存取协议,它是一种应用程序间的通信协议。SOAP 是以 XML 为基础的,它将成为 W3C 的标准。WSDL 是一种基于 XML 的语言,它描述了 Web 服务和 Web 服务的访问方式。

Web 服务有两大类:一是提供可再利用的应用组件,Web 服务可以将其作为一项服务;二是将已有的软件连接起来,通过为不同的应用程序提供一个链接它们的数据通道来实现协作。

当前 Web 服务的开发环境是非常成熟的。目前,有微软的

VisualStudio.net、Java Builder、IBM 的 Web Sphere、Eclipse、Net Beans 等。Web 服务的应用程序开发日益便利。

(二) 基于开源代码 Spring+Hibernate+Flex 的开放架构

Spring 是由罗德·约翰逊 (Rod Johnson) 创建的解决企业应用开发复杂性问题的开放源码框架。Spring 框架最大的优点是它的层次结构。这种层次结构能够为 J2EE 系统的开发提供一个统一的框架,并为开发人员提供大量的类库。Spring 使用 Java Bean 做一些只有 EJB (Enterprise Java Bean) 才能做的事。Spring 自身也是一种容器,只不过 Spring 的重量比 EJB 容器要小得多,它可以取代 EJB。其利用 AOP 提供了一个宣告式的事务管理,从而可以利用 Spring 来实现基于容器的交易,但是 Spring 并不局限于服务端的开发。Spring 对 Java 应用程序来说,在简单、可测试、松散耦合等方面具有优势。

Hibernate 是一种开放源码的架构,它在 JDBC 上采用了一个轻量级的物件包装,让程序设计师能够面向对象来运作关系型数据库。这是一个开源的应用,根据 LGPL 授权,为 Java 提供了非常好的对象/关联持久性以及 Java 的查询服务。在 Java 领域,Hibernate 已经是 ORM 的首选工具。

Flex 应用和传统 HTML 应用最大的不同之处是 Flex 应用程序可以在客户机上执行,例如字段校验、数据格式、分类、过滤、工具提示、合成视频、行为和效果等。Flex 可以让使用者快速反应,在不同的状态和显示之间顺畅地转换,并且可以保证工作流程没有任何中断。

采用 Spring+Hibernate+Flex 开源框架整合,可以降低开发者在使用代码方面的难度。在此框架下,数据库可以采用 MySQL,它是时下流行的开放源代码数据库。就技术层面而言,MySQL 与商业数据库相比毫不逊色。

(三) 基于 XML-RPC 技术的分布式架构

从物理存储这一角度来看,教育资源的存储方式可以分为两类:集中式存储和分布式存储。集中式存储,即将资源及相关属性信息集中存储到同一个位置，使用同一个服务器。这种存储方式的优点是便于统一管理，存取方式简单；缺点是数据量大时查找效率低下，数据访问集中时响应时间过长，且难以实现无间断服务。而分布式存储则将资源按一定方式进行拆分，存储在不同的资源节点上，并可以在节点间进行冗余备份存储，最大限度地实现无间断查询服务，提高服务质量。

在分布式存储中，资源服务器可以使用集群技术。集群是由一套独立的、由高速网络组成的、由一个单独的体系结构组成的一群计算机。当一个用户和一个集群交互时，它就是一个单独的服务器。集群技术提高了计算机性能、降低了成本、提高了系统的可用性和扩展性。由于集群技术不需要单一节点的硬件性能，因此它更适合于以存储资源和提供查询为主的数据库服务器。在搜索引擎和各种资源库中，集群技术是最好的选择。分布式教育资源库可以采用单层结构或多层结构。单层结构的各个资源节点平等、独立，查询时可以将查询任务发送到不同节点，如果某一节点查询失败可以转向其他节点。这种结构的优点是查询任务执行过程简单快速，缺点是查询任务的分发没有可靠的参考信息，查询不成功的概率较大。多层结构可以将资源节点进行分级，设置资源的中心节点用来存放物理资源的相关描述信息，执行查询任务时先到资源中心查询相关信息，获得具体的资源存储位置（节点），再到该资源节点查询物理资源。这种结构实现了资源的统一管理，通过建立资源目录中心，兼具了分布式存储和集中式存储的优点，能够提供高效的资源检索服务，且更便于实现数据的安全管理。

XML-RPC 的全名是 XML 远程调用，这是一组能够在不同操作系统、不同环境中运行的程序。HTTP 是一种传输协议，XML 是一种编码格式，用于传递消息。XML-RPC 已经被广泛应用于当前的主流语言和开发平台，比如，NET 平台上的 XML-RPC 协议被称作 XML-RPC.net，它是一个基于 XML-RPC 远程进程调用的客户机服务器的框架；Delphi 的 XML-RPC 是一个基于 XML-RPC 通信的 Delphi 开发软件，用于客户端和服务器端；ApacheXML-RPC，是 XML-RPC 协议的 Java 语言。C++ 的 XML-RPC 开发包有 Libiqxmlrpc 和 ulxmlrpcpp。Libiqxmlrpc 是 XML-RPC 标准的 C+ 实现，实现了客户端和服务器端的 XML-RPC，支持 HTTP 和 HTTPS，服务器端支持单线程和多线程模式。ulxmlrpcpp 是一个使用面向对象方式调用 XML-RPC 的 C++ 库，可用来创建多线程的客户端和服务器端的应用。该库不只针对 HTTP 协议，还支持其他用户自定义协议。PHP 语言的 XML-RPC 协议封装称为 SimpleXML-RPC，而其 XML-RPC 服务器和客户端库称为 Ripcord。这些开发包使开发者在使用不同平台、不同语言进行基于 XML-RPC 的开发时，都能得到很好的支持。

三、高职院校特色专业教学资源库的模块设计

教学资源管理系统主要分为系统管理模块、资源管理模块和分类资源库子库三个部分。

(一) 系统管理模块

系统管理模块包括网络配置管理、网络故障管理、网络性能管理、网络安全管理、计费管理、统计与分析、用户管理等。

1. 网络配置管理

络配置管理主要对网络配置数据库或文件进行动态维护，以实现系统的可扩展性。资源库系统通常包括多个分布的资源中心，需要对每个资源中心的物理信息进行实时登记和维护。

2. 网络故障管理

为了使资源库能够提供优质的连续服务，则需要保证系统服务不中断。网络故障管理主要收集系统遇到的网络故障信息，作为故障分析和网络恢复的参考，也为避免故障提供有效数据。

3. 网络性能管理

为提升系统性能、提高资源库系统的可用性，网络性能管理主要收集网络性能相关数据，与历史数据进行对比、统计分析，挖掘影响网络性能的因素，作为优化系统网络结构及配置的参考依据。

4.网络安全管理

为了保障资源库的数据安全，防止遭到人为或意外破坏，需要做到全面的网络安全管理。管理的内容包括：①职责集中。对于资源库的使用要有专门的人员来进行统一的管理，并实行分级的、分权限的管理。为不同层次的使用者设定角色及设定权限，通常可将其划分为系统管理员、系统审核员（主管或教师）、普通教师、学生等。②备份资料。为了避免资料遗失，系统应有资料的备份。分布式资源库在构建时即可通过设置各节点互相冗余存储的方式进行冗余备份，在资源库运行期间，可以采用磁盘阵列、光盘等存储介质进行备份。

5.计费管理

对于有偿使用的部分资源，向具有不同权限的用户收取费用。通常计费方式可以采用积分方式，用户可以通过上传资源、评价资源来获取积分，也可以通过在线付费来购买积分。

6.统计与分析

为了掌握资源库的使用情况，可以跟踪用户行为，统计用户对不同资源的使用情况。一方面，可以分析特定用户对不同资源的操作，得出该用户的兴趣所在；另一方面，可以分析不同用户对某特定资源的操作，得出该资源的使用频率及使用质量。

7.用户管理

用户管理主要用于登记和管理用户的基本信息及访问记录，以此为统计分析模块提供数据来源。

（二）资源管理模块

资源管理模块包括面向教师和学生的资源库。资源库的基本功能包括资源审核、资源发布和资源查询。

1.资源审核

教师提交资源后，由负责审核的领导或教师进行审核，审核通过的资源才能进入资源库。管理员可以利用有关工具将审核通过的资源进行快速批量上传。

2. 资源发布

具有权限的用户（教师或学生）都可以发布资源，但是所发布的资源会提交至待审核数据库，以备审核。用户根据所发布资源的质量获得积分奖励。

3. 资源查询

学生或教师可以查询资源库中的资源，在权限允许的情况下，还可以下载相关资源。部分有偿使用的资源则扣除一定积分。

（三）分类资源库子库

良好的分类机制能高效地实现对教育资源的组织管理与使用。高职院校特色专业教学资源库以常用资源为对象，将资源库内容分为五个子库来建设，分别如下。

1. 信息文献库

信息文献库通常用来存储专业文献信息、参考资料等。

2. 多媒体素材库

多媒体素材库用来存储专业教学过程中使用的各类素材。素材是各类多媒体课件的基础元件，多媒体素材库将不同形式的素材以零件的形式分类整理存放，以提高可获得性。

3. 多媒体课件库

多媒体课件是以多媒体素材为基础，以服务教学为目的的软件。相对于多媒体素材，它具有更好的集成性，可以针对某一教学内容直接使用。

4. 网络课程库

网络课程是包容性最强的教育资源，除了依托一些大型网络平台的网络课程系统外，各个高职院校教师还有自行发布或者内部发布的网络课程。网络课程库的建设旨在实现对网络课程的有效组织和管理，提高利用率。

5.试题资源库

试题资源库即按照一定的教育理论，在计算机系统中的某个学科题目的集合。它具有检索快、查询方便、可靠性高、存储量大、保密性好、使用寿命长、成本低等特点。

第三节 高职院校特色专业教学资源库的建设与推广

一、高职院校特色专业信息文献库的建设

高职院校特色专业信息文献库要求收录和整理与特色专业相关的各类文献信息资源，包括图书、报刊、专利、论文、政策、法规、条例、规章制度、专业重大事件、专业前沿进展、专业学术活动、专业网络导航等重要内容，为高职院校特色专业的教学和科研提供参考。

(一) 信息文献库的特性

1. 规范性

高职院校特色专业信息文献库需要按要求提供标题、关键词、专业、学科、课程、作者、日期、来源、描述等参数。

2. 权威性

高职院校特色专业信息文献库中的文献需要通过国家相关机构的审核，由国家正规出版机构出版发行。

3. 科学性

高职院校特色专业信息文献库中的文献资源要符合科学性的要求。

4. 实用性

高职院校特色专业信息文献库中的文献资源需在专业教学方面有较大的实用价值。

（二）信息文献库的建设内容

1. 图书

具体收录与专业相关的图书信息，包括教材、工具书、会议文献、研究报告、教学参考书等。需要对图书的封面图片、书名、作者、书号、出版社、出版日期、图书价格、内容介绍和资源获取信息等字段进行描述。

2. 报刊

具体收录与专业相关的国内外报纸、期刊的出版信息，需要对封面图片、报刊名、报刊号、发行单位、出版周期、报刊介绍、报刊网址、资源获取信息等字段进行描述。

3. 多媒体出版物

具体收录与专业相关的多媒体出版物（如多媒体课件、多媒体教学软件等）的出版信息，需要对封面图片、题名、作者、出版社、出版日期、价格、内容介绍、关键词、资源获取信息等字段进行描述。

4. 专利与成果

具体收录与专业相关的专利与成果信息，需要对专利名称、申请号（专利）、发明人、申请人、发布日期、摘要、国家知识产权局网站上的专利说明书全文网址等字段进行描述。

5. 技术标准

技术标准包括 ISO 标准、国家标准、行业标准、地方标准和其他国家及国际组织发布的专业技术标准。需提供全文，并对标准名称、标准号、起草单位、发布单位、实施日期、替代标准等字段进行描述。

6. 专业论文

具体收录各学术期刊、论文集、学位论文数据库中对教学科研有较高参考价值的专业论文信息，需要对论文题名、作者、作者单位、关键词、摘要、资源获取信息等字段进行描述。

7.法律法规

收录与专业相关的法律法规,需提供全文,并对法律法规名称、颁布单位、生效日期等字段进行描述。

8.前沿进展

具体收录在期刊、报纸、专业网站上发布的相关专业的前沿进展信息,需要对标题、关键词、发布日期、信息来源、正文等字段进行描述。

9.学术活动

具体收录在期刊、报纸、专业网站上发布的有关专业的学术会议、展览、比赛等信息,需要对标题、关键词、发布日期、信息来源、正文等字段进行描述。

10.网络导航

具体收录与专业相关的网站信息,需要对网站名称、网站地址、创建者、关键词、网站介绍等字段进行描述。

(三)信息文献库的建设方法

高职院校特色专业信息文献库的建设方法主要是由对应的图书馆专业服务馆员配合各专业进行内容建设。

(四)信息文献库的技术要求

信息文献库中的汉字采用 GB 代码统一编码与存储,而英文则采用 ASCII 格式进行编码与存储。

信息文献库中提供的封面图片要求是 jpg 格式,文献信息资料应是 PDF 或 Word 文档。

信息文献库中不同类型的文献资料,允许一些具有独有的属性,这些独有的属性可以由文献采集者自行确定。

二、高职院校特色专业多媒体素材库的建设

(一)多媒体素材库的概述与分类

媒介材料,是一种以传播教学资料为基础的物质单位。资料可以分成四大类:文字资料、图像资料、音频资料和动画资料。材料可以划分为概念类素材、符号类素材、原理类素材、定理类素材、表达式素材、实验素材、人名类素材、知识点素材、历史资料类素材、说明类素材、研究成果类素材、题库类素材、答疑资料类素材及其他素材。

(二)多媒体素材库的建设原则与建设标准

1. 建设原则

资料库中的图形、图像、音频、动画、视频等必须采用先进的、高效的、符合国际标准的数据压缩技术,以满足数据的存储和网络的传输需求。资料库内的资料,必须注明资料类别、学科(专业)、适用对象等。

资料库内容严禁宣扬封建迷信、低级庸俗、反动等思想,并受法律保护。

2. 建设标准

文字资料中的汉字采用 GB 代码统一编码与存储,英文及符号则采用 ASCII 格式进行编码与存储。

因为网上常用的图片格式为 gif 和 jpg,所以图片格式应为这两种格式中的一种。彩色图像的色彩深度不少于 8 比特,灰度图像的等级不小于 128,图像可以是单色的。扫描图像的扫描分辨率不小于 150dpi,数字音频不小于 11kHz、最少 8 位的量化位,建议使用双通道数。

目前的音频数据存储格式有 WAV、MP3、MIDI、流媒体等。数字音频主要用 WAV、MP3、MIDI 播放。

值得注意的是,很多媒体制作人员往往没有注意到音频的重要性。从实际使用经验来看,有大量的专业视频并未起到良好的教学效果,极其关键的一个原因就是其中的音频部分很难让听众听清,或者是嘈杂、

或者是音量过低，或者是不同步。这是媒体拍摄、制作人员应该特别注意的。

视频类素材格式相当多。根据近年经验来看，如果用于DVD发行，默认情况下在Premiere软件输出视频时选择保存为MPEG-2标准默认分辨率。mpg文件即可满足相应清晰度的要求，也就是PAL720*576，码率在2.5～6 Mbps之间变化。如果输出结果体积超出单张光盘容量的话，可以将目标码率降低一些。如果是从节省本地硬盘存储空间的角度出发，还可以再降低分辨率，保存为WMV文件。如果是网络传播，则可以用WMV或者FLV文件格式，当然，分辨率也就需要根据带宽和视频需求来定了。如果是简单的视频头像会议、直播答疑，那320*240的分辨率也足够了。但有些网络教学视频，由于拍摄的是课堂实录，范围较大，若将视频压缩得分辨率过低，可能就会导致观众看不清楚。

（三）多媒体素材库的建设与应用

1. 建设思路

文本资料主要来自学位论文、学术成果介绍、专业期刊、政策法规、人物简介、历史资料、优秀教师教案、教材等。

图形（图像）来源主要是专业光盘、图形图像素材光盘、网络上图像素材类站点、专业网站等。主要类型有学科符号类、学科仪器类、风景类、电器类、标志类、人物类、植物类、动物类、计算机类、交通类、广告类、建筑类、微生物类、农作物类等。

音频、动画类素材数量较少，来源也有限。视频素材的来源主要有视频网站、免费或收费的教学网站、精品课程、国外公开课、演讲等。

2. 评价标准

根据不同资源的特性，进行分项评价。

三、高职院校特色专业多媒体课件库的建设

(一) 多媒体课件的概述与分类

课件是一种相对完整的教学软件，它可以实现一个或多个知识点的相对完整的教学。按照作业平台的不同，可以将其分为网络课件和单机操作课件。网络课件必须能在标准的浏览器上运行，而在单机上运行的课件可以通过网络下载和光盘获得。

很多学者还将课件分为辅教、辅学、教学参考、课外扩展等类型，或分为教学、演示、游戏、练习等类型。

(二) 素材、课件的获取途径

除了大家早已熟知的传统资源获取方式外，在网络时代，较为常见的素材、课件的获取途径有以下几种：①中国学术期刊网、百度、豆丁网、360doc 等各类文库；②各种如地理、法律的专业数据库；③专业的博客、论坛，里面会有不少有用的资源和指引；④综合教育网站，如教育部、K12、101 网校远程教育网等站点；⑤专业学科教学网站；⑥各类国内外的大学网站，精品课程、公开课站点。

大而全的资源库固然好，但如果不顾实际，则费时费力又容易重复建设。对于国家、各省级现有的精品课程库、资源库应整合，用各种搜索引擎可以直接检索、访问。比如采取复合元搜索引擎形式，用户可以获得对各重点网络资源进行搜索的结果的汇总。这样各大网站也可以避免重复建设，还可以各地、各级别、专业型与通用型多头并进，同时开展资源建设。但是需要统一数据库格式、文件格式、存储标准等技术细节标准，以便进行对接。

下面简要介绍搜索引擎的相关类型。

1. 字符、文本类

文本的查询结果与统计结果与其在素材库中的位置有关，统计出查找到的个数，并标识出每一个素材在素材库中的位置，用反视、闪烁等效果说明。除了耳熟能详的 Baidu、Yahoo、Bing 等商业站点外，

国内高职院校近年来还建立了不少文字型的各类搜索引擎。

2. 图像

在对图像进行检索时，存在着两种不同的情形：一是确定的，二是相似的。对于确定的结果，我们只需要把它放在适当的地方即可。若要查找的图片数目较多，需列出图片档案名称以供使用者选择。对于类似的结果，必须以类似的方式将它们以文档的形式呈现出来。国内外各大高校，如南京师范大学就早已有过图像类、视频类搜索引擎的实验研究工作。百度近年也已经有了成熟的版本，可以将本地或者网络上的某张图片作为参考，搜索出类似的照片。

3. 声音

查询的结果采用文件名显示的方式，只要用户点中就可以播放，如同百度音乐一样。

4. 视频

在搜索视频返回搜索结果时，应为列表、缩略图形式，对此大家早已熟悉。还应该争取做到：对于每个检索结果，列表上先调出第一帧静止在画面上，一旦用户鼠标移上去，就开始播放定时截屏的循环画面预览，以供用户了解。

获取资源的途径其实还有很多，同行之间可以相互讨论，共享心得。比如为了备课，发现电视上有时会有不错的节目，再一找，才发现数码电子市场上早已有了可以在电脑上接外置的视频采集卡，可接到电视信号上，以录制相应的电视节目。缺点是有时会有信号噪声，录制时间长，中间往往还会有广告，录制下来的节目音量往往也不高。但优点是可以获取在网络上往往很难找到的冷门的专业性节目，而且录制下来的视频清晰度也相对较高。一般可直接录制为 mpg 文件，采集者还可以用 Premiere 等视频编辑软件进行再剪辑。

（三）素材、课件的建设与再加工工作

制作素材或课件时应参照相应的制作标准。

音视频建设，需要有最新、最合适、适当预见性的统一标准，还可以考虑本机、本地局域网内、与网上不同带宽的几种做法。这就需要仔细研究如何因地制宜地进行媒体处理工作，以能最好地满足任务要求。比如某校的现代教育技术中心，需要经常制作视频，可以对现有的数台电脑做个简单的对比实验。经过研究发现，同样清晰度的结果，不同性能的电脑、不同 premiere 版本上渲染生成的速度差异很大，慢的为素材长度的 1.5 倍时间，快的只用素材长度的几十分之一的时间就完成了。

媒体制作处理技术看似简单而琐碎，其实里面每一步骤都会涉及不少细节问题。

比如从互联网上的视频中提取讲课、背景音乐、台词等音频，一种方案如下：

首先，用相关视频站点的下载工具下载该 FLV 视频。若像新浪等无下载工具的站点则直接找到本地硬盘里 Windows 临时文件夹里对应的缓存文件。

其次，用 FLV-Extract 软件从该视频中提取 AAC 音频文件。需要注意的是，必须安装 Microsoft.net Framework 2.0 插件，软件才能成功运行。

最后，用 Goldwave 等音频处理软件对其进行剪切并输出 MP3，音量大小也可以在 Goldwave 中调节。要提醒的是，此时普通的 MP3 编辑软件如 MP3DirectCut（MP3 修整工具）会由于无法识别音频文件而无法使用。当然，使用者还可以尝试近年来的其他媒体编辑软件，如格式工厂、魔影工厂等。

而在近年出现的百度经验栏目里，就有网友举出"全能视频转换器"软件可以把 FLV 视频直接转换成 MP3，只是似乎没有调节音量的功能。不过，后期可以再用 Goldwave、Audition（CoolEdit）等专业的音频处理软件进行调节。

还有网友提出方案：用 KMPlayer 播放该视频，在播放时右击播放窗口，捕获音频，设置目标文件夹，格式采用默认的MP3，即可边播放边转换成MP3文件。

由此可见，方法思路有很多，大家可以多作尝试。

多年前，为了播放不同格式的视频，用户需要费劲地找来不同的播放器、插件一一尝试，以至于电脑需要始终存着一大批不同的播放器、插件。到了后来，出现了以暴风影音为代表的整合型播放软件，一般性的播放问题都基本解决了。而音视频媒体的提取、剪切、合并，也是同样的情况，当时好不容易才能收集到各种音视频的处理方法以及各种软件，可现在只要一个软件（如格式工厂等），就完全实现了面向电脑、MP4、手机等各种平台、尺寸、清晰度的音视频编辑功能。随着技术的发展，相信会有越来越简化、更高质量的方法。当然，新的技术问题也会不断出现，这就需要我们来想办法解决了。

四、高职院校特色专业网络课程库建设

要积极推动网上教学资源的开发与共享，为全国高职院校建设精品课程、立体教材数字化资源库，建设一批具有示范和服务功能的数字教学中心，将精品课程的教案、大纲、习题、实验、教学文件、参考资料等教学资源在网上开放，为广大教师和学生提供免费的优质教育资源。要完善服务终身学习的支持服务体系，就必须构建具有特色的职业学校网络课程资源。

（一）网络课程库概述

网络课程库是以网络课程为基本单元并且运用相关技术支持网络课程的使用和课程资源管理的网络资源平台。目前，从国家到地方，从高职院校到其他各类学校都建设了不同规模、不同层次的网络课程库，例如"全国精品课程资源""全国数字教育资源""中国高等职业教育网络"等。通过对大量课程的整合、整理、分类、标注，建成了包括教学大纲、电子教案、视频、课件、案例、实验实践等优质教学资源，收录了百余家出版社的4万多种教材。

(二)网络课程库的功能

1. 展现课程结构

专业建设离不开课程的支撑。网络课程库作为专业的课程管理平台，可以以某种方式呈现专业课程的结构体系。现代学习理论认为，对整体活动有一个清晰的概念模型，有助于学习者弄清楚他们正在学习的子任务的意义，从而提高他们自我监控和自我修正的能力。学习者在利用网络课程库进行专业学习时，可以对专业目标、培养方案和能力标准有一个总体的认识，了解专业所包含的课程，包括课程目标和主要内容，以及各课程目标和内容之间的相互关系。总之，可以让学习者了解每一门课程的学习对促进专业能力发展的意义，这样就能形成针对专业的清晰的概念模型。

2. 规范课程建设

在高职院校中，课程建设是一项十分重要的工作。教育活动的开展，最终要体现在每一项教学中。课程教学是学校各个专业教学活动的基本内容，因此课程的设置尤为重要。专业课程的教学质量和专业人才素质，直接关系到专业课程的建设，因此，学科建设的重要性是毋庸置疑的。规范课程建设对于促进特色专业的建设来说是必要的举措。网络课程库对其中的课程在内容和形式上都有统一的规范。以目前国内比较著名的网络课程库即国家精品课程资源网为例，其每门课程都有课程介绍、教学大纲、教学日历、教案或演示文稿、重点难点指导、作业、参考资料目录和课程全程教学录像等内容，并且每一项内容都有具体的格式与技术要求。这样不仅保证了课程的有效开发与普及共享，而且更重要的是，促进了每一门课程的规范建设，确保了课程的质量。

3. 积累学习资源

学习资源是教与学活动的重要支持，对于高职院校特色专业建设来说是必不可少的。网络课程库在进行课程建设的同时也积累了大量与课程相关的学习资源。学习资源除了包括课程教学所必需的资源，如教学大纲、教案/演示文稿、课堂教学录像等以外，还包括一些辅助性资源，如素材、视频、案例、试题、作业系统、测试系统等。这些学习资源不断使课程建设日臻完善,更为学习者的专业学习提供了有效的支持。

(三)网络课程库的建设

1. 原则要求

(1)以学习者为中心

学生是网上课程的用户。建立网络课程库的目的并不单纯在于方便教学,更在于方便、支持和推动学习者学习。网络课程库要提供一些学生进行专业学习必要的教学资料。但是,它不应该仅仅是"堆放"教学资料的地方,而应该是一个以多媒体、互联网等信息技术进行教学活动、促进学生学习的使用平台。在网络课程库中,应提供较全面的课程索引信息和丰富的资源检索手段,以便于查找课程和相关资源。

(2)要注重整体设计

建设专业网络课程库不是建设单一的网络课程,应以专业人才培养的总体目标为依据,在进行各网络课程建设时注意各课程内容之间的衔接与整合。具体应做到:在网络课程库中以明确的方式呈现出专业的课程结构体系,避免课程之间教学内容的简单重复;提示学习者课程学习的先后顺序;在后修课程中设计涉及前修课程内容的综合性任务等。

(3)要体现网络学习的特点

以网络技术为依托的网络课程库,应该充分反映出网上教学的特色。在教学内容方面,首先,在网络课程库中,要有多种媒介的教学资源,要有丰富的视听体验。运用多媒体或超级媒体技术,对教学内容进行结构化、动态化、形象化的表达。其次,要有情景化。在教学活动的设计中,注重情景的创造,突出"情境"的重要性。在学习方法方面,首先,在线课程库的学习具有自主性,学习者可以根据自身的学习需要、学习特点和学习条件,自主地选择学习的内容和资源,并自我学习。其次,要加强互动和协作,以非同步的形式让学生与教师进行交流、探讨和合作,加深对问题的认识,促进认知的发展。最后,在评价方面,要做到综合评价、他人评价、过程评价和总结评价。

2. 内容构成

网络课程库的主要内容由两部分组成：网络课程和学习资源。

网络教学是网络课程的基础和核心。网络教学是指根据特定教学目标、教学策略组织的教学内容和教学支持环境的网络教学。在网络课程中，应该以知识为基础、以单元为单位、以模块的方式进行教学。每个单元都要包含学习目标、时间安排、教案、习题、参考资料等。网络课程以教学活动为中心，必须有相应的教学环境来支持。基础的教学环境主要有练习题、答疑系统、课程学习讨论系统、作业提交和管理系统。此外，从呈现方式来看，网络课程库中的网络课程要分类呈现。对于专业课程库来说，可按照专业基础课、专业主干课和专业选修课或高级课来分类。

在网络课程库中，学习资源占有举足轻重的地位。学习资源反映了课程的特性，在各个教学和学习环节中得到了广泛的运用，并为课程的教学与学习提供了支撑，是一种比较成熟的、互动性的辅助资源。例如国家精品课程资源网除了按照专业类别划分了许多课程之外，还提供了许多辅助资源，包括素材、多媒体课件、视频、案例、试题等。专业网络课程库既要丰富课程必备的教学内容，又要拓宽能体现学科特色的学习资源，丰富学习内容与方法，以提高学生的专业素养。

3. 运行管理

网络课程库集中了众多的网络课程和学习资源，必须进行有效的管理才能保证其正常运行，支持教学活动的开展。网络课程库的管理包括以下两个方面。

（1）内容管理

网络课程库的内容管理包括以下方面：确保内容的科学性、系统性和先进性；课程内容和学习资源需按照指定的方式来组织，并符合一定的格式和技术要求；内容安全、可靠；提供高效的查询和联机操作。

（2）传输管理

网络课程库的传输管理包括以下方面：支持多媒体数据的上传与下载；确保多媒体传输的安全性、稳定性和保密性；整合各种已有技术和产品，以确保及时、可靠的传递。

五、高职院校特色专业试题资源库的建设

随着计算机技术的飞速发展，高校校内网络也成为职业教育的一部分，目前，高校试题库的建设已成为一种趋势。

试题库通过让教考分离，使得考试更加公平公正，能够更加准确地检查学生学习的效果；试题库建立于校园网络系统中，为教师与学生的交流提供了平台；试题库改变了原有的出题方式，将教师从繁重的出题工作中解放出来，让相关教师有更多的时间参与到教学建设中。

采用计算机进行网上试卷管理，具有检索快、查询方便、可靠性高、存储量大、保密性好、使用寿命长、成本低等优势。这些优势将大大促进高校学生档案管理工作的开展，并将其推向科学化、规范化的管理。

（一）试题库的概念

试题库是根据教育测量的原理，通过计算机系统对某一科目进行测试，并以数学模型为依据构建的一种教学测量的手段。各学科网上试题库必须遵循经典测验原理，严格按照传统测验原理建立试题库管理系统，组织试题库。

（二）试题组织

试题库的命题人员应该是本科目的专职人员，应该了解本科目所使用的教材，应该掌握一定的考试理论和方法，并拟定考试大纲。考试大纲的基本内容包括考试目的和性质，考试内容和范围，考试方法、形式和样题等。考题题型要新颖，考点要明确，答案要清晰，分值要准确。

考试内容的编排，应以学科知识的结构为基础。在构建试题库前，应明确学科知识体系的结构。在按照学科知识点的结构安排考试时，要注意学科知识的结构差异，比如语文、英语等学科，各个学科的知识点之间的逻辑关系不是很强，每个学科都有大量的知识；而物理、数学等学科就不一样了，这些知识点之间的逻辑关系非常紧密，而且这些知识点都在一个章节里。在试题的编排中，特别是在题库管理体系的设计中，要充分考虑和调整这些学科知识点。

（三）试题的分布结构

试题的数目要充足，并在各个指标的属性范围中平均分配。核心属性包括知识点、难度和认知类型，这三种属性组成了一个立体的网络，在网络中的每一个节点上都应有一个合适的考题。在确保这种核心结构的前提下，要注意在题型和区分度上的合理分配，使其保持在一个基本平衡的水平上。

题库的建设应以大量高质量的资料为依据，一般每门学科的考题不应低于4000～5000题。试题必须经过广泛征题，可由专门命题人员广泛征用试题。命题的重点应是有关基本概念、基本原理和基本方法（简称"三基"）以及综合运用"三基"的题目。试题的难易程度应以"基本要求"为依据，以使试卷能较好地检测学生所掌握的有关知识的情况。

（四）试题质量要求

考试内容要科学，不能有学术上的差错，不能含混不清，表达要准确、简洁、清晰；没有相关性，不能互相暗示，也不能互相抵触。

试题库不是各种试题的拼凑和混乱搭配，而应该是对整个教学质量的有效检验，应该强调技巧性并提高试题质量。试题库应该是对各个科目教学大纲的总结与检验。试题库应该体现教学大纲中的重点内容；覆盖面要广，应该全面检测学生的能力；试题之间的重复率不能过大；试题表达应言简意赅。

进入试题库的试题必须经过严格审核，在明确试题库要求的基础上，反复推敲，充分考虑试题的典型性，尽量避免雷同，做到既有一定数量，又多而不滥，确保试题的高质量。

（五）试题的抽样测试

试题抽样检验应具有代表性，且所选样本应能代表未来考生的整体水平。这些样本必须是通过有效的取样方法获得的，并且数量不能过多。由于样本能提供考题的准确度、区分度等信息，所以样本也要保密。

（六）试题库基本功能

1. 试题管理

试题库要保持"新鲜"，适应教师和学生的需要，还应不断补充、修改和更新，使其更适合本地学校的具体实际情况。要不断地查、录、删、改试题。考卷的输入分为单题输入和批量输入两种情形。单题输入是指在输入界面上逐项输入；批量输入是将大量考题通过文字处理软件进行加工，形成一种特定的文件格式，输入计算机中进行处理，并将所有考题一次输入考题库中。

2. 组卷

在试题库管理中，组卷算法是关键技术。组卷算法的好坏，直接关系到试题可信度的高低，也关系到试题库能否充分发挥其教育测量的作用，关系到教师教学工作的好坏。组卷的基本原理有以下几个方面。

（1）组卷应充分体现大纲的广度与深度

考试成绩要体现课程基本要求，不仅要反映学生对基础知识、理论知识和基本技能的掌握情况，还要注重理论联系实际，反映学生分析、解决问题的能力。要充分体现考试大纲的广度与深度，其前提是题库中的试题数目要多，涵盖范围要广。

（2）对应试者的能力进行考查

考试的目标，既是对学生的认知，也是对学生智力发展和提高的一种激励。试卷形式要多样化，才能更好地反映考生掌握知识和智力水平的情况。所以在组卷时，应综合考虑各种类型、不同功能的题型，并选取最优的组合。

（3）组卷要注重层次，形成难度阶梯，以保证分数的差距

太难或太易的试题都没有很好的区别度。如果题目过于简单，则无法调动学生的学习热情，无法测出真正的水准；如果题目过于复杂，超过了学生的实际掌握水平和能力，很可能会让他们失去自信，从而无法真正地发挥自己的水平。所以，过于困难或者过于容易的试题，都不能满足考试的要求。在组卷时，要考虑到大部分学生的真实水平，形成一个难度阶梯，让考生的分数产生差异和梯度，也就是要有一定的难度和区别。

（4）不能出偏题，不能出怪题

题目要有深度，能够测出考生的知识层次和智力差别，不出偏题、怪题。

（5）命题应重视考试对学生学习方式的指导作用

一般来说，考试对学生的学习起到了很大的指导作用，所以在组卷时，一定要充分考虑考试对学生的引导作用。如果考试的题目过于强调记忆力，那么学生们就会死记硬背；相反，假如考试注重灵活运用，则会使学生的思维发散，使他们勤于思考。所以，发挥命题的"指挥棒"作用，可以指导学生正确地进行学习。

根据以上组卷的基本原理，设计出适合师生使用的试题，包括个人组卷、考试组卷、组卷策略的存储与利用。个人组卷是指学生根据自身的需求和自身知识的不足，选择适合自己的作业；考试组卷是指能够组成正式考试的试题，其组卷策略包括智能组卷、绝对评价组卷和相对评价组卷；组卷策略的储存与利用，就是要有预先储存组卷参数的能力，在某些典型的组卷模式中，使用者不必每次都要输入组卷参数。

3.数据分析

题库不仅仅是对试卷的管理，它还可以用于在课堂上对学生进行测试与评估，从而使教师与学生之间的沟通更加顺畅。学生的测验分数可以为教育进程提供丰富的信息。数据分析的作用在于对考生的测试结果进行分析，使教学过程更加清晰。具体而言，包括学生分析、试题分析、试题解析三个方面。学生分析是通过对学生以往的测试和试题分数的分析来了解学生的进步、学习障碍和知识单元的掌握情况。试题分析是对试题的效度、信度、得分分布等进行分析，它是把每次测验当作预试的扩展，把分析的结果反馈给题库，从效度和信度两方面进行分析。试题解析是指通过测试结果和参加测试的样例，对出现异常情况的题目发出警示，并自动修正由专家估算的题目属性值。

4.试题库管理功能

由于学科是不断向前发展的，新的内容不断出现，同时旧的内容也可能过时，这样就要修改教学大纲。试题库是课程大纲的体现，要按照新课程的要求，保持试题库的内容与课程发展、课程大纲一致。考卷中的陈旧问题要及时排除，反映新知识的问题要适时地加以补充，只有这样，试题库才能体现出学科发展的特点，试题才能符合学科发展的需要。

管理软件应当具有储存系统自动生成的考卷的功能，也可以将外部考卷保存起来，以便使用者查阅。软件必须具备广泛的适用性和适应性。在实际应用过程中，应从用户的计算机等级和运行环境出发，尽量减小软件尺寸，降低硬件需求。另外，软件的操作要简单，不需要使用者有专门的资料库知识，一般教师都能熟练使用，而且要与WPS、Word等通用的文字处理软件兼容，可以直接读取所生成的考卷。

（七）试题库运行环境要求

高职院校试题库的创新表现为：摒弃传统试题库的陈旧思路，大胆突破，大胆创新，建立适合高职教育改革的校园网络开放试题库。

高职院校试题库的建立要重点把握以下几个方面：一是从解决问

题的普遍性入手，也就是要适应不同学科的试题库；二是试题库在日常教学中需起到引导作用；三是要有数量多、质量好、能按照题目难度和章节要求灵活组卷的高质量考题；四是重视试题库中的试题质量、数量、知识点等关键问题。因此，需要教师有充足的时间和精力对其进行深入的学习和运用。

总之，我国高等职业教育试题库的建立是一个长期而又复杂的过程，涉及考题、知识点的构建以及校内网络的建设。建立高职院校试题库，使试题管理、出卷、评卷更加科学、规范、智能，对于提高学生的学习积极性、简化出卷和批改工作来说都是至关重要的。本书认为，试题库的构建对于高等职业教育的发展具有十分重要的作用，构建兼具科学性、理论性和实践性的试题库需要进行综合研究。

第四节 高职院校特色专业教学资源库面临的困境与对策

一、高职院校特色专业教学资源库建设存在的问题

(一) 高职院校特色专业教学资源库建设配置不高

目前，高职院校教学资源库建设多由教务处或教育技术中心为领导单位，建设人员以教育技术人员为主，但项目建设需要各学科教师的参与，在如何调动学科教师参与的积极性、技术人员与学科教师之间该如何配合等方面，目前并没有良好的解决办法。教学资源入库前的资源筛选机制不完善，因缺乏学科教师的广泛参与，资源筛选机制存在先天不足。即使学科教师参与了，也没有执行科学完善的资源筛选程序。

教学资源的建立需要一个较长的时间，需要对教学资源进行持续的更新和整合，同时还要根据教学需求不断地调整教学资源。但在当前的教学资源库建设中，存在着两个问题：一是缺少进度管理机制，建设数量少、进度慢；二是资金投入不够，一些学校可能会投入前期的资金，但大部分都没有足够的资金来维持资源的不断更新。

目前，职业教育资源库的构建实际上是一个"素材中心"，它只是一个教材的集合，与它真正的"学习中心"地位并不匹配。当前，高职院校在实现数字化校园建设和提高自身发展水平的过程中，存在着一定的"瓶颈"。通过对现有高职院校特色专业教学资源库的比较

不难看出存在"批量制造"的问题，即存在简单模仿、低层次重复建设、照搬照抄等问题，致使一些教学资源库的专业特色不鲜明，不能适应不同学科的教学特点，没有形成学科特色，同时也没有体现学科的特殊性。

当前，高职院校的专业教学资源库"重硬轻软""重量轻质""重建轻用"等问题普遍存在，而高校的主要精力和财力都集中在购买设备、布网等方面，硬件设施相对完善了，却忽略了对资源库的软件建设。资源陈旧，无法适应行业技术的发展变化，也不具备"虚实结合"的能力，这也是目前高等职业教育资源无法得到充分利用的主要原因。另外，高技术、高技能要求的教育资源，无法适应社会学习者的学习需要。

(二)高职院校特色专业教学资源库建设资金投入不足

高职院校在发展过程中存在地区性和经济性差异，自身发展水平差异较大，在数字化教学资源建设方面，存在着分门别类、重复投资、重复建设等问题。一些高校的数字化教学资源建设时间比较短，具备一定的经济、技术力量，已经具备了很好的软硬件资源环境。但是，一些新兴的、规模较小的高校在数字教学资源的建设上存在一定的不足。在这种情况下，政府层面上的资源整合尤为重要。当前，有关部门在资源分析和识别方面还有欠缺，无法对高校现有资源进行统一的分类、管理和规划。由于缺少有效的资源共享机制，导致后继高校仍存在模仿建设、重复建设等问题，资源的提供只限于高校自身，数字教学资源丧失了建设的价值。

对于高职院校而言，数字化教学资源建设属于较为陌生的领域，却又是建设中不可缺少的一部分。各院校在资源建设过程中互相观望，企图找到可适用的经验或统一标准的模板供自己使用。然而，由于资源制作、收集、整合过程混乱，造成各高职院校虽无建设经验，但为了不落后于其他同类院校，在未合理规划设计的前提下盲目建设，忽视了资源的质量与管理资源的良性发展。在调研过程中，笔者发现由于高职院校在资源建设过程中投入了一定的人力和物力，与其他高职院校资源共享的意愿较低，院校间的交流合作甚少。

（三）高职院校专业教学资源库建设缺少整体规划

高职院校专业资源库组织管理需要组织资源、管理体制和企业参与建设等。由于缺乏完善的企业管理制度，各参与企业属于不同的管理部门，承担的建设职责也不尽相同，且缺少统一的管理指挥，导致出现施工过程紊乱等问题，严重阻碍教学资源库的建设进程。由于"多头管理"和"管理死角"并存，大多数高校没有专门的教学资源库建设管理中心，组建的项目团队在建成初期就解散了，导致了后续的管理混乱，客观上影响了专业教学资源的可持续发展。

随着时代的发展，教育资源平台更加开放，而高职院校在构建专业教学资源的过程中，所配置的师资队伍并没有达到应有的水平，主要体现在规划和管理功能的缺失、被动的适应性、缺乏市场引导力、没有充分发挥兼职教师的作用、缺乏对资源的利用等方面。由于受这些条件的制约，致使现有的教学资源相对短缺，教师难以充分利用网络资源，难以实现教学资源的有效利用。

随着校企合作的不断推进，目前高职院校在构建专业教学资源库时，往往强调让各高校的主体参与进来，但由于企业的参与方式过于单一，导致行业的参与程度较低。在专业教学资源库中，主要表现为：专业教学资源的建立；有关岗位的国家职业资格标准的缺失；企业生产一线的实践案例和项目实例的匮乏；少数企业仅仅挂名建设，并没有参与实际建设。企业的资源建设不能反映企业和行业的需求，企业无法获得共赢的动力，也无法获得最新的行业动态、技术、工艺信息。

建设标准、资源共享、应用引导等，都会对高职院校特色专业教学资源库的使用产生一定的影响。通过调研发现，目前在该资源平台上现有的专业教学资源的利用率不高，不能有效地促进相关专业的建设，这将直接影响高职院校的专业教学资源的可持续发展。由于缺少具体的规范和标准，使得教学资源的质量无法得到保证，系统的内部架构和界面不完整,从而制约了资源的有效整合和共享。在构建专业教学资源库的过程中,涉及许多部门和人员,因此,学科资源具有多样性和复杂性。图书馆中的教学资源存在较为混乱、缺少内在的逻辑联系的问题,其主要表现为:资源种类繁多、内容杂乱、地域分散、分类不科学、重复堆砌、适应性差、不能充分体现学校的教学特点。它既不利于教师的教学,也不利于学生的自主学习,更不利于专业教学资源的使用与共享,无法发挥其应有的教学功能。同时,教学资源的精确度也无法保证,因为教学资源的广度和大量的网络资源都是从网上获取的,如果没有相关的标准,必然会导致资源的精确度和可靠性出现一定的偏差,从而产生一系列的实际问题。在个别教材中出现了严重的错误,学生的学习资源质量不能得到保证,从而造成严重的教学事故。目前,综合和共享优质教育资源是提升高职院校整体建设质量、促进高职院校示范效应的重要方式,高职院校作为试点院校,无论是理念还是手段,都还处于初步的探索阶段,真正的共享还很困难,还没有达到资源共享的程度。各部门因自身利益驱使,共建意识较弱,造成了学校教育资源的重复建设,缺乏与其他高校或本专业的资源共享,没有真正认识到资源交流的重要性。由于专业教学资源中存在着资源的简单堆砌,资源之间缺少内在的关联以及对课程资源的片面划分,无法形成满足高等职业教育需求的课程体系。

没有正确的指导,没有完善的系统运用,也是影响教学资源库实施成效的重要因素。一些高校花费巨资建立了专门的教学资源库,但相应的服务系统建设不完善,缺乏相应的应用教育和培训,教师无法充分利用这些平台进行辅助教学,学生在使用资源库时更是无从下手,从而导致专业教学资源库的应用效果并不理想,致使有些资源库建成后成为摆设,造成严重的资源浪费,不利于高职院校特色专业教学资源库的可持续发展,也偏离了建设的初衷。

目前,我国职业教育资源库的建设还没有形成有效的监测、评价和反馈机制。高校专业教学资源库的辅助功能尚未充分发挥,但要使其充分利用,还必须依靠学生的主观能动性。与传统的课堂教学不同,教学不是以教师为主体,而是以学生为主体。学生在图书馆内进行自主学习,但多数时候,教学不能对学生的学习情况进行实时的评估。而在整个教学资源库的构建过程中,缺少对学习的跟踪评估,从而使学习者的学习积极性降低,难以保证学习的最后结果。

现如今,高职院校在专业教学资源库的建设工程中,都拥有着高涨的建设热情,并从理念上明确了建设对各自专业教学及学校的深远影响。然而在实际建设中仅仅停留在基础理论层面,仅仅搭建了建设的框架,在教学资源的设计、开发过程中,不能有效地针对不同的受体。目标设立并未体现应有的个性化学习特点,真正体现建设质量的内容还未填充到位,也未实现应有的特色建设,不能够建设出引领职业教育整体发展的优质教学服务体系。我们对于专业教学资源库的需求是极为迫切的,但是如今可提供的资源确实相对匮乏,这也正是高职院校未来进行专业教学资源库建设的核心所在。

二、高职院校数字化教学资源建设与应用策略

(一)增强政府的管理能力,加大数字化教学资源的调控力

首先,要鼓励和支持高职院校数字化教学资源建设,健全体制,加快资源建设,制定更具体的政策、法规,加快高职院校数字化、信息化进程,充分认识到高职院校数字化教学资源建设的重要性,尽快出台可执行的数字化建设实施方案,在政策上加大支持力度。比如:根据资源的实际情况,合理地进行层次划分,并形成一种有效的激励机制;了解高职院校教育资源的现状,统计和分类各类高职教育资源。同时,必须加大对高职院校信息化建设的扶持力度,以促进高校信息化建设。要改变教育发展理念,把数字化教学资源建设作为衡量高校内涵的重要指标,真正激发人才的活力,真正推进信息化。其次,加强顶层设计,搭建统一的资源平台,引进资源评估机制,制定数字教学资源的软环境管理方案,实施数字化教学资源的实施方案。加强对使用者的培训与推广,建立系统的维护与更新机制,并设立专业的管理与评估机构,以确保教育资源的生命力。要保证资源建设的规范化发展,必须构建三个层次的资源库,即教师个体数字化教学资源库、学习者数字化学习空间、校内数字化教学资源库。再次,要提高教育信息化的规范化、共享性,政府要设立统一的资源管理机构,指导高

校对资源进行归类、整合、引进标准,打破资源利用的困境,大力推广应用技术规范、标准,解决共享度差、意识薄弱、标准不统一等问题,实现数字化教学资源的建设目标。最后,要建立一个资源评估小组,对资源的质量和效益进行监测与评估,以促进资源的健康发展。通过技术引导,鼓励多方参与,从宏观上引导高职院校的数字化教学资源建设,强化培训的宣传力度,提高资源利用率,提高技术培训的质量。要对高职院校的建设行为和规划进行规范,必须加强对建设的宏观调控,防止重复建设和盲目投资。

(二)加大高职院校数字化教学资源的推行力,增强资源管理

高等职业教育行政主管部门要全面规划数字化教学资源的建设和使用,要充分发挥各部门的资源建设优势,健全管理体制,建立资源管理机构,统一管理,协调有关工作。对院校各个管理部门进行合理分工和定位,建立数字化教学资源统管部门。根据实际发展,高职院校应定期开展数字化教学资源建设交流与协作,通过多种方式开展交流、合作,注重部门、校际的合作交流,通过观摩学习等方式,形成区域性数字化建设力量,如交流会议、教师集中培训等。加强高职院校与本地同等教育阶层的合作,建设多个应用平台,实现分层、分模块管理,保证资源的可获得性,完善数字化硬件环境。在教学管理平台、网络教学平台等方面,在确保平台之间独立性的基础上,使各个平台之间能够互访、共享。同时,要加大对高校资源的自主开发,要发展多种类型的资源,充分挖掘高职院校的特色资源,把传统的资源进行数字化编辑。在校企合作中,企业要为学校提供适合其数字化教学的教材,高职院校要加强对企业的资源整合,积极协调行业企业的参与,提高资源的可操作性。高职院校应根据自身特点,不断激发学生的兴趣,把抽象的内容具体化,并以不同的视角,开发出视频、动画等具有感官刺激的资源。高等职业教育应建立相应的激励机制,采取多种方式,有效地调动人力资源,通过举办高校或地区间的信息技能大赛来提高教师的荣誉感,并提供一定的技术和资源建设成果的展示平台,调动教师提升自身掌握数字化资源的素养和开发数字化教学资源的热

情。采取多种途径，提高教师对数字资源建设的参与积极性，包括职称评定、优质资源申报和项目资助等。

  此外，应建立健全知识产权保障机制，积极开展校本培训或校企联合培训，加强校本培训与宣传，注重对培训结构的反馈，适时地调整培训方案和方法。现代教育信息化的发展趋势决定了数字教学与学习已经成为当前教育的主流，教师的信息技术素质应能够指导学生的学习，适应现代化的教学要求。高职院校要从提高信息技术素质，提高信息采集、分析、处理、应用能力等方面着手，注重对教师信息道德、信息技术与教学一体化意识的培养。职业学校教师的信息素质是影响资源质量和标准的重要因素，因此，高职院校教师必须具备提升自身素质的内在动力，如：加强对网络教育的自觉性、参与升级、校本信息技术培训等。要想把资源整合到个性化教学中去，就要改变资源观念，积极探索现代教育方法，不过分依赖现有的网上资源，不盲目排斥数字化教学资源，提升资源的质量和教学适用度，做到与传统教学的有机融合。当今社会已是终身学习的社会，学习的自主性是非常重要的，而学习的数字化则为个体品质的提高提供了可能，时时学习、处处学习成为每个社会人提升自己的必要条件，学习者可以根据自己的兴趣去发掘学习的空间与活动。当前，信息时代不断地改变着人们的学习和生活，然而作为数字教学资源最大的受益者，学生的行为习惯却还有待提高。在这种情况下，教师要在教学中发挥主导作用，培养学生的自主性，打破对教材的依赖，提高教学效果。

第八章
数字化教学资源的管理

第一节 数字化教学资源的评价

教学评价是教学工作的一个重要组成部分,科学的教学评价能给教师和学生良好的教学反馈,能帮助教师解决教学过程中出现的问题,以促进教学过程的不断优化和教学活动的科学开展,并进一步促进学校教学的发展。

一、教学评价理论基础

(一)教学评价的概念

在学校教学产生之初,教育工作者就认识到教学评价在教学中的重要作用,随着学校教学发展的不断深入,越来越多的学者研究并指出教学评价对完善教学过程、促进教学发展具有重要影响,因此,关于教学评价的专门性研究逐渐增多并深入。但是,目前国内外对教学评价的概念论述并不统一,一些学者尝试从不同的角度给予教学评价一个完善的概念界定。

教学评价的对象是学生,教学评价是对教学过程和教学成果给予价值上的判断。还有学者认为,教学评价包括了对教师和学生两个方面的评价。

现在一般认为,教学评价是一种价值判断,评价包括过程的评价与结果的评价。

(二)教学评价的特点

1.动态性

众所周知,教学过程是一个开放性的过程,教学过程中会遇到各种各样的问题,教学评价应对这些教学问题一一进行评价,教学评价应涵盖教学过程中的各种人、事、物,以及之间的关系。

在教学过程中,教学中的教师、学生以及教学体系的各构成要素都时刻在发生着各种各样的变化,充满了不确定性,因此,教学评价不能是一次性的或者是针对某一个教学阶段的评价,必须进行动态化的跟踪,实施动态性、阶段性、发展性的评价。

2. 多元性

教学评价的多元性具体是指评价主体的多元性。

科学的教学评价中,评价主体应是多个而非一个。传统教学评价中,教师是学生学习的评价主体,学生的学习评价由教师一人执行,实施评价并得出评价结果。但是,教师面临的学生众多,不可能全面了解每一个学生的完整的学习过程,而且,教师往往是从自身的角度来了解学生,对学生的评价往往是不全面的结果性评价。

在教学发展新时期,新的教学思想和观点更加重视学生在教学中的主体地位,要求教师重视学生的发展,只有这样才能真正促进教学的改革与进步。因此,对于学生的评价应是多方面的,在教师评价的同时,也要重视学生互评、自评,还可以将家长评价、管理者评价纳入评价体系,使整个教学评价更加客观、全面、公正、科学。

3. 过程性

教学评价本身是对整个教学系统要素进行分析的过程,评价的内容也不仅限于代表教学结果的学生的期末考试分数、考试合格率、升学率等,更重要的是对教师的"教"的过程和学生的"学"的过程的评价,重视对评价对象的纵向和横向的综合比较。

以对学生的学习评价为例,不同的评价对象之间存在个体差异,可能导致结果性评价是一样的,但是对于在学习过程中更加努力、积极进取的评价对象应该给予肯定。教师应关注学生学习过程中的点滴进步和变化,注重学生日常的学习与发展,并及时给予评价。为了更加全面和详细地了解学生的学习情况,教师应系统记录学生的整个学习过程，对学生的进步过程有更加详细的了解和认识。在教学评价中，注重将学生平时的成绩与期末成绩相结合，而不再像传统教学评价那样只关注期末考试成绩。

现阶段，我国教育强调素质教育，教师对学生的评价更应该关注学生的综合素质的培养和发展过程，而不能以学生的某一次成绩轻易对学生的整个学习阶段的成长作出评判，教师应全面关注学生在学习过程中的成长和进步。

4. 多样性

多样性的评价是专指教学方法的多样性选择，科学的教学评价方法的选择能提高评价工作的效率，并能使评价更加客观、科学。

对于学生的评价是教学评价中最重要的一个评价内容，学生的学习态度、学习进度、学习成果等表现在多个方面，只使用单一的教学评价方法不可能把学生多方面的表现与进步都充分地体现出来。针对不同的评价内容应选择相应的评价方法，如此才能做到使学生的学习情况全方位地呈现出来，使评价更全面，对学生的了解更透彻。

科学的教学评价应该是全面、客观和准确的，这就需要综合运用多种教学评价方法。教学评价的多样性，要求评价者应熟悉了解各种评价方法的适用情景、优势和缺点。想要获得更加准确、客观和全面的评价结果，就必须选择最优的评价方法，使评价更科学。在针对某一方面的评价时，有多种评价方法可供选择，以便能在教学评价中灵活、准确地应用，使教学评价更加合理。

5. 发展性

教学评价旨在促进学生、教师、教学的全面发展与进步。教学评价的发展性，就是指教学评价应关注评价对象的发展与进步。同时，在教学评价过程中，重视对评价对象的发展进行评价，关注被评价者的未来发展。

现代教育教学的实施，根本目的是培养符合社会发展需要的人才，并没有从本质上考虑学生个人发展的需要。这种情况，导致了在学校教学中，教师只重视学生的学习成绩，一味地要求学生不断背诵、记忆、刷题、训练，忽视了教学的客观规律、学生的认知发展和学生的健康发展。

现代教学评价重视学生和教师的长期发展。新时期，教学的多元教育价值被越来越多的教学工作者认识到，也成为全社会普遍关注的教育问题。新的以人为本的教学观念要求评价者应重视学生发展、重视教师发展，具体来说，教学评价者应重视教师与学生的全面进步，而不能只重视某一方面、某一阶段、某一次课的发展。

(三) 教学评价的目的

教学评价并非为了评价而评价，而是为了发现问题、总结经验，有针对性地进一步完善教学，进而促进教学过程的完善、促进学生的发展、促进教师的发展、促进学校教学的发展。

教学评价主要有以下几个目的。

1. 促进学生发展

教育教学旨在培养适合社会发展的全面发展的人才，学生是教育成才的重要群体基础，教学离不开学生这一主体。整个教学过程都应该围绕学生展开，而培养和提高学生的学习兴趣是促进学生主动投入学习、有效提高学生学习效率的重要途径与方法。教学评价旨在发现教学组织中不妥的地方并予以改善，以促进对学生兴趣的培养。

2. 促进教师发展

在教学评价中，以教师为对象进行评价，能在客观上加强对教师的教学监督与指导。通过对教师的专项教学素质和综合教学能力进行评价，有助于教师发现自身的不足，端正教学思想、观念与态度，依法科学施教，为教师提高教学水平、完善教学管理提供参考与指导，有助于促进教师的自我发展。

在教学活动中，教师是教学活动的主导力量，是教学评估的重要环节。完善的教学评价体系，要求教师在评价过程中合理地安排评价过程，选择评价方法，关注学生的整个学习过程，以达到对学生的全面评价。在对学生学习、自我或其他教师的教学过程的评价过程中，教师是问题的发现者，也是教学问题的反思者，通过对相关教学问题的发现、思考、反思，可以促进教师自我教学能力的提高、教学经验的丰富，有助于促进教师自我的发展。

3. 提高教学质量

教学评价的重要目的之一是提高教学水平，教学评价应为教学改革目标的实现服务。

新时期的教学改革，强调师生的共同发展，也就是"教学相长"。在教学中，教师"教"、学生"学"，都能给教师和学生的成长提供启发和指导，而教学评估也不是只有一个评估结果就可以了，而是要找到教学中的问题及需要改进的地方，并提出科学化的建议与对策，不断优化教学流程，提高教学质量和水平。

4. 完善学校教学管理

科学的教学管理能为教学活动的顺利开展和教学过程的顺利进行提供必要的保障。教学评价包括对教师教学管理的评价，如果不能实现良好的教学程序、教学秩序、教学环境，教学活动就不可能顺利开展。

5. 提高教学科研水平

现代教学评价是一种全方面、系统性的教学评价。对于教学工作者（包括教师）来说，现代教学评价能为教学工作者发现新的研究课题提供有价值的资料，教学工作者对教学中所存在的普遍的、热点问题进行研究将更加有据可依、有规律可循，这对于促进学校教学发展来说有重要的意义。

（四）教学评价的原则

1. 客观性原则

客观性原则是指在实施教学评估时，无论从衡量的标准、方法、态度以及最后的评估结果，都要与客观现实相一致。教育评估以人为主体，主观情感不可避免。人们的思维和行动是由主观判断或个人情感决定的，因此，所作出的评价具有很强的个人色彩和主观性。科学有效的教学评价，其所得出的结论必然是不以人的主观臆想为转移的。教学评价包括"教"与"学"两个方面的评价，对任何一个方面的评价都应做到客观，不掺杂主观情感和经验判断，否则就失去了评价的意义。

所以，在教学评估中要坚持客观的原则。其具体要求是：①要做到客观、公正。②不能有任何偶然因素。③不能有主观的判断。

2. 科学性原则

科学性是教学评价的基本原则之一，教学评价体系无论是在内容上，还是各个部分的比例分配上，都应当科学合理。

科学的教学评价才是有意义的评价，才能为教学的改进、师生的发展提供有价值的信息。

遵循教学评价的科学性原则具体要求如下：

第一，以科学理论为指导进行教学评价。

第二，避免经验和直觉干扰，做到评价方法、程序的科学化。

第三，教学评价的"教"与"学"两个方面的评价必须做到有机结合与统一，并充分体现教学目标与基本要求。

第四，教学评价方法应科学，评价者应掌握和灵活使用最新的、最能充分统计和概括评价结果的统计方法与测量手段，以获得真实有效的资料与数据信息。

第五，评价工具的选用应科学，评价工具的选择应符合教学评价要求并促进教学评价科学开展，具有可操作性与实用价值。要对编制的评价工具进行预试、修订和筛选，达标后再付诸实践。

3. 全面性原则

教学评价应全面，否则就不能真实反映教学系统的整个过程与效果，这样的评价是没有意义的评价。因此，全面性原则是教学评价的一个非常重要的基本原则。

不全面的教学评价不能真实反映教学系统的整个过程与效果，所得出的评价结论可能会对之后的教学决策产生错误指导，这样的评价甚至会阻碍教学的发展。

教学评价中遵循全面性原则应做到以下几点：

第一，坚持多角度、全方位评价。

第二，综合运用多种评价方法。

第三，评价应把握主次，区分轻重。

4. 可比性原则

教学评价是一种价值判断，这种价值判断是有一定的评判标准的，如前后内容的对比，这种"前后对比内容"，以学生的学习评价为例，有个人（学生）的纵向对比，也有与群体中的其他个体（同学）的横向对比。

在科学的评价指标中，评价者会更加倾向于选择能看出评价对象的发展变化，而这种反应发展变化的评价指标多是对评价对象的纵向变化的比较，通过这种比较，来判断评价对象和之前相比是否有进步。

遵循可比性评价原则具体要求如下：

第一，科学制定评价标准，注意对比的可行性与可比性。

第二，注重评价对比的全面性，既要横向对比，又要纵向对比，二者应结合进行。

5. 导向性原则

教学评价体系要能够指导教学工作发展方向并能促进教学活动开展。简言之，评价不是最终的目的，评价是为了评价者能发现问题，从而促进教学改革。这就要求评价者在进行教学评价的过程中，不能就事论事，而应把评价和指导有机地结合起来，要评价对象了解自己之后的发展方向和改进措施。

遵循教学评价导向性原则具体要求如下：

第一，评价的基础要广泛，评价的依据要充分，避免缺乏根据的随意评价。

第二，及时反馈教学评价信息，评价结果要准确描述，指导方向要明确。

第三，评价结果应具有启发性，能给予被评价者思考与发挥的空间，促进被评价者的发展，促进教学的发展。

二、面向不同客体的教学评价

（一）面向教师的"教"的评价

1. 学生评价

学生是教学活动的重要参与者，是教师的"教"的对象，对教师的"教"有深刻的亲身体验，因此，学生对教师的教学素养、能力、效果等最有发言权，学生是教师教学评价的重要评价者。

学生作为评价者，教师的"教"作为评价对象，这样的教学评价有重要的参考价值。具体来说，学生作为教学对象，是教师教学的直接参与者、感受者、观察者，让学生作为评价者，能使教师收到来自学生的直接信息反馈，对于教师改进教学过程与效果具有非常重要的促进作用，有助于师生和谐关系的建立，并有助于教师充分了解学生学习中遇到的各种问题，以便及时改进教学方法。

学生对教师教学的评价，有多种评价方法，如：通过教师引导、询问学生学习感受，记录下来供教师参考；座谈法；设计比较简单的教学评价表等。

2. 教师互评

教师互评，具体是指同行的其他教师参与听课，并对授课教师的课堂教学作出评价。

请注意，因为是同行，评估的客观性会受到情感上的阻碍或私人偏见的影响。因此，在教师互评的过程中，必须注意以下几个方面问题：

第一，从具体的教学环节出发，对学生进行质的评估和量的评估。

第二，以已知的评分标准为依据，力求客观、准确。

第三，避免功利性因素的干扰，采用"公开课"或"评议课"的形式实施教学评价。

第四，作为评价者的教师，应熟悉教学业务，了解当下课程标准及教学发展、改革形势。

针对教师的"教"的教学评价，为了提高教师互评的评价效率和确保评价的客观公正，可由专家事先制定评价量表，由评价者结合教师的课堂教学表现作出对应的评价，然后再收集整理多个评价者的量表，作出综合分析。

3. 教师自评

教师自评，就是教师对自身教学情况进行评价。教师既是评价者，同时也是被评价者。

教师作为评价者，进行自我评价，具有一定的益处，具体体现在以下方面：教师作为课堂教学活动的直接组织者和实施者，最清楚整个教学过程，因此能得到第一手的教学反馈资料，教学评价更加直接、快速。

教师自评，具体要求如下：

第一，教师应具有良好的自省能力，并在评价过程中建立内省机制。

第二，教师自评的教学跨度是较大的，不仅包括每次教学课的评价，还包括每日教学课的评价、阶段教学课的评价和季度教学课的评价等。

4. 领导评价

领导评价，是学校教学领导和学校领导对教师教学的一种综合评价，是教师教学考核的重要内容。

学校相关领导作为教学评价者，他们对教师的教学评价属于实质性的评价，对教师的职业地位、声誉、收入等有直接影响，因此备受评价双方的重视。

和其他评价类型相比，领导评价具有一定的缺陷性，即一些领导并非某学科专业出身的教师，对具体学科的教学需求、要求、标准等了解不够深入，教师在课堂教学中的一些特殊安排可能注意不到，甚至被误解，进而影响教学评价结果。

（二）面向学生的"学"的评价

1. 教师评价

教师在学生"学"的过程中起着举足轻重的作用，教师是教学的主体，在教学过程中，学生的各项学习活动都要在教师的组织和引导下进行，而学生的完成过程、完成的结果如何，教师可以全程关注，同时教师也最清楚教学目的和完成的状况，所以，教师对于"学"的问题有很大的话语权。

教师对学生进行评估，既要注重对学生的成绩进行评估，又要注重对学生的学习过程进行评估。

（1）教师对学生学习效果的评价

评价形式：包括课堂、学期、学年等评价形式。

评价内容：学生的学习表现、知识掌握情况、身体素质和运动能力的提高、运动技能和技巧发展等。

（2）教师对学生学习过程的评价

在教学评估中，教师对学生的学习过程进行评估，能够反映出教学活动的动态和发展，是一种及时性的评估。在教学实践中，教师评价的内容、方法和手段在前面已经有了较详尽的阐述，在此就不多说了。

2. 学生互评

学生互评，就是由学生作为评价者对其的学习作出一定范围的或者综合性的评价。

学生的学习需要个体努力，在特殊学科的学习中，如物理和化学课中的学生实验、体育课中的项目配合、其他课中的小组讨论，这些都需要学生之间的密切接触与交流、合作，而且，学生与同班级的其他同学朝夕相处，对于同学的发展和变化也是一个重要的旁观者，彼此之间有更多的了解，同学的评价对个体的发展与进步具有重要的参考价值。

需要特别指出的是，在学生自评和互评中，教师应给予有效的指导，提高学生正确认识和评价自己以及他人的能力，保证评价的客观性、准确性。

3. 学生自评

学生自评，具体是指学生对自己学习情况的一种综合性评价，学生是评价者，也是被评价者。

学生已经具备了良好的自知、自省、自制力，并具有了一定的发现问题、分析问题和解决问题的能力，因此，可以完成对自我学习的评价。

学生学习的自我评价包括多方面的内容，虽然学生具有一定的自我认知和自省能力，但是学生的经验、知识范围、能力结构毕竟有限，这就需要在学生自评过程中，教师和学校工作者给予必要的指导。可由学校制定评价标准，以供学生在进行自我学习评价时进行参考。

4. 家长评价

家长是孩子的监护人，也是孩子的第一任教师，对于孩子的成长具有管理、监督、引导义务，对孩子的成长也应时刻关注，并注意观察、评价，找出不足，帮助孩子不断进步。

学校教学旨在促进学生发展，而家长是最关心孩子的健康发展的，父母最了解和最能发现孩子的成长和变化，因此，在教学评价中，家长对学生的学习评价是非常重要的一部分内容，能为学校教学提供教学意见和建议，更有利于促进教学评价体系的完善，因此，家长对学生的学习评价是一定不能忽视的。

三、科学化信息教学评价体系的构建

(一) 信息教学评价方法的科学应用

1. 评价量规

评价量规是一个有组织的量化评价标准，它从多个层面对评价指标进行细化，具有可操作性和精确性。

随着教育信息化进程的不断发展，学生的学习任务也越来越多地体现为非客观性。

一般而言，评价量规将教学评估的内容按照表格的形式进行归类，并将其分为几个层次，通常是一个质的描述，相应的横栏上有关于不同层次的行为（认知和技巧）的定性描述和得分，并将量化的评分记录在一个人或一个团队中。但是，它不需要以表格的形式存在。

教育信息化发展背景下，评价量规在教学评价中的应用非常广泛，可以完成对多媒体课件、教学软件应用、信息化教学设计等的评价。

2. 学习契约

学习契约，也称为"学习合同"，它是从真实的合同中衍生出来的。

在信息化教学实践中，教师和学生共同设计学生合同，是对整个教学过程不断商讨的一种协议过程，强调教学双方（师生）之间的相互关系和相互、自我的教、学评定。

学习契约的主要内容是"学"，学习与研究活动的主线是任务驱动与问题解决，它决定了学习目标、达到目标、完成时间、完成活动的证明和证明标准。

（1）学习契约设计步骤

①诊断学习需要；

②界定学习目标；

③确定学习资源及策略；

④确定完成学习目标的证据；

⑤选定评价证据的工具及标准；

⑥师生共同商讨学习契约；

⑦履行学习契约；

⑧评价学习活动。

（2）学习契约的实施要求

①说明约定学习契约的目的；

②讲解学习契约的范例，讲明要点；

③要求学生结合自身学习列出个人学习契约；

④教师与学生沟通，修正并确认契约内容；

⑤按照契约进行学习，师生共同检查学习过程与效果。

3. 电子档案袋

电子档案袋也叫电子文件夹，是作品、评价及相关信息的汇总，是在网络环境中利用信息技术，对学生的学习过程和学习成果的综合反映。作为一种新兴的评价方式，学生电子档案袋迎合了新课程改革的要求和需要，在许多学校中被广泛应用。学生电子档案袋的基本内容是学生作品，通过对学生作品的合理分析和解释，反过来促进学生发展。

相对于传统的档案袋，电子档案袋可以收集数量更大和类型更多的学习证明，且师生在各类博客平台和云平台上就能完成制作，不仅提高了档案的制作效率，还提高了档案的使用性能，有助于教师和学生在线收集、整理材料，利用计算机信息技术对信息进行处理，工作更加高效。同时，还能实现档案资料的随时随地查看，而且将纸质档案演变为音频、视频，有效地提高了档案的可读性，档案内容和形式也更加丰富。

4. 概念图评价

概念图（concept map）于20世纪60年代由美国康奈尔大学教育系诺瓦克教授等人提出，最早用于数学领域，其主要利用图表来表示概念与概念之间关系的结构，便于学生更清楚地掌握不同的概念及相关概念之间的关系。

概念图通常由学生自己完成，这样可以充分体现学生的思维过程。因此，教师可以通过了解学生所绘制的概念图来对学生进行教学评定。

传统教学中，借助于纸、笔就可以绘制概念图，这种方法工具简便易行，具有一定的优势，但是也存在不足，即绘制时间较长，绘制好的概念图难以保存。同时，随着对知识认识的加深，学生对概念及其相关概念与知识的理解会发生变化，这时，就需要对原有的概念图进行重新绘制，这样不仅浪费了一定的教学资源，也浪费了时间。

电子概念图的出现可以很好地解决纸质概念图绘制过程中存在的不易保存、不易修改等问题，目前，常用的绘制概念图的软件主要有以下两种：

（1）Inspiration 和 Kidspiration

Inspiration 和 Kidspiration 是 Inspiration 公司开发的概念图绘制软件。

Inspiration 界面简单，操作直观，容易上手，因此在学校中应用较为广泛。

Kidspiration 界面配色活泼、简洁，也是面向低龄学生的一种概念图绘制软件，学生可以通过各种图片组合、文本组合，甚至是发音来构建和绘制概念图。

（2）Mindmanager

Mindmanager 是一个视觉化的思想管理工具，它可以帮助使用者有条理地思考，让头脑风暴和工作计划变得更快速、更高效。

Mindmanager 的主要特征是：用户界面清晰，操作简单，易于上手；素材库的内容十分丰富，可以根据自己的需要，将图片、图表、音频、视频等各种元素加入概念图中。

Mindmanager 相对于其他的图形绘制软件来说，它最大的优点是能够与微软紧密结合，能够迅速地将数据输入或者输出到诸如 Word、PowerPoint、Excel、Outlook、Visio 等通用办公软件中，从而为各种不同的应用场景提供便利。

（二）基于大数据的学习评价

在现代信息技术快速发展的背景下，随着现代教育技术发展越来越趋向智能化，对学生的学习分析与评价也开始越来越多地使用现代化教学技术。在大数据的背景下，相关技术可以记录学习者的日常学习行为和成果，例如，对学生的作业点评、测验错误纠正、成绩录入，甚至是上课签到，都可以通过电子信息设施设备"打卡"实现，由此作为数据，录入教学考核，对学生作出教学评价。

1. 信息数据用于教学评价的领域

（1）针对学生学习的评价

①学生知识建模评价

利用网络学习、电子书包、移动终端学习的互动资料，收集学生的回答正确率、回答时间、请求帮助的次数、类型、重复率等信息，并利用资料进行分析，构造出学习者的知识模型，并通过自动或人为的反馈，为学生提供有针对性的学习，也就是在有效的时间内，向他们推荐适当的学习内容，从而实现学习的个性化。

②学生学习行为评价

传统的教学评价常常仅关注学生的学习结果，大数据时代的学习评价可以更细致地观察到影响学习结果的各种行为。

通过数据的挖掘，收集学生的学习用时、课程完成情况、课堂学习行为变化、线上或线下考试成绩等数据和信息，经过分析、对比、统计，找出学生的学习行为与学习结果的相关关系，以综合评价学生的学习行为。

③学生形成性评价

采集学生基本信息数据、学习相关数据，通过数据挖掘和机器学习算法，构建学生的个人学习档案，然后作出综合性评价。这种评价不仅包括学生的学科学习，还包括学生的身体与心理健康发展、特长爱好、性格特征等。

（2）针对教师教课的评价

就一次课而言，教师教学的成功与教师的教学方案设计有非常密切的关系，因此，针对教师教课的评价，可以从观察和分析教师的教学设计方案上入手和进行。

进行教学设计方案评价有利于促进教学设计理论的不断发展，有利于检查教学方案的完整性、科学性和合理性，有利于提高教师对教学过程整体性的再认识，有利于教师掌握教学流程和操作技术，有利于提高教学质量。教学设计方案评价主要包括以下内容，即教学目标、教材内容、学习者、学习需要、教学策略、教学过程、教学模式、课程类型、课程结构等。

任何教学技术都有能够检验自身缺陷的方法，教学设计方案属于教学技术学范畴，因此教学设计方案也具有评价自身设计缺陷的方法，即教学设计缺陷分析法，具体是从对结果的缺陷考查进行分析，然后再过渡到分析和发现设计缺陷。

针对教学设计方案的评价，还应注意教学设计方案试用后的相关数据的收集与分析，应及时进行某种形式的测验（学生的学习成绩）和问卷调查（学生对教学过程的态度、看法、意见和建议），以便于了解教学设计方案是否具有教育意义。通过收集反馈信息进行归纳和分析，了解学生在教学过程中的实际表现和感受，对其中存在的一些问题给出相应的解释，以及时调整教学设计，并形成评价结果报告，在评价结果后可附上评价数据概述表、采访记录、图表解析等，以便在后续的教学工作中参考。

2.信息技术支持教学评价的实施

(1)数据收集

教育信息化教学系统对教学评价信息数据的收集可以通过人工和智能两种方式来完成,如对学生的上课学习态度的评价,需要教师作出综合评价并将学生的表现进行分值量化,然后输入计算机保存数据。而对于学生的上课到课次数,可以通过电子打卡自动链接计算机系统软件进行统计。

对于学生的相关信息数据,还包括学生的作业、小测验、练习题、实验报告等,在收集纸质资料的基础上收集学生学习的电子资料,如电子档案袋、学习日志。数据的收集是一个复杂且烦琐的工作,可借助不同技术手段进行。

(2)数据分析

技术支撑教学评价收集的数据主要有两种类型:量化数据和质性数据。

量化数据的处理分析较为简单,可用专业的统计分析软件如Excel、SPSS、SAS等来操作,相较于人力数据统计分析,可大大提高数据分析与处理的工作效率,且数据分析的结果可以用图表直观、形象地表现出来,如对学生的考试成绩、到课率的统计等。

质性数据的统计工作比较复杂,往往通过人工来完成,工作量较大,还可能掺杂个人主观情感因素,但是这一部分评价也是必要的,因为关于学生的学习过程中的进步和变化,尤其是态度、情感、智力、行为表现等,借助智能教学设备难以观察、分析,必须依靠教师进行评价。

教学评价中,应将量化数据和质性数据结合起来,作出综合统计分析。

(三)信息教学评价体系的构建策略

1.建立科学的评价指标

教学评价是一个复杂的系统和过程,从系统论的角度来看,教学目标应具有科学性、简便性与操作性,必须简明、科学,操作性强,以便于教学评价工作的顺利开展。这是新时期教学改革对教学评价工作发展与完善的客观要求。

现阶段，科学建立教学评价指标应做好以下几点：

第一，在拟定教学评价指标时，要认真分析，逐级分解评价指标，以评价内容的内在逻辑结构为依据，分层次分解教学评价各指标要素。

第二，在筛选已拟定的指标时，以个人或集体的经验为依据，对评价指标的重要性进行科学、正确的衡量，对指标分量加以权衡，在科学评价理论的指导下选择最佳的评价指标。

第三，在教学评价实践过程中，观察教学评价标准是否科学、合理，对教学评价指标不断进行调整、优化，做到科学评价。

2. 完善教学评价体系

要实施科学的教学评价，确保教学评价的客观并具有切实的参考价值，就必须建立完善的教学评价体系，这是教学评价体系自身发展的需要，也是新时期教学改革发展的需要。完善的教学评价体系的构建需要从教学评价体系的构成要素各方面入手，并坚持科学的评价原则。

鉴于教学中教师与学生的重要地位，教学评价体系的完善应重点做好以下工作：

第一，明确教学评价的重要内容，教学评价应包括教师的"教"与学生的"学"的评价。分别建立和完善的教师教学评价体系和学生学习评价体系。

第二，科学选择教学评价方法。

第三，多种教学评价方法综合运用，以实现不同教学评价方法的互补，使教学评价更加科学、全面。

3. 健全评价反馈机制

在现代教育发展的新时期，健全评价反馈和保障机制，对于教学评价有重要的规范和正确引导的作用和意义。

信息反馈对于教学过程的改进与完善具有重要的作用，对于教学评价来说也是如此。健全的评价反馈机制有助于评价者和被评价者发现评价过程中的各种问题，从而提出建设性的改进意见，促进教学评价的完善。

第一，学校领导和相关部门应善于深入教学评价实践并总结经验，广泛听取师生意见和建议，及时收集和整理评价信息，并确保评价信息的客观、真实、有效。

第二，教学是一个复杂的系统，受多种因素影响，科学的教学评价应尽量避免所有的干扰信息，在建立教学评价反馈机制的基础上，还应建立完善的评价监督机制，以便于引导、规范教学评价中各参与者的各项工作的正常、合理进行，避免利益、人情干扰。

第三，及时对信息技术应用软件进行维护、升级，避免出现技术漏洞，导致一些数据出现错误或者被人为修改，确保信息数据的准确无误和评价的真实有效。

第二节 数字化教学资源的共享与产权保护

一、数字化教学资源及知识产权概述

数字教学资源是通过计算机和互联网进行数字化处理的教学资源，是教育信息化的结果。近几年，教育部发起了"全国示范性高职院校数字化资源共建共享工程""全国高职院校资源库""精品课程""网上教育数字化教学资源中心建设"等项目。知识产权是指公民对自己的智力劳动成果依法享有的专有权，一般是国家在一定时间内授予发明人对其智力成果的专有权或专用权。知识产权实质上是一种无形的财产权，它的对象是智力成果或知识产品，是一种无形的财产，一种无形的物质，一种由创造性的智力劳动所产生的劳动结果。数字教学资源平台的建立者是对平台上的资源拥有知识产权的人，他们的劳动成果是被保护的，不能被侵犯。

二、保护数字化共享资源平台知识产权的意义

保护知识产权能够防止因"公地悲剧"而导致的资源被侵占、掠夺和缺乏保护。"公地悲剧"是指在一个村子里，所有的人都可以自由地放牧，而且免费使用，所以，所有的牧民都会放牧更多的牲畜，结果就是放牧的时间越长，草场就越少。"公地悲剧"表明了资源的滥用，没有明确的资源所有权，导致了资源的开发无法持续。人们普遍认为，要避免"公地悲剧"，最简单、最有效的方法就是尽量清晰

地界定资源的所有权,并制定相关的法律、法规,以明确职责与义务。

如果没有清晰的所有权,每个人都只知道去抢夺、利用,时间一长,个人就会失去创新的动力。在"网络+教育"的时代,知识产权保护不到位、产权归属不明确,将导致"抄袭"的怪圈。对知识产权的保护,可以激发人民的主动性和创造力。

同时,数字教学资源共享平台的网络环境也使知识产权保护的难度加大。随着当代艺术作品的多元化,数码化已经是其主要的艺术形式,视频、文字、幻灯片等已经成为教育信息化的主流。因此,必须从源头上厘清知识产权。

三、保护数字化教学资源共享平台知识产权的措施

(一) 树立法律意识

一是不侵害别人的劳动成果。侵犯知识产权往往带有主观故意,一旦有了行为,就很容易造成侵权,因此,人们可以从别人的工作中吸取经验教训,但要掌握好度。如果引用别人的教案、文章、视频、PPT等,没有标明作者、来源,也没有给相应的平台或作者付费,则属于侵权。二是要保护自己的劳动成果免遭他人侵犯,要有保护自己作品的意识,而不仅仅是事后维权,应从技术层面上进行保护,在结果中予以明确。

(二) 建立保护机制

一是要重视制定和执行知识产权政策。面对不断变化的互联网发展环境,以及新的数字化资源教育方式,现行相应的法规还远远不够。若能在法规中对相关产业的特殊条款进行延伸,则对于保护知识产权具有重要意义。二是实时监控平台运营。在搭建平台的过程中,还需要组织相关人员进行维护和监督,确保平台的资源不被破坏。保证监管机构可以在平台建成后及时维护平台的资源,但这也需要一定的资金保障。

(三) 明确责任分工

构建数字资源共享平台并非一人之功,而是需要教师、学校及校际的合作。在规划搭建共享平台时,应该先把合作伙伴的工作职责划分清楚,这样既可以完善平台的构建,又可以使知识产权的归属更加清晰。在出现侵权行为之后,确认被侵权人,并进行维权、索赔等后续工作。同时,对于现有的知识产权信息资源,在进行数字转化之前,要进行相应的协调,避免对他人的知识产权造成侵害。

(四) 利用数字技术

数字版权管理、传统的第三方平台人工注册、数字指纹、数字水印、防盗版、可信时间戳等技术,都能为知识产权的安全提供技术支撑。数字时代为数字资源的获得提供了便利,但也容易出现盗取别人劳动成果的不法行为。

当然,要实现知识产权的保护和数字教育的共享,也要实现教育资源的和谐发展。把个人的教学资源放在一个公共平台上,以便让大众能够在特定的时间和地点获得这些资源。面临数字教学资源的共享这一教育与教学发展的必然趋势,只有加强对知识产权的保护,才能保证教育资源的可持续发展。

第三节 数字化教学资源组织与管理

一、教学资源理论基础

教育信息化的发展使得许多教育资源以数字化的信息形式存在,对于这些信息的合理处理是确保教学活动顺利开展的重要基础。对于教育工作者来说,应该熟悉、重视并掌握信息化教学资源的管理,作为一线教师,在教学设计和教学活动操作过程中都会涉及信息化教学资源的处理工作,更应重视提高自身的信息化教学资源管理能力。

(一)信息化技术对教学发展的影响

1. 信息化技术对教学环境的影响

环境是指影响生物生命、发展和生存的各种外在环境。在此基础上,我们认为,教学环境是指影响教育活动的多种外在条件。

(1)教学环境

①教学环境的概念

教学环境相对于其他环境而言,有其特殊的环境区域、环境主体和环境内容。这种特殊的生活环境为教师和学生的学习活动创造了先决条件,对教育和学习的效果有很大的影响。虽然在某些情况下,教育环境对学生的影响有限,但是它的作用却不容忽视。因此,正确认识课堂教学环境的组成因素和功能,对于提高课堂教学的效果和艺术感染力具有重要意义。

②教学环境的构成要素

教学环境是一个复杂的体系，从不同的视角对其进行分析，可以有不同的构成要素。在教学活动中，师生认知、情感、行为的形成都不是孤立的。教学环境包括生理、物理、心理三个方面。

生理环境：指个人的生理特征，例如健康状况、大脑发育、年龄、个性等。人的生理特征是不同的，在教学活动中，个人会有不同的行为模式。教师的身体素质是影响教学活动的重要因素。

物理环境：物理环境是教学中有形的、静态的硬件环境，也就是所谓的狭义的教学环境。具体包括学校的物理环境（学校的选址、气候、自然景观等）、学校的设施环境（教学场所、教学设备、教学手段、课桌椅、图书资料等）、时空环境（教学时间的安排、班级规模、座位编排方式等）。

心理环境：是个无形的、动态的、软性的教学环境。心理环境还可以被称作社会心理环境，分为人际关系环境（校园内各种人际关系）、信息环境（校园内各种社会信息环境）、组织环境（各种正式和非正式的团体活动、团体规范和团体气氛）、情感环境（课堂中的合作、竞争、期望、奖惩因素的运用及由此形成的课堂氛围）和舆论环境（集体舆论、个体意见、个别流言）。

（2）信息技术支撑的教学环境

信息技术和课程一体化的进程依赖于信息技术的教学环境，也就是教育信息的存储、处理和传递功能，满足学生的数字化学习需求。应注意，资讯科技所支持的教学环境绝非单纯的硬件，而是软硬件结合、人机结合的综合系统。在这个体系中，各个因素互相关联、互相制约，在教学中是一个有机的整体。与传统的教学环境相比，以信息化为依托的教学环境具有明显的优越性，它可以加强交流和分享学习资源，提高教学设备的网络化，也有利于改善学生的学习环境。

①信息技术支撑的教学环境的组成

a. 多媒体综合教室

多媒体综合教室，即一种基于简易标准的教学大纲，辅之以专门的教学器材（如多台电脑、耳机、可视系统等）的综合性教室，可分为四种类型：一是简易型，包括投影仪、荧屏、电视播放系统（电视、录像机、摄像机）、音响系统（无线麦克风、音响设备）、计算机；二是标准型，包括机械/智能一体化控制平台、视频显示设备、大屏幕投影电视/背投电视（基于简易型）；三是多功能型，包括摄影机、闭路电视系统、学生信息反馈控制器，可按需连接局域网、校园网、互联网（基于标准型）；四是专业型，即由各种专业设备组成。

多媒体综合教室是一种以教室为基础的信息化教学环境，能够实现多种形式的多媒体教学。这样的教学环境有利于教师选择恰当的媒介，使教学效果达到最佳。在教学中，教师可以利用现代教学媒体，如利用音响、录像、文字、投影、录音、动画等多种教学工具与方式，优化教学流程，突破教学难点，提高教学质量和效率。

b. 电子媒体阅览室

电子媒体阅览室主要包括控制中心、多媒体电脑、电视播放系统、音响系统、媒体资源中心、资源中心、校园网、互联网。

电子媒体阅览室是一种以个性化学习为基础的教学环境，学生可以通过计算机、电视机、录像机等现代化的教学媒体进行自主学习，并主动参与到学习中来，从而使学生在学习中的主体性得到充分发挥。根据学生的需要，控制中心还可以将所需要的多媒体资料传送到学生的视听阅览和共享学习资源中。

c. 多媒体网络教室

多媒体网络教室主要包括多媒体计算机、控制平台、网络服务器等。

多媒体网络教室是一个以合作、自主为基础的教学环境。通过网络视频、文字、动画等多种形式的多媒体教学，通过网络课堂，实现个性化的教学，实现个性化的学习；利用网上课堂教学，还可以进行小组讨论。部分高级网络系统还具备了教学和实验数据的反馈和分析功能。

d. 双控闭路电视环境

双控闭路电视环境主要包括双向控制主机、分控终端、对讲系统、摄像机、录音机、录像机、DVD、电视机、多媒体电脑、信号调制系统、调制器、混合器等。

双控闭路电视环境是以开放的播放方式为基础的教学环境。教室和中央控制室均能对录像机进行控制，教师可以远程控制录像机、DVD等播放机及多媒体电脑。教师可以根据教学要求，选择不同的视频资源，对节目的播放进行控制，这对教师来说是很方便的。

②信息技术支撑的教学环境的特点

信息技术使教学环境得到了极大的改善，使教学过程及信息的显示、处理和传输都得以数字化，这是传统教学环境所不能比拟的。

a. 教学过程智能化

计算机辅助教学是一种应用了大量智能技术的教学系统，它在教学中能够实现对学生的学习状况的自动判断、教学内容的选择、教学进度的自动调节、教学策略和方法的自动选择。应用人工智能技术，为教师节约了大量的时间，为教师提供了更多的时间来设计、开发和组织教学。

b. 信息显示多样化

以多媒体技术为依托的教学环境，提供了多种形式的文字、图片、动画、视频等，使学生的各种感官都得到了调动，从而达到了较好的教学效果。

c. 信息处理数字化

在教学过程中，存储、高速运算、逻辑判断、自动传输等多种教学信息，极大地节约了教学时间、丰富了教学内容。教师和学生不再需要太多的时间来做繁复的计算，他们可以将有限的教学时间用在教学上。

d. 信息传输网络化

教学内容可以在网上进行实时传送，实现远程教学和学习。网络传输可以实现文本、图像、视频、声音等的传递，并支持分组传送和个人教学。不同地域的师生可以分享优质的教育资源。

e. 信息存储硬盘化

由于硬盘的成本低廉，许多教学资料都被存储在硬盘上，节省了电脑的空间，加快了运算速度，而且可以长期储存，方便查阅。同时，采用非线性的查询方法，方便了用户的查询。

f. 交互界面图形化

随着信息技术的发展，交互界面已经实现了图形化，由此代替原来的文本，使整个界面更加人性化，操作也因此变得更快捷。

③信息技术支撑的教学环境的功能

a. 有利于信息反馈和教师的调控

在信息化教学中，教师的引导、学生的反馈都是通过网络进行的，因此更加快捷、方便。特别是在网上课堂教学中，教师可以利用网上课堂对班级进行监控，并对学生进行个性化辅导。

b. 有利于教学信息多样化显示

在教学中可以将信息通过多媒体的形式显示，使教学内容能够通过文本、图形图像、声音和动画等方式呈现给学生，充分调动学生的积极性。

c. 有利于学生进行交流讨论

在网上课堂，学生可以利用 QQ、BBS 等多种方式进行沟通、讨论，避免了课堂上的喧闹，同时也保护了学生的个人隐私，让内向、不爱说话的学生也可以进行一对一的沟通，达到了人性化的教学。

d. 有利于教学资源的高度共享

在以往的教学中，教师如何把大量的资料和信息传递给学生，以及学生如何将自己的看法和心得与其他同学进行分享等问题一直是教育者所研究的。如今，信息技术可以有效地实现资源的共享，只需要打包发送即可在几分钟甚至是几秒的时间内完成文件的传输和共享。博客等的出现也为大家分享经验和看法提供了有力的平台。

e. 有利于学生获取广泛信息

互联网上的信息是海量的,利用搜索功能可以实现信息的获取,也可以利用网上发帖求助的功能向全球的用户提出问题,同时广交朋友。

f. 有利于学习者的积极参与

信息技术支撑的教学环境具备上述功能,充分调动了学生的积极性,唤起了他们求知的欲望,使更多的学生参与其中,扩大了受众面。

(3) 环境变化与教学模式创新

教学环境的改变,特别是信息技术的引进,给教学方式的改革提供了一个全新的机会。同时,随着教育方式的改革,教育环境也相应地发生了变化,两者相互补充。

首先,改变教育环境,推动了教育方式的变革。随着信息技术的迅速发展,教学进入了一个多媒体互动的时代,它所具有的信息显示方式、信息搜索方式和信息传递方式,促进了自主学习、协作学习、个性化学习等多种学习形式的发展。可以说,在这种新的教育方式下,我们的学习与发展都离不开多媒体。在多媒体教学环境下,通过图像、视频、动画等多种形式,将传统课堂教学中不易体现的原理、实验和规律展现出来,使课堂更加生动、更加活跃,激发了学生的兴趣,极大地提高了学习的效率,为开展"自主探究""合作探究"等教学模式创造了先决条件。

其次,创新的教学方式为开拓新的教育环境提供了指导。随着教育理论和教学实践的不断深化,传统的教学方式已不能满足学生对知识的需求,出现了许多新的教学方式,如网页开发教学、游戏教学、虚拟实验、探索学习等。在这些新的模式的引导下,教学环境逐渐走向网络化、趣味化和虚拟化。多媒体教学环境是一种多样的教学环境,它不应局限于多媒体,应根据教学方式的变化而变化。

总之,在信息技术时代,教学环境和教学方式都在不断地发展、动态地变化着,它们相互影响、相互促进,为信息化时代的教育和教学提供了有力的支持。在教学中,教师要明确两者之间的联系,为教学模式的发展创造新的教学环境。

2. 信息化技术对教学媒体的影响

（1）教学媒体

"媒体"一词源自拉丁语"Medius"，意思是在媒介中传递信息。广义的媒介是指通过书本、图片、电影、电视、电脑、网络、通信卫星等来实现信息从信源向信宿传递的所有方式。

毫不夸张地讲，媒体的出现极大地改变了信息传播的模式，媒体在教育中的应用影响着人类知识的组织、传递与获取，提高了人们获取知识、读书学习的效率。

①教学媒体的概念

教学媒体是什么？比如，通常认为是休闲娱乐的电影，如果给它一个清晰的教学目标、内容和对象，那么它就被称作教学电影，也就是教学媒体。作为教学媒体，媒介必须具备两个基本要素：一是为了存储和传播教学信息，二是为了教学和学习。

教学媒体有传统和现代两种形式。一般地，我们将传统的媒介称作传统的教学媒体，如教科书、黑板、粉笔、挂图、标本和模型，而自21世纪以来，运用科学技术发展的电子媒介，如幻灯片、投影、电视、电影、广播、电脑、网络等，则被称为现代教学媒体。现代教学媒体往往包含两个紧密联系的因素：硬件和软件。

硬件，也就是所谓的现代教育仪器，是指用于存储和传输教育资料的各种教学仪器，如幻灯机、投影仪、录音机、电影机、电视机、录像机、电脑、影碟机等。

软件，也称音像材料，是指已录制的、承载教学资料的载体，如教学用的幻灯片、电影、录音带、录像带、电脑课件、光盘等。

实际上，所谓的传统与现代新媒体在刚刚产生时，对师生来讲都非常新颖，而经过一段长期的教学应用，现代的教学媒体也渐渐被列为传统教学媒体了。

②教学媒体的特性

媒体的运用是灵活的、可替代的，可以通过多种媒体来达到相同的教学目的；每一种媒体都有自己的优点和缺点；没有"超级媒体"。

表现力：各类媒体在呈现事物的空间、时间、运动、颜色、声音等特征的能力方面都是不同的。

重现力：是指再现信息的能力。如书籍可以重复阅读，录音和幻灯片可以重复播放，但一些媒介没有很好的重现能力，如电台和电视。

接触面：媒体的传播通过多种符号形式向受传人传达信息，只是在传播的领域上存在差别。

参与性：能够让学生有机会参与到各种活动中去，其中有行为参与和情感参与。

受控性：用户对媒体的操控难度。

（2）信息技术环境下的教学媒体

通常情况下，人们把信息技术环境下的教学媒体归类为现代教学媒体，又根据它们的不同表现方式把它们分为视听媒体、交互媒体和远程教学媒体。

①视听媒体

在音像传播的教学中，我们称之为"音像传媒"。音像媒介是用来传送声音和影像资料的媒介，这里所说的主要是现代影音媒介，如电视机、影碟机、电脑等，它们可以同时播放影像与声音。而影音媒介则经常用于呈现过程、解释原理。上下镜头之间的衔接可以很容易地从一个特定的进程中跳出，这个过程可以是时间的，也可以是空间的。比如，上一场戏是一个人把门打开，下一场戏就是他在房间里走来走去，这样就不需要呈现开门和进门了，很容易就能从外面进入里面。

可表现宏观和微观世界，展现正常情况下难以观察的变化，例如星球运行规律、细胞分裂过程等。这是用传统的模型和挂图展现不出来的，它生动、直观、逼真地再现了事物面貌。

第八章 数字化教学资源的管理

可以把图片定格（停顿）或者重复播放，这样有助于学生更加清楚地看到自己想要深入理解和巩固的内容。这样的功能有利于学生自学，尤其是对没有掌握或者存在疑义的问题，学生可以进行反复推敲，同时它在体育技能的演示或分步演示方面的应用也比较广泛。

这种方式能让学习者有身临其境的现场感，特别是那些危险的环境，如山洪暴发等。一些危险的化学实验即使在学校的实验室演示也不能保证学生的安全，但是通过视听媒体就可以清晰地展示操作过程，安全又可控。

②交互媒体

交互是指两个或两个以上的个体之间进行的双向信息交流。所谓交互媒体是指具有生物特性的媒介系统，可以独立地与使用者进行交互和影响。交互媒介的出现，为媒介和学习者建立了一种双向的沟通渠道，让学生处于主动学习的状态。学习者和媒介在接受和传递过程中形成了一个闭环的信息流通体系。

电脑是一种具有很强交互能力的媒体，尤其适用于个性化教学。学习者可以使用个性化的学习软件，根据自己的需要和能力，不受时间、地点的限制，自主学习，打破传统的教学模式。这种互动的环境可以有效地激发学生的积极性，从而让他们在学习过程中处于积极的学习状态。此外，采用个性化的教学软件，将某些机械的作业（如练习题、评分、统计等）预先输入电脑程序，由电脑完成，这样就可以使教师摆脱重复工作，使教师有更多的时间和精力去作教学设计。

个性化学习并没有忽视教师的作用，教师只是从"台前"走到"幕后"，主要体现为对学习活动的"预安排"。这种"预安排"是由教师花费成倍于课堂面授的精力去编写的"课件"，而且往往需要教师具备更丰富的教学经验和对学习有更科学的理解。此外，在个性化学习过程中，教师仍要发挥其指导答疑的作用，必要时还需要结合集体授课的方式，对答疑时出现的比较集中的问题进行补充教学。

③远程教学媒体

要实现网络远程教育，必须有一定的通信软件。按照通信手段的不同，可以将通信工具分为以下几种： 第一种工具支持使用者间的通信；第二种工具能够支持远程用户的协作工作，这一点被称为"群件"。每一种类型的工具都可以分成两种：一种是同步的，另一种是异步的。

在实现网络化远程教学时，应根据不同的教学要求和设备条件来选用不同的通信工具。应当指出，在远程教学中，用得较多的教学模式和通信工具是异步的，因为这样可充分发挥计算机网络通信所赋予的时空灵活性，通信费用也比较低。

(3) 媒体变化与教学模式创新

在教育的历史长河中，教学媒体从投影仪、幻灯机、电声媒体等逐渐走进了多媒体时代。在教学过程中引入多媒体，致使教学思想、教学内容、教学方式方法、课堂体系及课堂结构都发生了巨大的变化，最终新型教学模式应运而生。新模式在优化教学过程、增强教学效果、加大信息、提高教学质量方面起到重要作用。

首先，多媒体优化了课堂演示模式。这种模式利用多媒体教室或计算机网络教室，教师为所有学生播放多媒体教学软件（课件），其作用一般为创造教学环境、展示教学内容、作标准示范。其次，多媒体对个性化教学的发展起到了推动作用。电脑交互为个性化教学的开展提供了便利。学生可以使用预先编写的学习软件，使用个人电脑终端进行自主或合作学习，教师可以对学生进行监督或单独的辅导，这是当前多媒体教学中一种重要的形式。最后，多媒体对网络教学模式研究起到了促进作用。随着互联网技术的发展，个人电脑上的多媒体课件可以在互联网上公开，以便更多的人分享。网络远程教育是在教师和学生不处于同一时空的情况下进行的，它有一个特定的网络学习平台，学生可以根据自身的需求和能力，选择不同的学校和教师，并在适当的时间里完成自己的学业。它主要采用个性化的学习方法，并在需要的时候进行小组学习。

如果教学媒体一成不变，那么就没有新的教育方式。随着多媒体技术的不断发展，多媒体技术在课堂教学中的应用越来越广泛。然而，多媒体技术也是一柄双刃剑，怎样才能更好地运用它，使之更具多样性，是广大教师和学生面临的一个问题。

3.信息化技术对教学工具的影响

工具，原指工作时所需的器具，后引申为达到、完成或促进某一事物的手段。当这种器具或手段用于完成某一教学目的时，即为教学工具，如三角板、直尺、漏斗等。

（1）教学工具的分类

教学工具的分类方法有很多，如：从学科角度，可以分为数学教学工具、物理教学工具和美术教学工具等；从用途角度又可以分为常规教学工具，如黑板、挂图等，以及实验教学工具，如酒精灯、吸管、凸透镜等；大多数学者将教学工具按时间发展来划分，分为传统教学工具和现代教学工具两大类。

①传统教学工具

传统教学工具一般是指信息技术广泛应用之前使用的教学工具，分为模像直观工具（包括模型、挂图、活动图、黑板等）和实物直观工具（包括生物标本、生物化石等）。这些工具是教学中历史最悠久的传统教学工具。它们直观性强，使用方便，经久耐用，经常用于呈现生命体形态结构的知识信息（如细胞亚显微结构）和生命活动过程的知识信息（如光合作用过程），在教育史上曾发挥了巨大的作用。但生物标本、化石虽是立体的，却没有立体效果，不能反映客观事实，因此现在已经很少用了。

②现代教学工具

现代教学工具通常是指使用的电子白板、电子绘图机等多媒体教学工具。由于这些工具需要信息技术的支持，因此现代教学工具必须用于特定的环境下，一般指多媒体教室，而且要在多媒体计算机上安装特定的软件来支持这些工具的运行，如在多媒体计算机上安装制图工具后，才可以利用其进行绘图等操作。现代教学工具具有传统教学工具无法比拟的优势。利用现代教学工具可以快速地制作出理想的图形图像，可以精确地计算出上万位的数据，可以用很少的时间搜集到海量的资源，可以实现师生远距离的交流等。但是由于其对多媒体计算机和相关软件的依赖性较强，配置工具过多，会分散学生的注意力，反而不利于学生的学习。

总之，传统教学工具和现代教学工具都有各自的优势，在教学过程中，教师要对它们进行合理的组合，充分发挥它们的长处和优势，以最大限度地发挥它们的作用。

（2）教学工具的特点

教学工具种类繁多，千差万别，但是在教学中都具有以下特点。

①精确性

精确性是教学工具的必要特征。教学工具绝不能因为客观原因任意代替，否则学生就会依葫芦画瓢，影响以后的学习。

②直观性

教学工具要辅助教学就不能抽象难懂，而是要直观地表达问题。如果使用教学工具后学生仍然表示难以理解，就失去了使用它的意义。例如，用地球仪可以直观地展现地球上的国家、山川、湖泊等，用几何画板可以很容易理解一次函数的性质等。

③便捷性

常用的教学工具是服务于课堂教学的，当然要走进课堂。如今，新式教学工具的体积都越来越小，方便教师携带。此外，音乐课中常使用的钢琴一般都在专用的教室安装，不再需要教师和学生搬动。便捷性是教学工具得以广泛推广的重要前提。

④可控性

教学工具是学生和教师共同使用的，它的使用应该是学生和教师按照步骤来操作完成的。尤其是针对当前比较流行的信息化教学工具，其使用是按照事先设定好的程序或者是输入的数据来控制的。在整个操作过程中，人还是核心，绝不能让工具代替人的思维和活动。

(3) 信息技术支撑的教学工具

从广义上来说，信息技术是信息的采集、发送、传输、接受、存储、交换、识别、处理及控制等应用技术的总称。一般包含电子工程、计算机软硬件、网络、通信、保密安全、自动控制、智能化以及信息服务等。支撑的教学工具就是以教学为中心的各种工具，既有现代的电脑软件，也有传统的字典、词典等。从狭义上来说，信息技术支撑的教学工具是以学科特性为基础的，为教师的信息化教学和学生的学习提供支持和协助的计算机软件，如几何画板、仿真实验室等。

教育的信息化必然要求教学方法和手段信息化，而教学工具的信息化是这两者实现的先决条件。在学校课堂上，在教学过程中和教师备课中，常用到的信息化教学工具使课堂变得丰富多彩，同时也对教师提出了更高的要求。下面我们就对其中几个常用的信息技术支撑的教学工具加以阐释。

①信息检索工具——Baidu

在互联网上，信息检索是最常用的一种方法。互联网中存在着大量宝贵的教育资源，它们可通过高效的搜索引擎查询到。中文搜索引擎 Baidu（百度）是当今全球知名的搜索引擎。现在，很多教师都在利用 Baidu 来搜集各种教学资料，以便提高教师素质和教学质量。

②教学交流工具——E-mail、QQ、MSN

a. E-mail

E-mail 是一种非实时、异步的网上通信工具，是目前人们广泛使用的一种沟通方式。E-mail 以文本、多媒体等电子形式经由互联网将邮件传送至收件人的信箱，收件人可以随时阅读。电子邮件使用方便、传递迅速、成本低的特点，使其越来越多地被用于教学中。使用较多的国内邮箱是 QQ、126 和 163 邮箱，国外则是 Gmail 和 Hotmail 等邮箱。

b. QQ、MSN

QQ 与 MSN 是一种具有基本功能的网上即时通信工具。与电子邮件相比，即时通信的最大特点是实时同步地传递信息。教师可以通过 QQ 与学生、同事实时收发信息，进行语音视频对话，甚至是传输文档等。QQ 还具有群组的作用，通过此功能，可以组建一个网上工作小组或者专题学习小组，使大家能够在同一时间内进行沟通。即时通信工具使用起来很方便，而且功能很强，它的使用者范围越来越广，尤其是在学生当中。在国外，学生之间的沟通主要使用 ICQ，其作用和 QQ 相似，具有多种功能，便于使用。

③概念地图

概念地图又称为"思想图"，是一种以特定的主题为基础，通过可视化的方式，对一个特定的主题进行的知识结构的可视化表达；是一种基于不同领域的知识要素之间的相互联系而形成的可视的语义网络。在学习知识的过程中，概念地图是以直观的形式呈现出不同的知识结构。概念地图主要由节点、连线、连接词三大部分组成。

④工具变化与教学模式创新

相对于以前所提及的环境和媒介的改变，工具的更新速度更快，有些软件可以通过修改和重新组合，成为一种新的教学工具。因而，在教育方式中，其作用最为明显，效果最为直接。当今广泛应用的以信息化为基础的教育手段，对教学方式的改革有着深刻的影响。

首先，新的教学方式是由工具的变革所驱动的。比如，几何画板的出现，包含了创设情境、问题发问、问题解决以及综合应用等，直接促进了以几何画板为基础的数学教学。我们可以看到，一个工具能够促进一个或多个新的模型的诞生，比如，几何画板可以创造情景，促进图形的生成，激发学生的学习兴趣，使枯燥抽象的数学概念直观、形象化，同时还能促进学生思维的发散性等。其次，工具的改变是对传统的教学方式的完善与补充。比如，在合作学习中，教师和学生通过 QQ、MSN 等沟通方式来传播信息，有些同学由于不能及时上网而错过与他人的交流。而博客的出现则弥补了这个缺陷,教师将教材、课外作业上传到博客上,让学生根据自己的时间来下载,不会受到时间的限制。教师要善于发现工具的变化,对原来的教学方式进行补充,使教学工具的功能真正发挥出来。

工具变革是一种有效的方法,能够推动新的教学方式出现,使原有的教学方式更加完善、更加顺畅。然而,在教学手段的运用上,教师应从教学理论、教学策略、教学方式等深层次问题入手。

4. 信息化环境下教学模式创新与课程整合

(1) 信息技术与课程整合的内涵

进入21世纪以来,信息技术与课程整合就是教育界研究的热点问题,为了更好地理解其内涵,首先要弄清楚整合、课程整合的含义。

①信息技术与课程整合的定义

一体化是一个整体的相互渗透的系统,使得整个体系的利益最大化。整合强调个人特质的继承性,即被整合的个人并没有失去自己的特质,既让现有的行为维持在原有观念的基础上,又注重个别要素的相互交融,使得同一进程中的个体在特定目的的指引与需求下,表现出极高程度的和谐与自然。

课程一体化是将已分化的教学体系的各个组成部分有机地联系在一起,使其成为一个整体。课程一体化指的是从整体、联系、辩证的角度来认识和研究教学过程中各个教学要素的相互关系。狭义的学科融合一般是指将原有的学科结合起来,将它们综合起来。课程一体化是一种比较宽泛的课程整合,它是指课程的目标、教学与操作的内容、范例、练习、学习手段等课程要素之间的相互渗透和补充。

资讯科技与课程整合是指将资讯科技运用于现有课程的教学活动中,以达到课程目标、培养创新精神、训练学生实际操作能力。信息化教学是将信息技术、信息资源、信息方法、人力资源、课程内容等综合运用的一种新的教学方法。

②信息技术与课程整合的目标

信息技术和课程一体化本质上通过对信息技术、系统设计、处理和实施课程的各方面（如课程内容、课程资源、教学环境、教学过程、学习评价）的优化组合，使课程目标得以实现。

从宏观上讲，信息技术与课程融合的目标是：构建数字教育环境、推动教育信息化、推动学校教学模式发生根本变化、培养学生的创新意识及实践能力、信息技术条件下的素质教育和创新教育，具体可以阐述如下：

第一，要使学生具备终身学习的态度与能力；

第二，要使学生掌握信息化时代的学习方法；

第三，加强对学生信息素质的培养；

第四，提高学生的应变能力。

（2）信息技术与课程整合的理论基础

建构主义是皮亚杰提出的一个概念。建构主义是基于对儿童认知发展的研究而产生的，它既是一种新的学习理论，又是一种新的教育理念。建构主义学习理论认为，学习的四个主要因素是情境、协作、会话与意义建构。

情境：在学习环境中，一定要使学生能够正确地理解所学的内容。在建构主义的语境中，教师的教学设计既要考虑到教学目的的分析，又要考虑到对学生意义的创造。

协作：在整个学习进程中都进行合作，如收集和分析学习材料、提出和验证学习结果、评估学习结果、完成学习内容的协作等。

会话：在合作进程中，会话是一个必不可少的部分。学习小组成员要讨论怎样才能完成指定的学习任务。而合作学习又是一个会话过程，它使所有学习者分享自己的思想结果（智力），因而会话是实现语义结构重塑的一个重要途径。

意义建构：在整个学习过程中，以语义建构为终极目的。要建构的意义是事物的性质、规律以及事物的内部关系。在学习过程中，帮助学生建构意义，就是要让学生更好地了解目前所学的事物的性质、规律以及该事物与其他事物的关系，而这些知识将长久地存于大脑中，即"图式"，也就是有关目前所学知识的认知结构。从"学习"一词的含义可以看出，学习的品质取决于学习者对语义的建构，而非对其进行再现。换言之，学生所获取的知识的数量取决于学生在自己的经历中所建构的知识的意义，而非学生对教师所讲的内容的记忆和背诵的能力。

（3）信息技术与课程整合的途径和方法

①以先进的教育理论为指导，尤其是建构主义

教学理论、传播理论、系统教学方法和建构主义教学环境下的教学设计方法都能为课程整合提供有力的理论支撑。建构主义理论、奥苏贝尔的认知同化论、"主导-主体性"的教育理论、多元智力理论等，都是"信"的理论基础。

信息技术与课程一体化为实践教学的发展奠定了坚实的理论基础。

②要紧紧围绕"主导-主体"新型教学结构的创建来进行整合

传统的课堂教学以教师为中心，学生处于被动的接受状态，也就是所谓的"填鸭式""灌输式"。而"融合"的本质就是要转变这种以教师为中心的教学模式，创造一种能够充分发挥教师主导和学生主体地位的新的教学结构。教师不再是教室的主人，而是设计者、提供者、帮助者、引导者；学生自主学习，自主形成知识，实现长期记忆。

③在教学设计中应重视"学教并重"的理念与方法的融合

信息技术不仅是教师课堂教学的一种直观的手段，同时也是一种促进学生自主学习和合作沟通的手段。在信息技术快速发展的今天，信息技术进教室已是普遍现象，然而如何合理、有效地使用它，却是一个新的课题。用得多了，课堂教学就会变得花里胡哨；如果用得太少，根本发挥不出其真正的作用。"学教并重"的教学设计应从"自主学习战略"和"学习情境"两个层面展开。积极的学习策略是教学设计的核心，它是以不同的学习策略来引导学生积极地建构知识的内涵（引

起学习的内在原因），是为学生的积极建构创造必要的环境和条件（为他们提供外部因素）。

④要重视各学科的教学资源建设和信息化教学工具的搜集与开发

实施课程一体化，其前提是要有充足的教学资源。同时，教师也不能只依靠现有的教学手段，有能力的教师可以自主研，开发出符合自身特点的教学工具和教学方法。

⑤应根据不同学科的特点，探讨一种能够支撑新课程结构的教学模式

"主体性"的教学模式主要有授课式（同步和异步）、个别辅导、讨论学习、探索学习、协作学习等。这些教学模式虽然适用于不同学科的不同教学内容，但是没有永远的适合与不适合。因此，教师要深入研究本学科的特点，不拘泥于某一模式，探索适合本学科的新型教学模式，在教学中对其不断进行检验和完善，并最终将其推广应用。

(4) 信息技术与课程整合的误区分析

信息技术与课程整合已经开展了近十年，取得了可喜的成绩，教学不再是教师的"独舞"，而是教师"编舞"，学生成为"舞台"的"主角"。但是，其中也有一些误区和迷茫，比如技术至上、过分依赖媒体、理论研究不深入等都影响了整合的深层次开展，需要引起广大教师的重视。

①在技术的世界里迷航

a. 唯技术主义，过度依赖技术支持

当今信息技术迅猛发展，许多领导和一线教师都过分依赖技术，认为没用网络的课就不是好课，甚至认为技术是万能的，反而忽视了教学规律。这样盲目追求技术高、精、尖、全，重硬轻软，往往忽视了最重要的人的价值。

b. 过多的多媒体展示

有的教师认为多媒体是万能的，在课堂上从头至尾都是用多媒体

进行教学，甚至代替教师的板书。但实际上，在文科教学中，用多媒体创设过多的情境会剥夺学生的想象力和对优美文字的感悟力；在理科教学中，过分的形象化会影响对学生抽象思维的培养。

c.大而全的完整课件

很多教师在对课件的认识上存在误区，认为一节好课就要从始至终使用同一课件，因而为了制作这样大而全的完整课件往往用去很多时间和精力，但由于技术等方面的原因，其制作的效果也并不理想。教师要专注于每个课程的重点和难点，而不必用课件全部覆盖。此外，教师还可以通过抓图、抓动画等方式，利用现有的课件，对所需要的内容进行再组织和加工。

②错误理解学生的主体地位

a.课堂拓展的迷失

教学的主体是教学内容，教学内容是教学的中心，而不是随意的教学。例如，有的教师在教学前不做任何事情，而是让学生在网络上花很长时间来自主学习。教师要做到有的放矢，合理有效地利用课堂时间，做到有意义的课堂拓展。一般来说，教师应把一些有用的信息整合到一个小的专题网站上，学生们只需要在这个网站上查找，这样就能极大地提升学生的学习效率，从而使课堂教学更有意义。

b.无效的协作

学生之间的合作有时候有形式而无实质，信息化教学要求的协作应该是有主题、有分工、有差异的协作，而且协作之后有评价、有教师指导、有思考。一般来说，在时间比较充裕的课堂上，协作学习比较有效。而对于时间不足的课堂，应把学生分成两三个人一个小组，而不是十几个人在一起。另外，电脑一排排摆放的多媒体网络教室不适合协作学习，应采用圆桌式。

c.游离于群体之外的学生

在信息化课堂中，成绩好、自主学习能力强的学生，会很自觉地进行自主学习；而计算机技术掌握不好、自控能力较差的学生可能会对教师的操作以及协作学习产生抗拒心理，以至于"差"生更差。因此，教师要关注每一个学生，让"差"生找回自信，融入集体，避免两极分化现象的产生。这一点至关重要，教师要防微杜渐，防患于未然。

d. 无边界的自主

"自主"为"自流"，没有指导、没有提示、没有具体要求、没有检查、没有反馈等，过分削弱了教师的角色。比如，有些教师把课堂上的教学交给学生，不去监督，让他们在讨论区里随意交流，而不是围绕话题交流，这样不仅没有充分利用信息技术的优势，还丢掉了传统的教学任务、师生之间的情感交流、教师的人格魅力。

③教师主导地位的错位

a. 重活动形式，轻活动效果

课堂上的教学活动与课程的教学目的有着紧密的联系，一切教学设计都要以教学目的为中心。但是在许多课堂教学中，我们发现一些教师花费了大量的精力去设计一些活动，却忽略了它的作用。以"脸谱"班的一门艺术课为例，教师在教室里做了一些京剧脸谱，同学们就利用网上的资料和自己对脸谱的了解来演出，但结果并不理想。

b. 以信息作为知识

信息就是知识，这是一种不确切的认知。只有内化于人类的认知结构，并且对人类的思维和行为有一定的影响，才能被称为知识。在教学设计中，教师要分清哪些是知识，哪些是信息。

c. 教学情境创设偏离教学目标

建构主义理论强调对情境的创设，但是有一部分教师并没有真正理解什么是情境创设以及如何创设。现在很多教师在课堂开始阶段用课件播放与本节课有关的视、音频资料，如果不使用多媒体就无所适从，无法进行情境创设。真正意义上的情境创设应力求真实、生动、直观而又富于启迪性。

④教学资源认识上的偏差

a.过度依赖网络资源,忽略其他教学资源

其他教学资源,比如报告会、辩论会、戏剧表演等。此外,自然风光、历史古迹、民情等都是加强思想道德教育的重要内容。教师不能将教育资源视为网络资源,也不能将资讯科技视为网络技术,否则,会造成误用,得不偿失。

b.仅注重物力而不注重人才

一提到学习资源,教师们的第一反应就是"物质",而"人才"的作用同样不容忽视。教师可以请某个领域有专门知识或经验的学者来协助学生;也可以与当地的学校乃至海外的学校合作,充分发挥各区域的专家、教师和学生的优势,这些都是人力资源。

c.教育资源建设渠道单一

教育资源的建设不是某一个人或某一个部门的任务,而是一项由学校、教师和学生共同参与完成、三方相互补充、共同建设的日常、持续的任务。信息技术与课程的融合必须从一个有机的体系出发,既不能过分强调一个要素的功能,也不能忽略任何一个环节,否则就会给教育信息化的最后效果造成负面的影响。只有在观念上发生根本转变,信息技术和学科课程深度融合,才能使教育真正地实现信息化。

(二)教学资源的类型

1.教学物力资源

物力资源(material resource)早期是经济领域中的一个概念,后来应用到其他各个行业和领域。物力资源是人类社会生存和发展的基础。

一般认为,物力资源是人类社会经济活动所依托的所有客观存在物的总和。一切有关物力资源的研究都要立足于最初由自然界所提供的物力资源。

教学物力资源,是专门用于教学活动及其相关方面的客观存在的各种资源。管理者通过一定的方式来对学校教学物力资源进行整合、分配、使用。

教学物力资源管理，就是在开展学校教学活动过程中，管理者对所用到的物质资料（场地、器材、设备、教具等）进行协调，以确保教学活动的顺利开展。

对教学物力资源的管理，主要包括以下几个方面。

（1）教学场所使用管理

①使用时间管理

a. 上课时间安排；

b. 课外活动时间安排。

②使用管理制度

必须遵守开放使用时间安排，上课时间不得擅自进行非教学活动，课外活动时间经批准后可以对外开放，使用应遵循相关规定。

教学场所应保持好良好的卫生，严禁随地吐痰、乱扔果皮纸屑。

每个教室的工作用途未经许可不得随意变更，未经许可不得挪为他用。

特定教室，如多媒体教室，室内的固定教具、器材、设备，未经许可不得随意拆卸和挪用。

有违反使用要求和规定者，要作处罚。

（2）教具、器材与设备的管理

①根据教学需要分配教具、器材与设备，多媒体相应的器材设备应安装在固定的位置，方便教师教学，并进行调试，确保可以正常使用。

②教具、器材与设备应摆放、固定在相应的位置，根据相应的标准分门别类地存放。

③教具、器材与设备应保持整洁。进行卫生工作时，要求仔细清理。室内应通风条件好，减少细菌的传播，以保证师生身体健康。

④教室内应标注学校维修、维护技术人员的联系方式，以便出现问题后及时调试修理。

2.教学财力资源

财力资源是进行一切活动的重要基础；如果没有资金，相应的活动就无法正常开展。

在教育领域内，可以简单地将教育资金理解为专门用于发展教育事业的人力和物力的货币表现。根据不同的标准，可以对教育资金进行不同的划分，即其具有多种不同的形式。其中，以使用性质为依据，将教育资金分为教育事业投资和教育基本建设投资；以教育资金的使用去向为主要依据，分为教学投资和教育科研投资。

学校教学中，教学财力资源主要是指用于教学活动的各种资金资源。学校对教学财力资源的管理主要体现在资金预算安排和资金使用方面。为确保教学活动的正常开展和学校教育的长期可持续发展，学校教育管理者必须不断增加对教学活动、科研的经费投入，以满足培养人才所需要的教学环境和资源条件的客观要求。

学校教学财力资源的管理包括以下基本工作。

（1）教学经费的预算

学校财务人员应该按年度对教学的各项经费进行收支预算。学校教学经费收支是一项非常重要的财务管理工作。教学部（室）在对教学经费的使用与管理方面，应当在遵循勤俭节约原则的基础上，以财务管理的规定和权限为主要依据，履行相应的报批手续，严格执行国家和学校制定的财务制度与经费使用办法。学校教学经费预算管理工作应注意以下几点：

①国家和学校的有关财政法规制度；

②学校对经费预算的内容要求；

③上年度收支指标完成情况分析和决算财务分析；

④本年度学校经费预算的指导思想；

⑤本年度学校自我创收经费预测；

⑥本年度开展学校教学工作所需经费预测;

⑦预算科目和预算表格。

（2）教学经费的收入

我国重视教育事业的发展，在学校教育方面持续投入教学资金，支持学校的硬件设施和软件环境的建设，以确保学校有一个良好的教学环境。当前，学校教学经费的收入渠道有很多，主要有如下几种。

①事业拨款

事业经费是学校办学经费的重要来源，它是由教育行政部门根据学校的实际情况按照一定比例拨付的教育经费。

②社会集资

社会集资通过赞助实现，具体是指学校或教学部（室）通过举办社会教学活动、教学展演等所筹集到的社会赞助。

③学校筹措

学校筹措包括校内创收、校办产业收入等。

④自行创收

自行创收是一个新的资金来源途径，一般情况下是指教学部（室）通过正当途径为学生和社会工作者提供有偿的服务所得。

（3）教学经费的支出

在学校教学、训练、科研等活动过程中，需要进行经费投入的地方有很多，其中较为重要的有以下几个方面：

①专项建设费用；

②体育维持费用：正常教学的维持，教具、教学器物器材维护等；

③器材设备费用：购买大型教学设备；

④办公费用：主要用于学校教学管理机构的日常办公；

⑤其他费用：用于学校教师和行政后勤人员的补贴和后勤经费。

第八章 数字化教学资源的管理

3.教学人力资源

教学人才的概念既有广义的，也有狭义的。广义上的教学人才，是教育体系内外一切能促进教育发展的智力劳动者与体力劳动者的总称。狭义上的教学人才，是指在教学体系中经过专门教育培养的、能够推动教学发展的专业人士的总称，包括教师、学校的其他教育工作者。

教学人力资源管理指对学校教学人力资源的选拔、培养、使用等方面进行有效的整合，使人才的价值得到充分发挥，从而实现组织目标的过程。

（1）教学人力资源管理目标

教学人力资源管理应明确以下管理目标：

①最大限度地满足组织对人力资源的需求；

②充分利用学校公司内外人才，推动教学工作的可持续发展；

③激发并保持员工的积极性，充分利用员工潜力，不断提升教师素质，扩展教学的人力资源。

（2）教学人力资源管理内容

①现实学校教学人力资源

现实学校教学人力资源具体是指正在投入劳动过程中的，并对学校教学的发展作出贡献的劳动能力，如在职的教师、教练员、教学科研人员、教学活动管理人员等。

②潜在学校教学人力资源

潜在学校教学人力资源是指因某种原因而无法直接参与某项工作，必须通过人力资源的开发等过程使其成为现实的人力资源，例如高校的学生。

③闲置学校教学人力资源

闲置学校教学人力资源是指"求业人口"和"待业人口"中具有教学能力的人员，如失业后的待业教师、师范院校待业人员等。

(三) 数字化教学资源的管理

当前,数字化教学资源主要有以下三种来源。

(1) 现有教学资源的数字化改造

在我国发展数字教学资源的过程中,现有的教学资源主要集中在传统的印刷品和音像制品上,例如中国知识基础设施(CNKI)、中国基础教育文献资源总库(CFED)对基础教育的知识文献进行了数字化处理。

传统教学资源数字化改造的具体方法如下:

第一,利用数字摄影、数字扫描器等数字化技术,把图像、文本资料转换成数字化的教学资源,使之能在计算机上加工、处理、传输;

第二,利用有关仪器及计算机应用软件对音像教材进行数字化改造。

(2) 师生创作的电子作品

师生创作的电子作品是在数字化学习环境中产生的一种新型的教学资源,具体包括以下三种类型:

第一,基于学生作业电子稿的展示型作品,教师将其发布到网上供其他学习者观摩学习;

第二,师生交流作品集;

第三,教师对学生作出评价的作品集。

(3) 由专业人员开发建设的资源

随着数字化处理技术的不断发展,在现实教学实践中,教育工作者,尤其是一线教师由于教学工作繁重,还要从事科研工作,因此在教学资源数字化处理方面存在经验不足、能力有限等问题,这就需要由专业人员开发建设数字化教学资源。

数字化教学资源的专业开发程序如下。

①初期制作

根据不同的教学要求,搜集各类媒体材料,可以通过购买、自己创建、网络分享等途径来获得。将搜集到的材料归类(类别、格式等)。

②素材集成

经过初期制作的各种素材,形式零散,教学功能较差,需要进一步整理集成为完整的教学资源单元,需要技术人员进行集成编辑。

③对资源内容进行标引

经过以上处理后,由专家对资源进行分析,给出主题、内容的分析以及内容的置标等。

④质量检查

检查标引的正确性、量、文件大小、格式等。

⑤归档

将全部数字化文件归档,存入资源库。

二、数字化教学资源的获取

(一) 数字化教学资源的检索

数字化教学资源是指在计算机和网络上进行数字化处理的多媒体教材。对于计算机网络教学资源的检索,首先要了解怎样使用搜索引擎,然后借助搜索引擎精准查询与检索相关资料。

1. 搜索引擎

(1) 搜索引擎概述

搜索引擎是一种在网络上搜寻信息的电脑程序,使用者可以对搜索到的信息进行整理及使用。

当前,常见的搜索引擎有全文索引、目录索引、元搜索引擎等。

全文索引引擎:电脑索引软件会根据文章中的每个单词列出每个

单词的索引，指出这个单词在文中出现的频率和位置。

目录索引引擎：将网页归类到对应的目录中，使用者可以根据关键字或类别目录找到相关的信息。

元搜索引擎：一个网站可以在同一时间内对多个搜索引擎进行查询。

（2）搜索引擎工作原理

搜索引擎完成搜索工作包括以下三个基本环节：

第一，在互联网中发现、搜集网页信息；

第二，对信息进行提取，组织建立索引库；

第三，由检索器根据用户输入的查询关键字，快速检索出文档并排序反馈给用户。

2.网络教学资源检索

这里主要以百度搜索引擎为例，对网络资源的检索过程与方法进行分析，具体分析如下。

（1）启动浏览器并打开搜索引擎界面

第一，启动 IE 浏览器。

第二，输入网址。在地址栏中输入网址（域名）www.baidu.com，按回车键打开百度搜索引擎主页。

（2）网络资源查询

以"教学"为关键词，不加其他任何限定，可在百度搜索引擎上检索到的结果有千万条。查询结果太多，从中找出所需要的信息往往具有一定难度，检索命中率不高，这就需要在检索互联网信息资源的过程中掌握一定的检索技巧。

（3）网络资源检索技巧

使用布尔逻辑功能，对网络信息资源进行检索有以下几种方法。

a. 逻辑与：AND/*

检索信息时，要求只有"AND"或"*"前后的两个提问关键词全部出现时，所检索到的结果才算符合条件，由此可大大缩小检索范围，例如：信息化 AND 教学资源。

b. 逻辑或：OR/+

检索信息时，运用运算符"OR"或"+"，即只要"OR"前后提问的关键词中有任何一个出现，均算有效检索，这种方法用于扩大检索范围，以防漏检，例如：信息化 OR 教学资源。

c. 逻辑非：NOT/-

检索信息时，表达检索词间的排除关系，搜索结果中不应有"NOT"或"-"后面的关键词，目的是缩小检索范围，例如：信息化 NOT 教学资源。

（4）搜索关键词的选择技巧

关键词，也就是输入搜索框里的词语，包含的范围很广，可以是人名、网站、新闻、小说、软件、论文、游戏等。冠词、介词、连词、某些形容词等，不能用作关键词。

①特殊语言的检索

在使用关键字的时候，一定要加上英文的引号。

②限制在页面标题中的搜索区域

网站标题可以作为一个概括性的总结，它的检索方式是："关键字 intitle: 关键字"，比如搜索"信息化教学资源 intitle: 教学资源"（以英文形式输入），那么搜索引擎只能在出现"教学资源"一词的页面中找到"信息化教学资源"，从而提高了检索的准确度。

③仅限于特定网站的搜索范围：site

在一个特定的网站中，用户可以定义为在这个网站中查找信息，使用的格式为："关键词 site: 站点域名"。例如，在国家教育资源公共服务平台中检索与"信息化"相关的内容,可以使用"信息化 site：www.eduyun.cn"来检索。

(二) 数字化教学资源的下载

多媒体教学资源具有丰富的内涵,各种教学资源的下载方式也不尽相同。任何一项活动都是为了获取在本地计算机上不存在的资料而进行的。

1. 文本教学资源下载

（1）网页文本

对网页文本上的文字进行下载是一种常见的下载形式。

①文本的具体下载方式：打开页面—选择文本—鼠标单击"复制",然后打开笔记本或 Word,"编辑"—"粘贴",或者单击"粘贴"。

②禁用 Activity 脚本

打开网页,在浏览器菜单栏中选择"工具"—"Internet 选项",将"安全"标签从弹出的对话框中切换到"Security"。

单击"安全性等级"区域中的"定制等级"按钮,将"活动脚本"设为"禁用",单击"确定",返回页面界面,并进行"复制"—"粘贴"。

（2）期刊论文

通过互联网可以了解世界上最前沿的科研动态,要想深入了解学术内容,可以下载期刊论文电子文档进行阅读。目前,我国最大和最具权威性的学术论文网站是中国知网（www.cnki.net）。以中国知网为例,期刊论文的下载方法与程序简析如下：

①安装阅读器

中国知网提供的电子期刊论文格式一般为 CAJ 或 PDF,首次下载论文,用户应先安装这两种文件格式的阅读器。

②进入检索界面

通过中国知网的域名 www.cnki.net 直接进入中国知网主页（下载需付费）。

③输入检索条件

在搜索框输入所需要查找的学术资料的关键字，单击搜索检索资料。检索方式默认为标准检索，用户可以根据需要选择"高级检索""出版物检索"等。用户还可以结合检索分类，选择相应的分类项，以缩小查找范围。

④全文下载

在获得了搜索结果之后，单击标题，单击下载页面，单击"CAJ下载"或者"PDF下载"链接，将其保存在本地计算机上。在网页上选择图像，然后在快速菜单中单击"保存"，可以把照片保存到指定的位置。

（3）抓

如果图片下载后不需要保留原图的尺寸大小和分辨率，可用抓图软件截屏保存图片，如 SnagIt、All Capture 等。

①用键盘直接抓图

在没有抓图软件的情况下，可以直接利用 Windows 系统中的剪贴板，通过快捷键的操作进行抓图。

②用工具软件截取屏幕图像——SnagIt

SnagIt 共提供了 4 种捕获模式，包括图像、文字、视频及网络捕获。在已经登录了 QQ、微信的情况下，通过软件截图功能可以抓取获得任何图像。

2. 音频教学资源下载

在网页中，一般包含三种音频资源：一是直接以链接形式出现，可使用浏览器下载或任何一种下载工具软件下载的音频资源；二是网页中的隐含音频，进入网页会听到音乐，但网页中没有直接给出音乐地址；三是以流媒体形式提供的音频资源。

(1)单击"下载"

针对有下载链接的声音文件,可以直接单击"下载"按钮下载。

(2)在 Internet 临时文件夹中查找

对于在仅能在线试用的站点上找到的音频文件,可以在 Windows 操作系统的临时目录中找到。具体做法是:打开音效档案的网页,缓存音质档案,待缓存完毕后,单击 IE 浏览器中的"工具"—"Internet 选项",单击"常规"标签中的"浏览历史"下的"设定",单击"查看文件",将档案分类,从而可以发现目标音频档案。

(3)通过音乐播放器客户端下载

打开音乐播放器,在搜索框中输入关键字搜索音乐,选择要下载的歌曲,单击"下载"按钮,将歌曲下载到本地计算机。

3. 视频教学资源下载

(1)HTTP 方式下载

对于提供"下载"按钮的视频文件,可直接单击"下载"按钮保存到本地计算机所需位置。

(2)维棠下载

对于一些不提供下载链接的视频文件,可以通过"维棠 FLV 视频下载软件"来下载,具体操作如下:

①下载并安装维棠视频下载软件;

②单击"新建",在弹出的对话框中将"视频网址"作为下载视频的地址,并指定存储该视频的路径。

4. 软件下载

(1)HTTP 方式下载

①"目标另存为"法

在浏览器里,单击下载的链接,就会弹出"另存为",单击"保存到",然后键入文件名称,就可以下载了。

②直接点击下载链接

此法和"目标另存为"思路相似,直接单击"下载"按钮,之后的操作与"目标另存为"相同。

(2)用迅雷等工具下载

下载网络上的软件,可以通过专业的下载软件下载,如迅雷、网络蚂蚁、快车等,它们断线重新连接时无须重新下载(可接着上次下载内容继续下载),这是目前使用较多的下载方式。

(3)解压缩

从网络上下载的资源,大多数是压缩文件,以 RAR 或 ZIP 格式保存。要想打开这类文件,需要使用解压缩软件。这里重点介绍压缩/解压缩软件 WinRAR,其他类似软件的操作方法与 WinRAR 相似。WinRAR 的使用方法如下:

①下载(购买)并安装 WinRAR。

②解压缩:右击一个压缩文件,在弹出的快捷菜单中选择"解压到……"命令,开始解压缩,稍后就会出现一个和当前文件同名的文件夹,即解压缩后的文件夹,其中包括了下载的网络资源。

5. 常见图片处理软件

图片编辑,即对图片进行处理、修改。常用的图片处理软件有彩影、Photoshop 及开源的 GIMP 等软件。下面主要对用 Photoshop 处理图片进行简单介绍。

(1)新建和存取

①打开文件

打开一张已有的图片,有两种方法,第一种方法是执行"文件"—"打开"命令;第二种方法是按 Ctrl+O 键。

②创建新文件

"新建"对话框会显示"文件"—"新建",或按 Ctrl+N 键,输入新的文件名称,设定影像的宽度、高度、分辨率、色彩模式、背景。如果要获得新的图片,单击"确定"。

③影像的保存

执行"文件"—"保存"命令,或按 Ctrl+S 键,开启"存储为",单击"保存在",在下拉菜单中选取"保存地点新的名称",选取影像文件的格式,并单击"保存"。

(?) 图像的旋转、变形与裁切

①选区旋转和翻转

选择一个范围,执行"选择"大小、位置和角度,然后在"编辑"—"变换"子菜单中选择旋转和翻转的命令。

②选区自由变形

执行"选择"—"变换选区"命令,调整选区的大小、位置、角度,变形。

③裁切图像

在工具箱中单击裁切工具,拖动鼠标选择裁切区域,双击裁切区,或按 Enter 键。

(3) 图像的调整

①大小调整

打开图片文件,即弹出"图像大小",执行"图像"—"图像大小"命令。

在改变像素大小的对话框中,将宽度和高度的数值输入"像素大小"区域。

如果要更改文档尺寸,在"文档大小"区域输入新的高度值和宽度值,默认以厘米为单位。

如要改变图像分辨率,则在"分辨率"文本框中输入一个新值,单击"确定"。

②色调调整

打开文件,按"图像"—"调整"—"灰度/反差"命令,开启"亮度/反差"对话框,设定"亮度"及"对比度"。

③色彩调整

a. 色彩平衡调整

打开"色彩平衡"对话框,设定3个"色阶"的数据。执行"图像"—"调整"—"色彩平衡"命令,"色调平衡"区有3个选择按钮,即"阴影""中间调""高光",它们与黑色、灰色、白色相对应。

b. 色彩与饱和度调节

执行"图像"—"调整"—"色彩/饱和度"命令,并在"色彩/饱和度"对话框中设置特定的数值。

(4) 图形的绘制

以制作按钮为例,图形制作的具体方法如下:

打开 Photoshop,执行"文件"—"新建"命令,弹出"新建"对话框,设置图片的宽度、高度、分辨率、颜色模式、背景,单击"确定"。

单击"图层"面板,创建一个新的图层。"新建"图层1,选中一个圆角的长方形工具,拖动鼠标在工作区内画一个长方形,然后按 Ctrl+ Enter 键,将圆角长方形变成一个区域,并将其设定为灰色(R: 132、G: 132、B: 132),按快捷按钮 Ctrl+D 取消该选区,并按 Alt+Delete 键,用 Alt+Delete 来填充该选区。

从工具箱中选取一组文字,选取文字图表层移动文字,使之与按钮对齐,生成最终的按钮效果。

如需将所做的"按钮"输出为图片文件,应执行"文件"—"存储为",

选择"保存格式为",存储图像。

(三) 音频编辑

1. 声音的录制和采集

（1）用 Windows 录音机录音

用 Windows 自带的"录音机"采集声音,具体操作程序如下：

①设置录音通道及音量大小

把话筒插进电脑的 MIC 插孔,双击工作栏上的扩音器图标,执行"选项"—"属性",然后选择"录音"—"确定",在"录音控制"中调节话筒的音量。

②设定录制属性

预设为 60 秒钟的 WAV 格式声音,可根据需求设定属性。执行"开始"—"程序"—"附件"—"娱乐"—"录音机","文件"—"属性"命令,单击"立即转换",在"声音选定"对话框中设定参数,单击"确定"。

③录音

单击"录音",开始录音,录音完毕,单击"停止"并保存。

（2）用 Cool Edit Pro 2.0 录音

①创建声音文件

执行"文件"—"新建"命令,为新音频文件设定格式,单击"确定"以启动录制,单击"停止"完成录制。

②把音频保存起来

执行"文件"—"另存为"命令,保存至指定位置。

③从视频文件中提取音频

执行"文件"—"从视频文件中提取"命令,开启 AVI 视频文件以提取声音。

2.声音的剪辑

（1）选择声音

在进行声音处理时，首先要确定好处理区域，有两种具体的方法：第一种选择不准确，直接用鼠标拖曳出一片空白。第二种在确定零点位置后进行准确的选择。零点是一种正弦波与中线相交的地方，它的起点和终点在零点，对原始波形文件的损害较小，使人感觉更自然。选择该声音之后，执行"编辑"—"零点定位"命令，将选定区域的边界（起始和结束）调整至最近的零点位置。

（2）插入声音

若要将另一端的波形插入目前的音频波形，先选择一个声音，然后单击鼠标右键，选择"复制"，或者用快捷方式，即按 CTRL+C 键，然后单击鼠标右键，单击"粘贴"。

如果当前声音为追加声音，执行"文件"—"追加"命令，选择所要追加的声音，单击"打开"即可。

（3）声音特效处理

①噪声消除

执行"效果"—"噪声消除"—"降噪器"命令，在弹出的"降噪器"中单击"噪声采样"按钮采样，单击"保存采样"保存噪声样本，关闭对话框。

选择整个声音波形文件，打开"降噪器"对话框，单击"加载采样"按钮，载入之前保存的噪声样本，拖动"降噪级别"滑块，选择降噪级别并确定。

②声音的变速

声音变速是对声音时间的压缩和拉伸。具体操作为：选取需要的声音波形区域，执行"效果"—"变速/变调"—"变速器"命令，设置参数并确定。

③声音的变调

在声音波形区域，执行"效果"—"变速/变调"—"变调器"命令，设置参数并确定。

④声音淡入淡出

打开声音文件，拖放到单轨界面音轨上，拖动鼠标选择区域，执行"效果"—"波形振幅"—"渐变"命令，打开"淡入/淡出"选项卡，在右侧的"预置"列表框中选择"Fade In"（从小到大）或"Fade Out"（从大到小），单击"确定"。

⑤声音格式转换

打开声音文件，在波形编辑窗口中执行"文件"—"另存为"命令，确定文件名称与格式，并保存。

（四）视频编辑

1. 新建项目

启动 Video Studio，系统自动创建一个文件。

为项目文件选择一个合适的模板，否则，Video Studio 会根据系统自动设置一个默认的模板。设置模板，选择菜单栏中的"文件"—"项目属性"，单击"编辑"按钮，进入项目选项窗口，在"压缩"选项中设定模式，单击"确定"按钮即可。

2. 打开项目

选择菜单栏中的"文件"—"打开项目"，选择一个已有的 VSP 格式文件，单击"打开"调入文件。

3. 添加素材和滤镜

在转换为"故事板"模式之后，视频资源库将会开启。

在素材库中添加视频素材。首先单击"视频略图"，在预览窗口中显示，然后单击"播放"预览，如果要添加视频素材，则按鼠标左键拖曳，然后松开鼠标，在第一个略图位置自动插入。

为素材库添加图片素材。单击"文件夹",选取"图像",将其转换为图片素材,并将其拖入其中。

在素材库中加入颜色素材。单击"文件夹",选取"色彩",然后将其转换为颜色素材,并将其拖入其中。

在素材库中添加外部资源。单击"加载视频""加载图像"或者"加载色彩",然后在弹出的框中选中所需的文档,在时间线中添加外部资源,单击"故事板"。

4. 设定并施加转换效应

单击"特效"后,单击"文件夹",在弹出的菜单中选择"擦拭"类特效。

单击"方块"特效库,在预览栏下面单击"播放"预览,用鼠标将两个材料夹在中间,松开鼠标并单击"播放"。

5. 重叠影像和影像资料

单击"重叠",开启素材库,选取要加入的素材,并将其拖曳至重叠轨道。在加入素材并完成编辑之后,单击"动画和过滤器",可以设定素材的运动方向、透明度、边框。

6. 添加标题和声音

(1)创建和添加标题

①修改预设标题

在素材库中选中标题模板,在选项面板可设置参数。

单击"播放"预览,或者将其拖曳至标题栏。如果需要更改预先设置的标题,可以在预览视窗中单击预先设置的标题以编辑文本。

②创建新标题

单击"标题",在预览窗口的文本框中输入文字。

拖动鼠标选中文字,设置字体,单击"边框/阴影/透明度"按钮设置后,新标题自动添加至标题轨道。

选取"动画"选项来设定标题的动画。单击下拉式功能表来设定动画效果。拖动头部的黄线,设定播放时间。单击"播放"查看动画的标题。

如果选中"多个标题",就可以在预览窗口的任何位置单击鼠标来创建文字方块;在预览视窗的其他位置,双击以创建其他文字方块。这样可以创建多个文字方块。

(2)调节标题长度和位置

单击标题栏,并在"标题区间"中设置一个数值,即可对标题作出长度调节。

重新排列标题。在标题轨道上拖曳鼠标,使标题位置从左到右移动。

(3)增加音效和音乐

单击"音频"以开启素材库。在素材库中加入声音材料,单击播放音效标记。单击"播放",将音频材料拖曳到音轨上。

在素材库之外添加声音素材,单击"加载音频",然后在弹出框中选择一个文件;在没有素材库的情况下,将素材直接装入时间线中,单击"故事板",在时间线中插入媒体文件,然后选择"插入音频"到"音轨或音乐轨道"。

调节声音的回放。单击选取素材,并在两端拖曳黄色标签。

7. 放映和输出电影

(1)单击"分享"并开启该面板。创建影像文件,开启 DVD 制作向导,刻录成 DVD、SVCD 或 VCD,可人工控制输出装置,或导出至网页,转换为可使用的文件,并通过电子邮件传送。

(2)单击 "Create Video",开启电影模板并选取模板。

(3)如果项目属性已经被设定,直接选取"与项目设定相同"选项,或者选取定制范本。

(4)若选取定制范本,打开"建立影像素材"对话框,选取素材的格式、输入素材名称及选择储存位置。

(5)渲染后,影片自动预览播放。

第九章
数字化智能校园的信息安全建设

第一节 机房智能化信息管理系统的建设策略

数字化校园的建设包括网络设施、信息资源、应用系统等各个方面的建设，涉及学校工作的各个层次、部门和角度，需要学校领导的积极推动，需要进行跨部门的协调。在拥有良好的基础架构与应用平台后，数字校园的运作与使用，从应用与可持续发展的角度出发，必须从组织架构、岗位职责、人员培训、制度规范等多个层面，构建一套与学校实际相适应、安全、稳定、高效的运作体系。必须完善数字校园的管理体系，科学规范地管理数字校园。

数字校园要融教学、科研、服务于一体，承担计算机基础教学、校园信息化、数字化建设，多媒体教学规划、建设、运行协调、管理、技术开发、推广、普及和应用等工作。机房是校园网的核心和中枢，其运行状况将影响学校的教学、科研、管理工作的正常开展，因此，开发一套高效的机房智能管理系统是非常有必要的。它能够及时、完善地监控和智能控制机房的配电、UPS、空调、门禁、消防、保安、水循环系统等。同时，该系统还应该与机房的管理措施相融合，使系统能够根据不同的环境、不同的情况作出相应的处理决定，并提醒值班人员进行相应的操作。

一、机房管理总体要求

高校网络中心机房是高校信息资源存储和交换的枢纽，其服务器和网络核心设备的安全运行，直接影响着学校的对外信息发布和教学管理。因此，对学校的机房进行管理，就是要确保校内的网络中心机房的各项性能指标达到一定的要求,使该系统是一个安全可靠、实用、高效、不间断、可扩展的机房。

(一)系统构成

高职院校的网络中心机房系统总体上可以划分为供配电、环境、消防和安全四大系统。供配电系统分为一级配电、二级配电和 UPS 三大类,环境系统分为空调系统、新风系统和温湿度监测系统,消防系统分为早期预警系统、温感烟感探测系统以及其他消防设备,安全系统分为门禁系统、电视监控通道报警系统等。该智能管理系统能够实现以下功能:对各个设备的有关参数、图像进行自动监测,并对其进行实时跟踪、显示;故障自动报警,自动显示故障位置图片,分级监控,语音报警;历史数据的存储、查询、打印等。

(二)管理的对象及主要功能

1. 供配电系统

利用数字功率检测模块对 UPS 输入的三相功率进行实时监控。系统管理员及操作人员能够清晰地了解电压、电流是否均衡。当电压、电流超过上限时,会自动发出多媒体声音警报,并会自动拨出事先设定好的电话,提醒相关人员进行处理。在该图表上,还可以对各个参数进行逐日查询,如电压、电流的最大、最小、平均值等。

对发电机的电压、电流、频率、功率、水温、油压、转速等参数进行实时监控,对停机数据、参数越限、设备故障等进行声光、语音报警和语音提示。

UPS 的故障诊断采用了 UPS 厂商提供的通信协议。实时监控 UPS 中整流器、逆变器、电池、负载等部件,一旦出现故障,就会发出警报,并具有直观的图形界面。通过 UPS 的历史数据,可以对其品质和可靠性进行判定。当 UPS 出现故障时,系统会自动转换成对应的图像,并播放报警声音。系统处理窗口会提醒操作员如何应对,并拨打预先设置的电话。如果有多余的电力供应,则可以实现对电力的联机转换,并把发生的故障保存到存档中,供用户查询。

2. 环境系统

通过空调智能控制器，实现空调监管功能，显示压缩机、过滤器、风机、加热器、外部设备的状态，有故障时，处理窗口会提示如何处理。可通过该系统对空调温度、湿度进行设定，并可对空调的启动、关闭、定时、遥控等进行控制。

机房内新风系统的功能有两个：一是保证机房内的空气新鲜，为员工营造一个舒适的工作环境；二是保持与机房外部的正压差，防止尘埃侵入，确保机房的清洁。通过新风系统的智能控制器，可以监控新风系统的运行状态，并对风速进行实时监测，当出现问题时，系统会给出相应的解决方案。

渗漏探测系统利用传感器对空调排水区域、中心机房地面和其他排水管区域进行实时监控，如有渗漏，会即时报警，并通知相关部门进行处理。

3. 消防系统

机房内采用FM200型七氟丙烷自动灭火系统。机房内设有供配电区、服务器区、网络区、工作区四个防火区域。每一个防火区域都有一个探测火灾的智能温感烟感探测器、防火和灭火装置的燃气喷射指示灯、现场紧急启动/停止按钮、声光报警、切换模块、燃气瓶和控制主机。通过消防系统的智能化控制，可以对防火区域内的温度、烟雾浓度进行检测，在探测器发出火警信号时，报警与灭火控制器会发出声光报警，并发出联动命令，切断连锁装置，发出扑救命令，使电磁阀动作延迟30秒，使容器和区域选择阀门打开，打开启动阀释放启动气体，然后释放灭火剂，进行扑救。机房的消防系统与整栋建筑的消防系统相互配合，能够在较短的时间内发现火灾，并对其进行预警。

4. 安全系统

门禁管理，也就是进出权限管理，包括出入权限管理、进出时段管理和进出模式管理。如果发现卡号不符合或被列入黑名单者，将会关闭并发出警报。监控管理员通过微型计算机可以实时地看到每一扇门的出入状况和每一扇门的状况。进出记录、状态记录可根据需要进行查询，报警系统可在异常情况下实现微机报警。

电视监控通道报警系统可用于对电梯口、走廊、操作室、阳台、备件仓库、电源室进行图像监视和报警，可接入110联网报警系统，也可用于电话语音通知，将所发生的事件很快地告知机房维修人员，以便及时进行故障处理。

5.服务器

服务器的管理分为两个部分：一是检测服务器的硬件参数，二是检查服务器的软件。在硬件参数上，要监控每个服务器的CPU利用率、可用内存、磁盘空间等。如果智能管理系统收集的数据超过了正常的数据，那么系统就会根据报警的等级，将报警的信息发送给对应的人，并由相关的工作人员进行处理。在软件上，要对各个服务器的服务进行监控，重点是监控软件的可用性和会话情况，确保服务器的安全。

二、机房管理现状

目前，在地方高职院校机房管理中普遍存在以下三个方面的问题。

（一）故障排除不及时

虽然要求实现24小时有人值守，对机房环境设备进行定期巡视，但在许多情况下，仍无法及时发现和处理故障，无法对事故发生的时间、重要的资料进行记录，从而无法对事故的成因进行准确、科学的分析。

（二）对人员安全的影响

由于机房管理员在管理服务器和设备时，必须进入机房进行操作，但机房内的空调、风扇、UPS等设备的噪声很大，而且机房内的通风系统又是密闭的，所以在机房里待久了，员工们的身体就会出现很大的问题，这些噪声、辐射、温度对管理者的健康造成了不可忽视的影响。

（三）维护成本高

机房内的设施错综复杂，服务器和网络设备也是千差万别，各种设备的操作方式、操作界面也各不相同，管理员们不得不在服务器、机柜之间穿行，搜寻各种故障，这样的维修方式不仅需要大量的人手，而且还会造成极大的浪费。

三、计算机机房智能化管理系统的应用

计算机机房智能化管理系统能够使有关部门的主管对计算机系统中的各类设备的工作状态进行实时监测，从而发现各种不正常的现象。以盐城工业大学计算机网络中心为例，该机房在三楼，由配电区、网络区、服务器区、空调区、监控区、办公区六个部分组成。针对目前的设备状况，将智能管理系统按功能划分为六大类：机房环境管理系统、配电管理系统、消防管理系统、安全管理系统、服务器管理系统、网络管理系统，下面对机房环境管理系统的实现、服务器管理系统的实现和网格管理系统的实现作简要介绍。

（一）机房环境管理系统的实现

计算机机房的工作环境对于保证整个机房的正常运转来说至关重要。在环境管理方面，对各机房的供电、配电、温湿度、精密空调等设备进行了监控，同时，机房的消防系统与整栋楼的消防系统相连，能够在第一时间发现火灾，并发出警报。

（二）服务器管理系统的实现

服务器是整个中央机房的关键设备，其运行直接关系到中央机房的运行。在计算机中心，对服务器的操作进行了全面的管理。对服务器进行监控，主要包括对服务器的硬件性能的监控，对服务器终端服务可用性的监控，也就是对软件的监控。报警分为三个级别，即一般报警、严重报警和故障报警。一般报警表明服务器出现局部故障，但尚未影响系统的正常工作。严重报警表明有一个错误影响了服务器的正常工作，这个错误如果没有解决，在一定的时间内，服务器将无法使用。这两个级别的报警都表明服务器是有效的。故障报警意味着服务器无法正常工作，必须立即进行修复。

在硬件参数的检测上，采用了软件监控系统。每个服务器的 CPU

利用率、可用内存、磁盘空间等都会被监控，如果系统的数据超过了正常的范围，那么系统就会根据报警等级，将报警的消息发送给相应的工作人员，让他们去处理。在软件监控上，主要监控服务器的服务，特别是数据库和特定的软件服务。在数据库系统中，监控数据库的服务、数据存储、数据处理、错误记录、数据库锁等，而其他的服务则是监控系统的可用性、会话状况，确保服务器正常工作。

（三）网格管理系统的实现

作为数据中心机房中的一个关键部件，网络系统的工作状况将对整个系统的工作产生很大的影响。利用 Netcool 软件来管理整个网络系统。Netcool 软件具备多厂商设备监控、即时处理、故障预警、跨平台支持等优势，可以对所有的网络设备和通信线路进行有效的监控。本书将网络管理分为基础平台、监控平台和过程平台三大平台。在基础平台上，采用数据探针实时读取网络设备、通信线路数据。由基础平台采集到的数据通过监测平台进行分析、分类、汇总，划分为综合事件、网络性能和网络结构。在集成事件中，可以根据信息事件、预警事件、故障事件发生的数量来显示数据的条形统计图表。网络性能能够全面地反映出协议状态、带宽、流量、IP 地址等各个端口的相关参数。动态产生的网络拓扑结构展示目前构成网络的各个装置之间的关系。通过监控平台对数据进行处理，用户可以通过过程平台查看相关的数据，同时，一旦出现重大的预警或故障，通过邮件、短信、自动语音呼叫等方式，向有关部门发出警报。

通过部分地区高职院校的网络中心机房的应用情况可以看出，该系统为广大用户解决了大量的计算机管理问题。利用计算机机房的智能化管理，节省了各类资源，为用户创造了一个稳定可靠、高效方便、舒适安全的机房环境。计算机机房智能化管理系统是保证大型数据中心机房安全运行的可靠技术保证。

第二节 教学联合体网站平台的建设方案

深化高职院校教育教学改革，推进高职院校教学管理制度创新，促进优质教育资源共建共享，高水平、高质量地推进高等教育大众化，是高职院校一项长期而重要的任务。通过发展各种形式的联合办学，努力提高办学效益。同时，随着信息时代的到来、计算机技术及网络技术在教育领域的广泛应用，高职院校教学联合体网站应运而生。构建高职院校教学联合体网站能突破时间、空间和地方高职院校教学媒体信息上的限制，为高职院校教学管理、教育管理提供一个理想的共享平台，有效推进高职院校教学联合体的建设进程。

一、高职院校教学联合体网站的设计

(一) 高职院校教学联合体网站的主要功能模块

高职院校教学联合体网站除了涉及高职院校普通网站应有的网站公告、新闻动态、科研动态、重要链接、后台管理等模块外，还应包括以下主要的教学联合功能模块。

1. 用户管理模块

在高职院校教学联合体网站中有两类用户：学习者和高职院校联合体的教师。职业教育联盟中的教师同时承担着系统管理员的责任。用户登记仅面向学生，而高职院校的教师采用人工指派进行管理。新用户登录时的操作主要有以下几项：提交注册时的报文，核对用户名称的重名，将用户的登录信息存储到资料库，并提供用户登录成功的提示。在访问了高职院校的网页之后，用户可以在任何时候更改自己的个人信息。使用者可以更改使用者名称及使用者角色之外的其他资料。用户档案的修改功能：显示用户初始登记时的全部信息，提交修改后的数据表，核对更改后的用户信息的正确性，将修改后的用户信息存储到数据库，并显示用户修改完毕的提示。

2. 资源中心模块

在一定范围内开放资源，向社会公开自己的资源，让更多的人享用资源，不仅是高职院校教学联合体发展的需要，更是各校自身发展的需要。可见，资源是高职院校教学联合体网站的核心功能，所以对高职院校各类资源的建设和组织至关重要。

在建设过程中，高职院校教学联合体的网站资源包括有关文件、规章制度、招生和就业信息、图书资料等，以及在教师和学生学习、探索、研究过程中，通过网络学习资源、优质课程学习和积累的资料。用户可以利用各高职院校的相关资源，也可以将搜集到的有关资料上传至服务器，供他人查阅。

3. 教学管理模块

教学管理模块的主要作用是在"教学资源共享"实施方案的框架内，构建有利于学生跨校选择专业和课程、学分互认、教师互聘、优势互补的教学管理平台和服务系统。通过运用此模块，可以建立起促进教学资源共享的运作机制，并鼓励各高校尽量开放实验室、图书馆、计算机中心、体育场地等。

4. 协作学习模块

协作方法是达到协作教学目的的有效保证，若方法正确，可促进联合教学的深入发展。在协作方法上，高职院校教学联合体要本着教学信息反馈、教学经验交流、教学优势互补、教学资源共享的原则广泛开展合作，协作学习模块就是基于这样的目的而设计的。

从本质上讲，高职院校教学联合体协作学习模块类似于论坛，但高职院校教学联合体协作学习模块的功能更为全面，是所有高职院校教学联合体用户实现交流的一种方式。它不仅为高职院校教学联合体用户提供了一个相互交流的平台，更为用户进行协作学习提供了工具。该平台既能使高校教师联盟的使用者就特定的话题进行讨论，又能使整个系统的使用者都参与到这个话题中来，并在论坛上发表自己的意见，还能让系统管理员向使用者发出通知。同时，协作学习模块还可以实现高职院校教学联合体用户在学习内容上进行活动，并针对不同的学习内容采取不同的活动形式，突出了高职院校教学联合体用的协同作用和解决实际问题的能力。

(二) 高职院校教学联合体网站的 C/S 处理流程

在三个层次上，一个服务器对应多个客户端，为了减少网络服务器的数据处理，需要尽量在客户端运行更多的代码，也就是在客户端上处理某些程序。例如，可以立即检测用户的输入，然后在客户端上进行操作。在高职院校教学联合体网站上，用户端处理器采用了JavaScript 脚本。

另外，在高职院校教学联合体网站中，采用了统一的 HTTP 通信协议，实现了客户端与服务器的连接。客户机通过 HTTP 协议向服务器发送一个请求，然后获得一个响应。在接收到客户端的请求后，服务器按照用户的需求对其进行处理，然后将处理结果以网页形式反馈给用户。其中，网络服务器使用 IIS 提供的 internet server 应用接口 ISAPI。IIS 接收到来自客户端的网页请求，称为 ASP，它会经由 ISAPI 界面发送至 ASP，ASP 会处理该网页，然后经由 IIS 的 ISAPI 界面作出回应。

二、地方高职院校教学联合体网站的安全性

地方高职院校教学联合体网站的建设是实现高职教育教学与管理信息化的重要平台，其安全保障尤为重要。地方高职院校教学联合体的网络安全保障有四个方面。

(一) 服务器双机设备

为保障数据的安全性，采用的高性价比、高可靠性的集群技术是

目前研究的热点。集群不仅能有效地平衡负载和容错，而且还能保证高可靠性。本书主要以 MSCS (microsoft cluster service)、 NLB (network load balance)、 CLB (component load balance) 为主要内容。各业务可以在集群中均匀地分配接入 IP 业务，集群具有如下功能：解决高职院校网络拥堵的问题，服务就近，实现地理位置不相关；提高对网络资源的访问质量，提高网络服务器的反应能力；加强对服务器和其他资源的使用；可以有效防止高职院校网络中的重要节点发生单一故障。

（二）数据备份与恢复

针对地方高职院校教学联合体的网络平台，以及部分应用系统的需要，采取了网络备份、系统灾难恢复、网络恢复等措施。通过网络进行数据采集，然后通过高职院校的网络进行备份，这种备份方式可以保证系统的正常运行。

（三）数据库的安全保护

资料库通信保护：资料库与应用程序服务器直接通信使用资料库的 IP 通信。SEC 对通信方法进行了加密，确保了数据的传送。资料库的权限保护：为了保证系统的稳定性和可靠性，推荐使用资料库的认证授权方法。使用者自定资料库角色：使用者将资料库中拥有同一安全性使用权限的使用者分成一群，并将他们对应至特定资料库使用者。接着，资料库使用者加入资料库角色，并利用角色建立个别资料库物件的资料（储存处理程序、资料表及检视等）。

（四）网络传输及本地数据的加密保护

地方高职院校教学联合体网站所有主要的客户端与网络中心服务器端双向传输的数据、信息等，由通信程序 DES 加密后进行传输，以确保高职院校教学联合体网站服务器与用户端之间传输数据信息的安全性。

三、高职院校教学联合体网站的配置发布

在地方高职院校教学联合体网站建设完成后，需要进行相关的配置，

以完成发布任务,从而实现高职院校教学联合体网站的试运行。

(一) 配置 IIS 的 IP 地址

IP 是每个电脑的网络位址,IIS 是服务器的管理软件,它必须设定特定的埠位址,并在存取时设定它的位址。如果系统预设的 IP 为 127.0.0.1,那么在设定 IP 和端口号码时,应在"默认 Web 站点"中单击"属性",并选取"Web 站点"。还可以根据不同的虚拟目录设置不同的端口号。

(二) 建立虚拟目录

在"默认 Web 站点"上单击鼠标右键,选择"新建",再选择"虚拟目录"。

(三) 设定虚拟目录

在虚拟目录创建之后,要设置每个属性,如访问权限、应用程序设置、虚拟目录的预设首页等。完成这些 IIS 配置对于平稳地执行 ASP 文件来说是必不可少的。

(四) 运行程序

通常利用 IE 或其他浏览器实现浏览功能,也可以用先前配置的虚拟目录来实现浏览。

我国高等教育已从精英教学模式转变为大众化教学模式,地方高职院校的管理体制尽管加快了改革的步伐,但仍赶不上社会发展的需要,高等教育结构的现代化尚未完成。而高职院校教学联合体网站的构建就是寻求高职院校发展的一种创新的办学模式,它可以达到盘活教育资源、降低教育成本、提高办学水平、促进社会经济发展的目标。高职院校教学联合体网站的建设,也标志着高等教育步入规模、结构、质量和效益全面协调发展的新阶段。

第三节 校园网双层入侵检测系统的建构

随着网络的普及和发展，地方高职院校均组建了自己的校园网，利用校园网开展科研协作、远程教育、各种网上应用服务。但是，校园网规模的不断扩大和黑客手段的层出不穷，对校园网的网络安全提出了更高的要求。校园网面临的安全问题日趋严峻，仅靠传统的防火墙技术无法保障其安全。因此，对高校校园网络入侵检测技术进行深入的探讨是十分必要的。

一、校园网的安全问题

传统入侵检测系统一般是指单纯地在用户层或核心层对数据包进行监控的系统，它不可能监控整个多层网络体系，因此就容易使很多非法入侵者漏检。对于用户层的入侵检测系统，它只能在 winsock 层上进行，而对于网络协议栈中底层协议的数据包则无法处理（如 Ping to Death）。对于核心层的入侵检测系统，它有一个弱点，就是编程接口复杂，而且编写出来的软件自动化安装太困难，很容易造成整个网络瘫痪。

网络安全从本质上讲就是网络上信息的安全，除了网络系统和计算机系统等软硬件环境的安全之外，最主要的是数据信息和内容的安全。校园网既是大量攻击的发源地，也是攻击者最容易攻破的目标，当前校园网常见的安全问题如下：

（1）计算机系统的漏洞，对信息安全、系统的使用、网络的运行构成严重的威胁。

(2) 安全意识淡薄，没有对接入网络的计算机采取基本的保护措施，造成文档资源流失、泄密等。

(3) 计算机蠕虫、木马等病毒泛滥，影响用户的使用、信息安全和网络的运行。

(4) 外来的系统入侵、攻击等恶意破坏行为，有些已经被攻破的计算机，被用作黑客攻击的桥梁。其中，拒绝服务攻击目前越来越普遍，许多这样的攻击是针对重点高职院校的网站和服务器的。

(5) 内部用户的攻击行为给校园网造成了不良的影响，影响了学校网络的正常运行。

(6) 校园网内部用户对网络资源的滥用。有的校园网用户利用免费的校园网资源，占用了大量的网络带宽，影响了校园网的应用。

(7) 垃圾邮件、不良信息，有的利用校园网内无人管理的服务器作为中转，严重影响学校的网络运行。

本节所构建的双层入侵检测系统可以通过各种技术对校园网络系统进行实时监测，以发现来自系统外的入侵者和系统内部的滥用者，为计算机系统提供完整、可控、可信的主动保护。

二、双层入侵检测系统设计

通过分析比较可以看出，传统入侵检测系统单独采用应用层或核心层技术，这两者对数据包的捕获均存在缺陷，因此可以用两种模式结合的方法来避免各自的缺点，同时发挥各自的优点。

(一) 设计思想

通过 NDIS（Network Driver Interface Specification）的中间层驱动技术和 Winsock SPI 技术进行了两层入侵检测系统的设计，主要是利用 NDIS 中间层的驱动来检测并对检测出的数据包按照匹配的原则进行第一阶段的检测，完成一些基础的安全设定，比如：传输层和底层协议的分析，检测 IP 地址和端口，并在恶劣的情况下进行断网，执行 SPI

不能完成的任务，例如ICMP（Internet Control Message Protocol）的检测。

（二）工作原理

本系统采用基于规则与特征的入侵检测模型，通过对接收到的原始数据包的分析，以及根据攻击的行为特征来建立模型。接收到的数据包首先通过中间层驱动程序的分析，如果满足攻击行为的某种特征，则直接将数据包丢弃，并向用户发送警告；如果不满足，则送到应用层。送到应用层之后，由SPI实现再次分析，若满足攻击行为的某种特征，则将数据包丢弃，并向用户发送警告；如果不满足，则交给用户。

（三）系统结构

本入侵检测系统分为三个模块。

1. 核心层包捕获模块

核心层包捕获模块是一个位于核心层的驱动器，按照规定的模式匹配规则运行，并将所生成的记录数据传送给更高层次的模块。该模块是以DDK为基础的操作系统内核。

2. 应用层数据包捕捉组件

应用层数据包捕捉组件在SPI中的应用层动态链接库，能够截获基于Winsock的网络通信，并按照已定义的方式进行操作，生成记录信息，并将其传送给更高层次的模块。这个模块是由VC开发的。

3. 使用者接口模组

使用者接口模组是一个提供用户界面的通用应用。使用者可以在这里设定模式匹配的规则，同时也可以对前面两个模块所生成的记录进行收集和存储，并为使用者提供日志查询服务。

EXE主要负责模式匹配规则的设置、日志的读取，而具体的匹配规则的执行、安全功能的实现和日志的产生，则在APPIDS.DLL和KERIDS.SYS中进行。

三、校园网双层入侵检测系统的关键技术

(一) 环形缓冲区设计

在环形缓冲区结构体的设计中，有几个重要的变量。

1. 读序号和写序号

读序号和写序号用来确定当前缓冲区中数据包的数目。

2. 读指针和写指针

读指针和写指针用来确定是否需要拷贝到 Win32 应用程序的缓冲区，以及确定包含多少个数据包。

3. 数据包长度数组

数据包长度数组可以储存每个分组的长度，使得 Win32 应用可以对每个分组进行正确的分析。缓冲区是一种共享的资源，它由一个事件等待机制来读取和写入，也就是说，不能同时读取数据包和写入数据包。以太网的 MTU（最大传送单位）是 1514B，而 Windows 页面的尺寸是 4 KB，设置 2 KB 的数据分组，环形缓冲区 100 个分组，200KB 请求。在特定的环形缓冲区，读取和写入序列是用 1～100 来记录数据包的数量，而读出和写入指针是按照整个缓冲区域的大小进行计数，从而达到一个周期。在缓冲区的边缘（结束处），必须进行分段读取或写入，也就是说，目前的缓冲结束不能完整地读取和写入整个分组，因此，必须从缓冲区读取其余的部分。

设定时间门限（1 s）和最少要读的报文数目（25 个，占设计报文总数的 1/4），Win32 应用程序可以设定并传送给驱动程序。设置以下两种读取数据包的策略：

（1）当在缓冲区存储的报文数量达到预定的最低报文数量时，通过事件通告机制向 Win32 应用程序发送所有的数据包。

（2）Win32 应用在超过了时间阈值和缓冲区有数据分组的情况下，会自动读出分组。在此基础上，本书提出了一种新的基于多个分组的读出策略，该策略能够有效地解决分组读写的问题。

（二）数据包解析

在分析数据包时，应及早舍弃非目标分组，以提高驱动程序的效能。每个分组的运算法则如下：

（1）检查是不是 IP 协议数据包，如果不是，则丢弃此数据包。

（2）进一步检查是不是 TCP 数据包，如果不是，则丢弃此数据包。

（3）再检查端口号是不是应用程序所设置的端口号，如果不是，则丢弃此数据包。

（4）根据相应的协议，跳转到文本的起始处，由 KMP 算法来循环匹配关键词。若匹配成功，则立即返回（后面的关键词不用再匹配），丢弃此数据包，然后将此数据包放入缓冲区；若匹配不成功，则放行此数据包。

四、校园网双层入侵检测系统的应用

入侵检测是继防火墙后的第二道安全门，它在防火墙后面进行实时的监测，是防火墙的延伸和合理的补充。通过对校园网中的几个关键点进行数据采集，并对其进行分析，发现校园网中存在的攻击情况，可有效地防范各类攻击、控制网络资源的滥用。同时，通过对校园网的日志进行局部分析，对校园网的内部攻击、外部攻击、错误操作进行处理，可及时维护校园网的信息安全。

一般情况下，将校园网分成若干个子网，每一个子网都有一台上联的交换机。将各子网合并到一个网络中心，并与一组高性能的服务器相连，而高性能的服务器则位于 DMZ 区域，以确保内部和外部的安全接入。针对校园网的主要防护安全要求，以校园网的中央服务器和网络骨干为主要内容，可以将其置于校园网关键子网的上联开关和核心交换机上。

通过对校园网络中的网络攻击和错误行为进行及时的监测，防止网络资源的滥用，防止网络的非正常运行，通过净化网络，达到网络加速的目的。

综上所述,虽然防火墙技术在一定程度上解决了校园网络安全问题,但同时也存在着一些新的安全问题。随着 IDS 技术的不断发展,可以将数据挖掘、专家系统、神经网络等技术融合到一起,构建出一套基于网络安全和通信规则的先进的入侵检测算法,并将混乱的数据转化为有序的数据,将人为操纵的网络安全软件转化为计算机的自主学习,满足了本地高职院校校园网的高速、高性能要求,能够更好地解决本地高职院校的网络安全问题。

第四节 校园教学管理信息化的延伸与发展

一、新媒体在校园教学中的应用

新媒体是一种媒介，承载、处理和传递信息，也是一种传递教育资讯的媒介。近几年，随着计算机多媒体与计算机网络的发展，声像、语言、图片、色彩等多种形式的综合运用，教学过程发生了翻天覆地的变化。

（一）新媒体的界定及其特点

1. 新媒体的界定

与传统媒介相比，新媒体是继报刊、广播、电视等传统媒介之后，利用数字、网络、移动技术，通过互联网、无线通信、有线网络、计算机、手机、数字电视等媒介，为使用者提供信息、娱乐的媒介形式。新媒体的特点是互动和即时性、数量和共享性、多媒体和超文本、个性化和社会化。

2. 新媒体传播的特点

与传统媒体相比，新媒体的传播有很多新的特点。

（1）新媒体以最新高速传输技术为基础，通过文字、图片、声音、图像等多种手段，全方位、多角度地向观众展示事物的本来面目。

（2）新媒体的传播向分众传播的方向发展，即"个性化""一对一"的传播,为满足特定媒体受众群体的需要,开发出了符合其使用要求的沟通战略和沟通模式。

(3)新媒体是一种超越时间和空间的渗透性的沟通,受众可以通过手机、网络、楼宇电视等新型媒介,在任何时候都可以参与信息的交流。

(4)新媒体的传播技术具有很高的技术含量,不论是互联网、移动电话还是数码电视,新媒体的推广都离不开技术的支撑,这一特点决定了新媒体的受众要具备使用这种技术的能力。

(5)新媒体沟通互动度高,反馈及时,受众多样化。

(二)多媒体在教学中的应用

1. 利用交互式媒体打造灵活的、多链接的多媒体学习空间

在互动式智能平板(触摸式)屏幕上,教师可以控制电脑,让学生专注于课堂上的演示,从而克服了传统的单一式媒体教室存在的弊端。交互式电子白板、交互式智能平板等交互媒介的使用,可以增强课堂的交互效果,优化课堂结构,方便课堂教学的灵活实施。本书以钦州学院近两年来的互动媒体实践为基础,结合互动式电子白板和互动式智能平板的特点,对其在教学中的主要应用进行了分析。

(1)注解、编辑功能

注解、编辑功能即能够在任何时候灵活地输入各种数字资源,并且能够灵活地编辑、展示和控制多媒体材料。

(2)绘图功能

互动式电子白板包含了大量的工具、元件、仪器图,方便了学生的学习。例如,在物理连接实验部分,可以把电路实验所需的仪器绘制在白板上,操作简便,引起了学生的极大兴趣,从而为学生提供了一个参与实践的机会,充分体现了新的"互动""参与"的新课程思想。

(3)存储与回放功能

在白板上所写的字、所绘的图案或所插入的东西，都可以作为日后的教学之用，或将来与其他教师分享；还可以把它打印出来发给学生，让他们在课后复习。这种方法既可以有效地提高教学效果，又可以使学生在课后巩固所学的知识。

2.推进网络教学平台的应用，创设开放、共享的网络学习环境

目前，网上教学综合平台分为八大板块：专业建设板块、精品课程板块、应用型板块、教学资源中心板块、推荐课程板块、教师板块、名师板块、资料下载板块。

(1)使用优质教学单元，共享优质教学录像和教材

精品课程模块包括精品课程展示、精品课程研究、精品课程通告、精品课程公开课程等。学校各种优质课程的教材及相关的资料均可在此平台上进行共享。教师、学生可利用校内网络等多种方式，在任何时间、空间获得海量的教学资料。

(2)以创建教学资源为核心，营造开放的网上学习环境

教学资源中心，就像它的名字一样，是用来存放教学资料的，它包含了多种教学材料，如文字、多媒体视频、图片等。钦州学院网上教学一体化平台的资源中心按照专业、学科分类，具有明确的导航功能，便于操作。教师可以上传或更新相关的教学材料，例如教材（包括整个课程的所有内容，并与课堂内容相辅相成）、课件（PPT）等。教师可以让学生在网上学习的过程中，利用网上的综合平台，学习、进行问答、交流经验、按时提交作业。教师可以不断地整理、制作、借用各种教学资源，以确保教材的时效性和准确性。同学们还可以将自己的专有资料上传，按资料品质及下载次数进行分类。对于各个科目的互动部分，教师们可以互相配合，让教材的内容更丰富、更有条理。规模较大、所需资料较多的学院，可以建立一个子资源中心，存放学院的资料。当资源上传时，可以设定资源的开放度，并由平台管理员进行评审，以保证资源的品质。该数据库具有多种资源查询方式，其

资源查询功能独具特色。

教学资源中心的建设，使学生可以在课外利用计算机网络这个现代化、开放性的学习工具获取课内无法得到的一些优质资源，并且使资源实现了共享，提高了资源利用率，也提高了教学效果。

3.新媒体环境的不断完善

随着新媒体在高职院校教学应用中的普及与推广，教学过程中教师与学生之间的关系、学生与学生之间的关系、教师与教师之间的关系都发生了明显的变化，高职院校的教学方式也随之发生了巨大的变化。不管是教师还是学生，面对新媒体带来的这种变化，显然还没有作好充分的准备。本书认为，要使师生能更加适应新媒体的教学应用，就应不断完善新媒体环境、提高教学效率、优化教学效果，继续督促师生转变观念、加强改革。

（1）教师要转变观念，提高自己对交互式媒体及网络媒体的应用功能。在课堂上，教师要熟悉新媒体的各项功能，掌握电子笔、工具栏的使用方法，以及互动的方式。只有这样，教师才能将白板的互动功能与教学设计相结合，而不是单纯地把它当成一个高级的黑板和展示工具。

（2）充分利用网上技术促进教学方法的变革。加强网络课程建设，使教学资源数字化、教学交互网络化，持续推进教学资源库的建设，将院系专业、教学团队、精品课程和教学资源建设的成果相结合，全面动态地反映学校教学成果，扩大影响。

（3）加强对新媒体的专题培训，在新媒介环境中进行教学与交流，扩大新媒体教学场地。

（4）积极丰富网络教学资源库的素材，引导师生自主获得所需资源，利用网络教学资源库进行有效管理、聚合并共享学校自建资源和成果。将现有的计算机辅助教学课件、音视频文件、立项建设的成果等优势课程资源上传到网络教学资源库；同时利用培训等方式宣传、展示网络教学资源，介绍查看、查询、下载资源的方法，引导教师使用网络

第九章 数字化智能校园的信息安全建设

教学资源库以辅助备课，吸引学生浏览资源，开阔师生视野，从而提高资源利用率。

二、高职院校新媒体教学环境的构建与管理

在现代高新技术普及的背景下，多媒体教室的建设在高职院校得到了迅速发展，多媒体教室的建成既能提高教学效率，又能为传统的教学模式搭建一个新的平台。如何充分、合理、安全、科学地构建、管理多媒体教室，满足多媒体教学需求，保障多媒体教学的正常进行，是当前亟待研究和解决的问题。

（一）多媒体教室构建的原则

1. 实用性

教学内容以实用、高效为主要目的，只有操作简单、切换自如、效果良好，才能使教学效果达到最大化。

2. 可靠性

以人为中心，以确保系统在使用过程中，对用户进行安全防护并提供优质的服务管理，减少人力、财力上的浪费。

3. 兼容性

适用于不同厂家、不同型号的设备。

4. 先进性

设备选择要与技术发展趋势相适应，尤其是集中控制软件要能全面反映整个系统的先进水平。

5. 扩展性

多媒体教室是否与互联网连接、能否调用教学资源是其可扩充性的主要指标。

6. 安全性

鉴于多媒体教室的多用性，即在不上课的时候，其是一间教室，

操作平台应该按照设备的要求进行定制,同时兼顾防盗和防火功能。

7. 便捷性

解决以往教师上下课开关设备的烦琐问题,采用一键关机或远程控制关机(使用继电器,根据设备操作流程分时控制设备的开关时间),方便教师操作。

8. 经济性

在系统的设计与设备选择上,要注意实用性,减少总的投入,追求先进性与经济性的完美结合、设备性能与价格比的最佳结合。

(二)多媒体教室的构建

在构建多媒体教室时,要遵循满足教学要求的原则,科学合理地选择教学器材。在多媒体课桌的设计上,要考虑到不同的学科需求和所建设的多媒体教室的位置、形状、大小和座位的数量。根据管理模式,可以将多媒体教室建设成单一模式,也可以采用网络管理模式。

1. 单机型多媒体教室的构建

单机型多媒体教室适合多媒体教室相对分散的区域,或是对设备要求较简单的学科的多媒体教学。

(1)电子书写屏

电子书写屏的使用省去了显示器,并替代了黑板的传统书写功能。目前主要产品有 Wacom、伯乐等,其主要功能为同屏操作、同屏显示、自动排版、文书批改、手写识别、动态标注、后期处理等。电子书写屏的使用可有效避免多媒体教室设备因使用粉笔灰尘过多而导致的故障,从而影响设备的使用,尤其是投影仪因灰尘过多而频繁保护停机以及液晶投影仪的液晶板因灰尘过多而产生的物理性损伤。同时,电子书写屏的使用给教师提供了洁净的教学环境,有益于师生身心健康。

(2)中央控制器

采用具有手动调节延时功能的中央控制器来设定时间以控制投影

仪、功放、投影幕布、计算机等设备的开关，保证投影仪散热充分，延长投影仪灯泡和液晶板的使用寿命，并防止多个设备同时通电和断电时对设备造成损坏。

（3）投影仪

根据多媒体教室的尺寸，选用具有不同亮度、反差的品牌 LCD 投影仪，通常高亮度、高反差的投影仪成本较高。由于多媒体教室后期的耗材以投影仪为主，选择品牌投影仪可以有效保证投影仪的品质。同时，要注意选用具有较长寿命、较稳定的 UHP 冷源灯泡的投影仪。

（4）扩音系统

扩音器的设置要考虑到教室的大小、形状和教学环境的需要，采用无线麦克风，便于教师在教学中更好地表达。现在有两种扬声器：一种是挂墙，另一种是组合。二者均具有线输入功能，可满足对应声源的扩音要求。有些学校采用了移频扩音器，可以让教师在短时间内摆脱麦克风的约束，但对低频、高频的衰减太大，扩音效果也不理想。

（5）操作台

操作台的设计和定制要符合设备的技术规范，以方便用户的使用（例如，安装教学所需的设备接口），同时考虑到防盗功能。操控台门锁采用电子控制，由中心控制，一键开关机，方便教师使用。

单机型多媒体教室在构建过程中应根据多媒体教学的特点采取优化措施，不用录像机、DVD、展示台、卡座等不常用的设备，使整个系统简洁明了，利于教学与管理。

2. 网络管理型多媒体教室的构建

网络管理型多媒体教室适用于多媒体教室相对集中的区域，根据不同学科的需要构建功能不同的多媒体教室。该配置与单机型多媒体教室配置的不同之处在于，其采用了网络中央控制系统以及网络远程控制和本地控制，增加了监控系统，其相关功能如下。

(1) 中控系统

网络管理型多媒体教室采用的是网络中央控制系统，包含教室网络中控和总控软件，该系统集成度高，且接口丰富、功能强大。同时它还内嵌网络接口，采用 TCP/IP 技术，可通过校园网互联，实现远程集中控制。具备网络、软件、手动面板三种控制方式，具备延时功能，以防止通断电对设备的损坏。

(2) 操作台

操作台和单机多媒体教室一样，都是按照设备的要求进行设计和定制的，便于操作（例如，为了方便教学，需要安装接口），具有防盗性。操作台的门锁，也就是与中央控制系统相连接的控制锁，可以实现远程控制。通过多个装置的联动，可实现一键开关机，使用方便。

(3) 监控点播系统

监控点播系统的使用有利于管理人员远程掌握教学动态，通过相关控制软件使得教师所用计算机屏幕内容与上课音视频同步录制，通过该系统能够实现即时点播和转播功能。

(4) 对讲系统

对讲系统的使用有利于即时发现、解决问题。目前实现对讲的方式有多种，如双工对讲系统、半双工对讲系统、电话方式对讲系统、网络 IP 电话方式对讲系统等。

（三）多媒体教室的管理

目前，高职院校教学基本建设不断发展，多媒体教室不断增加，只有不断完善多媒体教室的管理才能保证多媒体教学的正常运行。

1. 管理制度建设

在教学技术和课程一体化发展的背景下，多媒体教学对教师的要求越来越高，针对不同的教学技术水平，结合教学实践，制定相应的管理制度和规范多媒体教学尤为重要。

（1）多媒体课件的使用，必须事先预约，并进行统一的安排。

（2）教师必须按照作业规范进行操作，严禁擅自移动仪器、电线，严禁使用非现场作业。

（3）不可将 CMOS 密码及开机密码设置在电脑中，不得修改或删除原来的 CMOS 参数及应用程序。

（4）为提高投影仪的使用效率，课间休息时要关掉投影仪的电源。

（5）教师在下课后，必须按照作业规则退出本系统。

（6）课后教师应填写使用登记表。

2. 管理系统建设

管理系统建设分为多媒体教室教学管理系统和多媒体教室网络控制管理系统。教学管理应由目前普遍使用的人工安排多媒体教室逐步过渡到网上预约，通过开发适合本校实际的多媒体教学管理系统，采取智能化预约，提高多媒体教学的管理效率。

多媒体教室网络控制管理是指通过该系统可在主控室内控制多媒体教室内的相关设备，实现设定功能，并能实时地与任课教师进行交流，保障教学的正常进行。应根据教学实际进行多方论证，选择适合本校的多媒体教学系统。多媒体教室网络控制管理系统的实施将使反映问题和解决问题变得更加快捷。管理上的方便、直接和高效，解决了由于多媒体教室增加导致的管理复杂、人员紧张难题。

3. 管理人员建设

以人为本，明确人才队伍建设对多媒体教室管理的作用与其所处的地位。在加强多媒体教室硬件建设的同时，应注重和加强管理技术队伍的建设。多媒体教室管理技术队伍是多媒体教室建设的骨干力量，对保障多媒体教学正常进行及教学技术与课程整合起着重要作用。因高职院校各学科教师对多媒体技术掌握程度不一，管理人员的任务不仅仅是建设、管理好多媒体教室，同时应根据教师对多媒体的掌握情况担负起多媒体技术培训的任务，更好地为教师服务，为教学服务。

在人才培养上，要逐步把高学历高层次人才引入管理技术队伍，以改进技术队伍的知识结构；制定训练方案，定期送技术人员赴国外知名大学进修；加强对新技术的吸收，提高专业技术能力和实际操作能力；要充分利用技术管理团队，充分利用和营造有利的环境，充分调动员工的积极性；强化评价，健全人才评价体系，提高管理技术人员的素质，为学校的教学、科研工作作出积极的贡献。只有不断优化管理技术队伍结构、提高管理技术人员的素质、建设高水平管理技术队伍，才能充分发挥现代信息技术的作用；同时，通过搭建多媒体教室来积累实践经验，使其更好地为课堂教学服务。

4.管理方式建设

多媒体教室是一种应用广泛、频繁使用的场所，但使用者的操作水平不一。应针对不同的教学模式，采取相应的教学方法，以最大限度地优化教学资源。

（1）自助式管理

自助式管理是指在掌握了多媒体技术和教学设备的操作规范之后，对所使用的各种多媒体设备进行自主管理。在每个学期开始时，对使用多媒体教室的教师，按照使用教室设备的不同，分别进行不同的技术培训，包括多媒体教室使用规则、操作规范、多媒体基本知识等。并在开始使用一段时间内投入管理人力现场跟踪，记录相应教师的操作能力，有针对性地进行再培训。对能独立操作的教师核发独立操作证书，并对其使用教室采用自助式管理，上课前到规定地点领取相关钥匙即可，设备的开关由教师自行操作。在自助式管理过程中，管理人员应加强对多媒体设备的课后维护，并对每次检查结果及时登记备案，发现问题后及时予以解决，保证下次上课时设备能够正常运行。自助式管理适合于相对分散、无法或不适合安装管理系统的多媒体教室。该措施的实施能有效缓解管理人员紧张的局面，当然也需要相关职能部门的支持。

(2) 服务式管理

对实行网络管理的装有监控系统的多媒体教室实行服务式管理。服务式管理是指教师无须对设备开关进行操作，通过网络管理系统将多媒体教室教学用的设备（投影仪、计算机、展示台等设备）在上课前 5～10 分钟全部开启，教师上课时直接使用设备即可。管理人员通过监控系统全程监控设备的使用情况，并在上完课后，检查设备状况并关闭设备与操作台。服务式管理与自助式管理都应在管理过程中加强设备管理，增加巡查力度，并作好记录。即时了解设备的使用状况、投影仪灯泡的使用时间，定时还原计算机系统等。这极大地方便了教师的使用，提高了效率，同时体现了管理为教学服务的思想。

多媒体教室的构建与管理是一项系统工程，科学、先进、管理规范是进行多媒体教学的基本保证，管理人员应在实践中不断摸索、及时沟通，以教学为本，加强管理机制，最大限度地保障多媒体教学的正常进行，促进技术与课程的整合。

三、高职院校课外学分认证统计信息系统的设计

（一）课外学分统计信息系统相关研究

1. 课后的学分概要

课后学分又称课外活动，是指在正常的课堂教学之外，按照受教育者的需要和教育、教学的需要，有目的、有计划、有组织地进行教育。在大学里，课外学分是最明显的一种。对于不同学科的学生，可以在课外活动中学习到更多的知识，并能在一定程度上提高他们的知识水平。

在高校学生的学习生活中，课后学分是一个重要环节。课外学分制为学生提供了一个全面发展的平台，通过学分的形式对学生进行思想品德教育，在课外活动中提高了学生的道德意识，激发了学生的学习热情，激发了他们的求知欲和好奇心，在充分发挥他们的独立精神的前提下，开阔了他们的眼界，增加了他们的技能，使他们能够把理论知识运用到实践中，增强他们在学习和工作中不断探索的勇气。

2. 系统技术基础

（1）C/S 与 B/S 结构

① C/S 结构

C/S（客户机/服务器）的工作原理是：客户机向服务器提交请求，然后以指定的格式向用户展示；服务器端的主要工作是接受用户端的服务要求，并对其进行相应的处理，然后把结果反馈到客户端。C/S 架构分为两个层次：客户机系统中的显示和业务逻辑是一级，而在网络上则是数据库服务器。C/S 模式下的软件系统分为客户端应用、服务器管理、中间件三大模块。

由于 C/S 模型有许多突出的优势，所以校外的学分统计系统采用 C/S 模型。

高交互能力： 在 C/S 模式下，用户端具有强大的错误提示、在线协助等功能。

快速响应： C/S 系统的客户机是直接和服务器连接在一起的，不存在任何中间环节，所以 C/S 系统在处理同样的工作时要比 B/S 处理得更快。

在数据库应用中，数据存储与管理的功能是分开进行的，并将其集中到服务器程序中。所有这一切，在前端流程中工作的终端使用者都"透明"，无须过问后面的流程。

服务器端负载较小：一旦服务器程序开始运行，它就会等待对客户端程序的请求作出回应。客户端程序在用户自己的计算机上运行，与数据库服务器相对应。当数据库中的数据需要处理时，该客户端程序会自动查找并发送该请求，该服务器按照预先制定的规则回复并返回该结果，所以，该服务器的数据负载比较小。

② B/S 结构

B/S（浏览器/服务器）是 Web 兴起后出现的一种网络架构。在客户端中，网页浏览器是最重要的应用程序。该模型将客户端整合，将系统的主要功能实现集中于服务器，从而简化了系统的开发、维护和使用，用户机仅需安装一个浏览器，服务器就可以安装数据库软件，而浏览器则可以通过 Web 服务器与数据库进行数据交互。

B/S 模式是客户机运行的浏览器程序通过 HTML（超文本置标语言）作为对 Web 服务器的存取请求，Web 服务器在接收到客户的请求后，首先将 SQL（结构化的查询语言）提交到数据库服务器，然后由数据库服务器将处理后的结果反馈给 Web 服务器，由 Web 服务器将结果转换成 HTML 文件格式并传送到客户机，最后以网页的形式出现在客户机浏览器上。

B/S 模型的特征如下：

易于维护和更新。B/S 体系结构的软件，只需对服务器进行管理，可以不用来回奔波于数百、数千台计算机，一切都按照服务器程序来进行，而所有的客户端都是用来浏览的，无须维护。如果是在不同的位置，只要将服务器与专用网络相连，就可以进行远程维护、升级和共享。所以，软件的更新和维护将变得更容易，并且更易于使用，从而节省了人力、物力、时间和费用。

减少了费用，增加了更多的选项。所有采用 B/S 结构的应用程序管理软件都可以直接在 Linux 上运行，并且具有很高的安全性。因此，有很多种可以选择的操作系统，无论选择哪一种，都可以让大多数人把 Windows 当成桌面，而不会对计算机造成任何影响，这也促进了 Linux 系统的迅速发展。B/S 模型的开放性很强，易于扩充，可以为企业内的各类业务提供一体化的服务，从而增强企业的信息化系统的集成度。

从以上的分析可以得出：B/S 模式的优势在于信息的公布和共享，可以减少管理者在维护和更新方面工作，因此 B/S 模式更适合在系统与用户的交互程度较低的情况下使用，而在需要大量的数据交换、需要快速进行数据处理的情况下，C/S 模式可以说是一种较好的选择。在校外学分制中，应兼顾其先进性和成熟性，一个较好的办法是把 C/S 和 B/S 两种模式进行交叉使用，使两者都能得到最大程度的利用，避免各自的缺点。它的本质是把 C/S 模型的统计分析和控制能力与 Web 技术的信息查询和发布的优点相结合，从而为校外学分系统的结构模式选择提供一个最优的解决方案。

(2).NET 框架和 ADO.NET

① .NET 框架

.NET 框架是微软公司开发的一个全新的、具有革新意义的平台。.NET 框架可以创建视窗应用、网络应用、网络服务和其他种类的应用。

.NET 框架提供了两个主要的构件：CLR（通用语言运行库）和 .NET 框架类库。.NET 框架以通用语言运行库为基础，提供内存管理、线程管理、进程处理等核心业务，同时实现了对类型安全性和编码精度的严格控制。.NET 框架类库是一种可复用的面向对象类、使用 .NET Framework 的类库，可以很容易地完成各种应用的开发，比如：开发常规的命令或 GUI，或者使用 ASP.NET。

.NET 框架的体系结构分为五大部分：通用语言运行库、服务框架、两大类应用模板（常规视窗）、应用模板（Win Forms）以及以 ASP.NET 为基础的 Web 应用模板。

② ADO.NET

ADO（Active Data Objects）是微软公司开发的面向对象的数据存取程序。ADO.NET 是 ADO 的一个后续技术，它能够连续存取 SQL SERVER 等数据源。数据用户可以通过 ADO.NET 与这些数据源进行连接、获取、操作和更新。ADO.NET 可以与各种资料来源和资料库互动，不但可以存取普通资料，还可以存取文档、Excel 表单、XML 档。

.NET 系统主要包括 .NET 数据提供者和 ADO.NET 系统结构。有三个专门的对象，分别是数据适配器、数据阅读器和数据集，以完成对应的具体任务。

.NET 架构提供一个统一的程序设计架构，无论使用何种语言或程序模式，都会使用相同的 APU 内的资料提供者、网络资料提供者，包括四个主要对象。

Connection 对象：用来建立一个开放的链接，以连接特定的资料来源。使用这个链接，可以存取和操纵一个资料库。

命令对象：一个简单的面向数据库的查询。这个查询可以执行创建、添加、回收、删除更新记录等命令。

数据阅读器对象：从资料库撷取只读、只进的资料。在执行查询时，会传回查询结果，并将其保存在客户机的网络缓冲中，直至使用数据阅读器的读取方式来处理这些查询。

数据适配器对象：能够与链接、命令对象进行通信的详细信息，建立、初始化数据表，并与数据集对象一起存储数据表的拷贝，以完成脱机数据库操作。

（3）C# 简介

高级编程语言 C# 包含了单一继承、接口、与 java 几乎相同的语法以及将其编译为中间代码后再执行的流程。同时，C# 与 COM（构件 Object Model）进行了直接的整合，将 VB 的简单可视操作与 C# 的高效操作结合在一起，使得 C# 具有很强的操作能力和方便的面向构件的编程能力。

C# 语言的特点如下：

①全面支持类别及对导向程序设计，包含界面与继承、虚函数与运算子过程。

②内置的 XML 文件描述，自动清除动态分配的记忆体。

③充分存取 .NET 类库，容易使用 Windows API。

④更改编译器选项，将程序编译成可执行程序或 .NET 元件资料库，它可以被其他程序代码以类似 ActiveX 控制的方法所呼叫。

⑤ C# 能够被用来写 ASP.NET 动态、网页和 XML Web 服务。C# 集多种语言的优点于一身，它结合了 Java 和 VB 的简洁以及 C 语言的强大、灵活的特性，因此 C# 成为一个整合各种语言优势的网络时代高效的开

发工具。

(4) SQL Server 简介

SQL 是一种结构化的查询语言。当前，应用最广泛的是 Access、SQL Server、Visual Foxpro、DB2、Oracle 等。

SQL Server 是一种以网络为基础的数据库服务器。数据库作为一种实用的数据管理技术，其产生对计算机在各个领域的渗透起到了巨大的推动作用。SQL Server 是一个单进程、多线程、高性能的关系数据库管理（RDBMS），可用于组织、管理和检索数据。它采用转换 SQL 语句将请求传递到服务器与客户端。SQL Server 是一种更加综合的数据库平台，而最新版本的 SQL Server 数据库引擎作为企业数据管理的核心，其安全、可靠的存储能力也较先前版本的 SQL Server 数据库引擎更为安全可靠。

(5) MVC 的设计模式

MVC 是"模型—视图—控制器"的简称。MVC 的设计模式是一种建立在服务器表现层次上的模型，其目的是分离应用程序，改变应用程序间的高度融合。应用程序包括以下三个方面：控制器、模型、视图事件（事件）。这些都会使控制器更改模型或视图，或两者都发生改变。同样，如果控制器更改了视图，那么视图就会通过从可能的模型中提取数据来更新自己。MVC 需要对应用进行分级，尽管需要做更多的工作，但是它能使产品的结构更清楚，并能更好地利用模型来反映产品的使用情况。

首先，必须具备多个视图与一个模型相匹配的功能。由于当前的用户需求迅速改变，因此对应用程序的存取有很多不同的要求。其次，由于模型所传回的资料没有显示形式，因此可以直接作为界面使用。同样，因为应用程序分为三个层次，所以有时候只要修改一个应用程序就可以了。同时也为软件工程管理提供了便利。由于各个层次都在各自的岗位上工作，而且各个层次的应用都有一些共性，因此，通过工程化和工具化的方式来生成管理代码是非常有益的。

第九章 数字化智能校园的信息安全建设

(6) RFID 技术

① RFID 技术简介

RFID 是一种无接触的射频识别技术，属于一种新型的自动识别技术。RFID 的基础部件如下：

转发器：由天线、耦合元件和芯片构成。目前普遍采用标签式转发器，每一种标记都带有独特的电子编码，并附于物件上以表示目标对象。

读卡机：由天线、耦合元件、芯片等组成的读写机，可以作为一种便携式 RFID 读写机或固定读写机。

应用程序系统：应用程序级的软件，它的主要功能是对采集到的数据进行进一步的加工和利用。

RFID 最大的优势在于无接触式的识别，能够穿透雪、雾、冰、油漆、灰尘等严酷的环境读取标签。它的阅读速度非常快，一般只需要 100 毫秒。

② RFID 技术的工作原理

当持卡者有该卡后，读卡器将检测电磁波发送给该卡，RFID 芯片在检测电磁波接收到读卡信息的命令后，将卡片的信息添加到 RFID 芯片所反射的检测电磁波中。读卡器接收反射的电磁波，并将信息与 FID 芯片的主数据库进行比对。如果验证通过，读卡器将检测电磁波发送给该卡；如果检测没有通过，RFID 系统的主机将检测电磁波输入检测信号，并用检测设备进行检测。

（二）系统需求分析

1. 系统设计目标

随着高职院校规模的不断扩大，各类与学生相关的信息也呈几何倍数增长。只用人力去处理学生的资料，工作量非常大。而有了电脑，就可以让工作人员摆脱繁重的工作，只需简单的操作，就能及时、准确地获取所需的资料。通过对学生、会议、教室的时间管理、统计、汇总、报表的打印，将学生的学分管理工作系统化、规范化、自动化，从而提高管理的效率。本书以 B/S、C/S 两种方式为基础，以自上而下的方式进行了研究。该体系的基本目的有以下几个方面：

(1) 管理教室、会议、终端、项目、统计信息（添加、删除、修改等）。

(2) 检索、统计教室、会议、终端、项目、签到记录、报表打印等。

(3) 实现指定教室、指定会议、指定人员出席演讲。

(4) 使用校园卡进行身份识别和签到，刷卡后可显示签到者的姓名、照片、学号等信息。

(5) 保证资料通信的安全性及以资料的安全性、准确性。

(6) 安装简便，操作方便，系统运行效率高。

(7) 可维护和扩展能力强，可以根据客户的业务需要进行调整。

基于以上原因，本书提出了一种基于自上向下扩展的快速原型法的设计方案。从上到下，即从总体上统筹、从全局到局部、从长远到短期进行研究。快速原型是指首先构建一个功能简单的原型，再通过不断地改进原型，使其不断地扩展和完善。另外，为了增强模块的可聚合性和可扩展性，减少模块之间的耦合，将数据库设计成一个中间的模型，这样不仅可以增加数据的共享，还可以增强系统的可改性。

2. 系统功能分析

在指定的教室内，由指定的人员听课，由学生用读写机刷卡进行身份识别和签到，在完成签到后，系统会自动记录签到人员听课次数、听课权重，从而管理成绩、分配学分、打印报表等。

服务器端：主要用于管理人员信息、教室信息、终端信息、会议信息（如添加、修改、删除、查询等）、系统参数信息的设置，并提供统计、查看签到、分配学分、报表打印、数据分析等功能。

客户端：主要用于初始化程序、初始化读写器、下载会议、显示会议信息、刷卡，并显示签到人的姓名、学号、照片等信息，并将其上传，供服务器统计。

3. 系统需求分析

（1）数据精确度

要求资料必须准确、可靠、真实。当执行作业要求时（如查找、删除、修改、添加等），必须确保所输入的资料与资料库资料高度一致。当用户发送请求时，系统必须确保所应答的数据的查准率。

（2）响应特性

为了满足高效率的用户需求，数据的响应时间、更新处理时间、数据转换和传输时间、运行时间都应该在1～2秒。当需要与诸如打印机等外部设备进行互动时，响应时间可能会更长，但是应该在可以接受的范围内。

（3）较高的可扩展性与维护性

系统采用模块化设计、"积木式"的开发，有利于后期系统的维护升级。

（4）支持数据库备份与灾难性恢复

数据库具备一定的抗灾性、容灾性、可靠性、容错性，并使用了备份服务器和硬盘镜像技术，使得数据恢复更加简单方便。

（5）自动化、信息化、网络化程度高

系统能自动统计信息、打印报表，同时，支持在线传输数据，适合在校园网内使用。

4. 系统可行性分析

（1）技术可行性

首先，对于大部分的高职院校来说，经过多年的建设，校园网已基本建成，为实现信息化管理奠定了良好的网络基础。与此同时，校园卡的使用也越来越广泛，已经渗透到了校园的每一个角落，并具备了银行卡和身份证等多种功能，是学校里的必需品。

其次，采用 MVC 的开发方式，以 DLL 封装技术和 B/S、C/S 的混合架构为基础，使用 Visual Studio，具有很强的可扩展性和跨平台能力。后台数据库使用 SQL Server，与 C# 有一个统一的接口。SQL Server 数据库具有较强的吞吐能力，能够充分满足海量数据的存取需求，性能稳定、可靠。

（2）经济可行性

课外学分系统的开发得到了学校有关部门的资金支持，开发所需要的硬件和软件设施能很快得到配置，从而保证了开发工作可以顺利进行。另外，本系统的应用，可减少人力、物力的投入，对提高工作效率、提高学校教务信息化水平具有深远的意义。

（3）社会可行性

使用的可行性：该系统具有操作简便、易于掌握的特点。

运行的可行性：该系统支持网络接入，不需要太多的服务器，在计算机上安装就可以使用。

法律上的可行性：该系统属于校方内部使用，没有任何商业运作的行为，并且是自行开发和设计的，不存在任何侵权行为。

（4）系统分析总结

该系统的可行性分析是从技术、经济和社会三个层面对系统的目标、需求和实现情况进行分析，对项目建设后的经济效益、社会效益和工作环境的影响进行分析，就该项目的可行性进行分析，并就该方案的可行性进行探讨。

总体来说，该系统在网络设施、资金设备、开发力量等方面都有很好的基础，对系统的分析和需求都与国家的政策和规范保持一致，并获得了很好的社会经济效益。经过调查，项目的功能设计是科学的、合理的、符合现实需要的、具有前瞻性和可操作性的、实用的、内容丰富的，其组织、管理、运营、维护都有充分的保证，已具备了正式设计和开发的条件。

（三）系统设计

1. 数据库设计

数据库是信息系统的核心，是信息系统的重要组成部分。信息管理的本质就是管理数据，把数据库管理系统引入学校的信息化管理中，可以使学校的信息化管理更加规范化、系统化、科学化，从而大大提高学校的信息化管理水平。该系统的数据库使用 SQL Server。

（1）数据压缩和备份压缩

采用嵌入式数据库进行数据压缩、备份，提高了系统性能，加快了备份的速度，节约了运行时间。

（2）星型链接查询优化器

SQL Server 的查询效能使用星形链接查询来区分数据仓库的连接方式，提高了查询的响应速度。

（3）最大限度地减少管理监视

监控框架管理是一种新的基于政策的管理方法，它通过定义一系列数据库操作来减少日常的维护，缩减了系统开销。

（4）集成捕获变更数据

数据库可方便地捕获到变更后的数据，并将其放在变更表中以提供改进的查询功能，允许管理和修改数据。

2. 接口设计

设计者设计和开发了校园卡管理系统的接口，引入共享数据中心模块，使原有的所有业务数据库不发生变化。Web 服务通过网络部署来实现对商业功能的接入，同时也是学校之间进行信息资源交换的界面。Web 服务能够突破服务器和网络宽带的局限，实现跨平台的快速服务。其最根本的目标是为不同平台、不同应用系统提供协作功能，使厂商与用户可以无缝互动。

3. 系统设计与开发

（1）系统设计原则

为了保证系统的顺利运行和可持续发展，在系统的建设和技术方案的设计上，应遵循以下几点原则。

①实用性和可靠性原则

信息系统的实用性是开发信息系统所遵循的首要原则，以够用为度，并注重理论与实际相结合。

可靠性是指在特定时间、特定环境中，系统不会发生故障而完成预定功能的可能性，可靠性分为软、硬件两大类。硬件是一种物质产品，失效的主要原因是硬件故障，可靠性主要体现在硬件设备性能的稳定性方面；而软件是一种逻辑产品，失效的根本原因是设计错误，软件的可靠性主要体现在应用软件操作系统的稳定性和软件功能的可靠、无故障及具有可操作性等方面。

②易扩展性和易维护性原则

易扩展性原则是指要在系统建设中充分考虑未来的发展，不仅要留足充分的空间，还要在以后能够进行"积木式"的扩展。易维护性原则是指在系统的运行中，尽可能地进行简单的维护，不需要大量的特殊工具，在出现故障时，能迅速恢复数据。

③先进性和安全性原则

在设计时，要注重"以技术为本"的主题，充分考虑到业务与技术的结合，吸取国外先进的设计思想和丰富的经验，制定符合我国国情的设计方案。系统的硬件安全性主要体现在使用了备份服务器、硬盘镜像技术等。在登录时，系统的软件安全性则是通过认证识别用户，以及对各个级别的用户进行不同的授权表现出来的。同时，系统漏洞要及时修补，并能够安装防病毒软件。

④易管理和复用性原则

在系统的设计中，系统采用了面向对象的设计思想和模块化思想，将系统划分成各个模块，便于管理、修改等。

(2) 系统开发方法

目前，系统的开发主要有寿命周期法和快速原型法两种。快速原型技术是一种新的基于结构化的生命周期方法，该方法通过构建能够反映用户需求、功能简单的原型，并对其进行改进，使其达到满足用户需求的目的。原型就是一个模型，而这个模型就是一个应用程序。

快速原型法的主要优点如下：

①它验证用户的需要，使其能够在系统的开发周期内尽早地进行人机交互。

②它提高了最终系统的安全性，能减少系统开发的风险。

③既可以用实例建立新系统，也适用于对旧系统的修改。

④提高了用户在开发过程中的参与度，能使其更好地了解系统。

⑤能够提供很好的系统描述和实例演示，使项目的管理和文件编写工作变得简单。

该方法克服了传统的寿命周期方法存在的缺点，开发周期短，维护费用低，适用性强，可靠性强，调试简单。首先，采用快速原型方法，在很短的时间内开发出一种平台样机，并对样机的性能进行分析和修正，从而开发出一套新的系统；然后，将其提供给使用者进行一次试运行，并依据使用者的反馈来进行系统的维护与改进，从而决定整个系统的架构；最后，以此为基础，对各功能模块进行细化。

(四) 系统详细设计

1. 服务器端

服务器端在信息系统中占据关键的地位，决定了系统的主要功能。首先，输入正确的用户名和密码，登录服务器。

(1) 用户管理

用户管理可实现对用户的查询、添加、修改、删除等操作。拥有相应权限的用户才能执行相应的操作。

查询用户：可以按用户名和姓名查询。

添加用户：单击"新增"按钮，输入用户名、姓名、权限，即可添加用户。

修改用户：单击"编辑"按钮，修改用户名、密码信息。

删除用户：单击"删除"按钮，直接删除用户信息。

（2）教室管理

教室管理可实现对教室的查询、添加、修改、删除等操作。

查询教室编号、教室名称、教室地点。

查询结果：教室 ID、教室编号、教室名称、教室地点、地点说明（以表格的形式显示）。

添加教室：在表格第一行教室 ID 为 0 的单击"编辑"可添加教室，教室编号（必须为教室表中存在的教室编号）、教室名称、教室地点、地点说明都必须填写。

修改教室：除表格第一行 ID 为 0 的项外，单击"其他编辑"均可作更新操作，修改项为教室名称、教室地点、地点说明。

（3）终端管理

终端管理可实现对终端的查询、添加、修改等操作。

查询入口：终端 ID、教室编号、终端 IP、教师名称。

查询结果：终端 ID、教室编号、教师名称、终端 IP、终端说明。

添加终端：在表格第一行终端 ID 为 0 的项单击"编辑"可添加终端，教室编号（必须为教室表中存在的教室编号）、终端 IP（IP 不可重复添加）、终端说明都必须填写。

修改终端：除表格第一行 ID 为 0 的项外，单击"其他编辑"均可作更新操作，修改项为教室编号（必须为教室表中存在的教室编号）、终端IP（IP不可重复添加）、终端说明。

（4）讲座管理

讲座管理可实现对讲座的查询、添加、修改、删除等操作。

查询入口：讲座编号、讲座名称、主讲人、教室编号、教师名称、开始时间。

查询结果：讲座编号、讲座名称、主讲人、教师编号、教室名称、开始时间、结束时间、权重、主题图片、讲座说明（以表格形式显示）。

添加讲座：单击"添加讲座"，进入添加讲座页面，输入讲座名称（讲座名称不可重复）、主讲人、教室编号（必须为教室表中存在的教室编号）、讲座时间、权重、讲座说明（限200个字符）、选择讲座日期、主题图片（图片格式必须为bmp、png、gif、jpg、jpeg），单击"添加"即可添加该讲座。

修改讲座：单击"表格内编辑"，进入编辑讲座页面，编辑讲座名称（讲座名称不可重复）、主讲人、教室编号（必须为教室表中存在的教室编号）、讲座时间、权重、讲座说明（限200个字符）、讲座日期、主题图片（图片格式必须为bmp、png、gif、jpg、jpeg），然后单击"更新"即可更新该讲座。

（5）签到管理

签到记录可实现对签到数据的查询、添加、修改等操作。

查询结果：项目编号、项目名称、建立时间、说明（以表格形式显示）。

添加项目：在表格第一行项目编号为0的项单击"编辑"可添加项目，项目名称、项目说明必须填写，项目建立时间默认为当前时间。

修改项目：除表格第一行ID为0的项外，单击"其他编辑"均可作更新操作，编辑录入项目名称（项目名称不可重复）、项目说明，单击"更新"即可更新该项目。

（6）项目讲座管理

项目讲座管理可实现对项目讲座关系的查询、添加、修改、删除等操作。

查询入口：项目编号、项目名称、讲座编号、讲座名称、教室编号。

查询结果：关系流水号、项目编号、项目名称、讲座编号、讲座名称。

添加项目：在表格第一行项目编号为 0 的项单击"编辑"可添加项目讲座关系，项目编号、讲座编号必须录入。

修改项目：除表格第一行 ID 为 0 的项外，编辑录入项目编号、讲座编号(同一个讲座内，讲座编号不可重复)，即可更新该项目讲座关系。

2.客户端

客户端与校园卡对接，引用 RFID 技术，实现通过读写器下载会议、读取信息、识别身份、显示会议和用户信息等功能。同时，读卡签到上传，可供后台服务器统计数据。

（1）初始化读写器

运行系统后，先检测读写器的状态，如是否有读写器、连接是否正常、是否已驱动。如果初始化成功，则读写器绿灯亮,读写器工作正常；否则，读写器有故障，有可能是连接的问题，也有可能是驱动的问题。

（2）初始化会议

在读写器初始化成功后，便开始初始化会议，这时界面会显示当前时间、教室编号、终端编号、教室名称等信息，并且各个参数一一对应，可以判断四个参数设置是否正确，会议设置是否正确。

（3）下载会议

在初始化会议成功后，如果会议对话框中没有当前会议，说明当前会议没有被下载，此时单击下载信息按钮，让系统加载会议，会议名称将出现在会议对话框，双击会议名称后即进入身份识别、签到。此时系统显示当前会议名称，左边是会议主题图片，右边是签到者的照片、姓名、学号，还有签到时间、签到人数等信息，此时，可以通过读卡器刷卡签到。

（4）识别签到

本系统集成与校园卡对接并采用RFID技术，利用RFID射频读卡器读取校园卡信息。刷卡信息读取成功后，读卡器会发出"嘀"的一声，同时，读写器上会显示刷卡人的姓名，系统上也会显示刷卡人的个人信息。

刷卡时，读卡器先读取卡片的物理卡号，然后在数据库中对学号进行本地数据查询。如果本地存在该学号对应的学生的信息，则直接从本地读取该学生的信息，显示学生头像、姓名、学号等。如果本地不存在该信息，则通过调用Web Service查询服务器端查询，若该学生存在，则从服务器下载该用户信息，将记录添加至客户端，并且增加当前会议人数；否则界面显示该卡无效或该用户不存在。

（五）系统测试与使用

1. 系统测试

（1）测试目的

软件测试就是为了系统地找出软件中潜在的各种错误和缺陷，能够证明软件的功能和性能与需求说明相符合，获取系统在可接受的风险范围内使用的条件。同时，测试在非正常情况和条件下软件的功能和特性，在过程中尽早地检测错误，提供预防或减少可能制造错误的信息，并且提供解决这些问题和避免风险的途径。

（2）测试方案

在本系统中，测试主要采用基于功能和性能的黑盒测试方法。同时，在软件开发的每个阶段，分别进行单元测试、集成测试、系统测试和验收测试，保证在系统投入运行前，尽可能多地发现问题，并及时处理，避免系统在实际运行中出现问题。

（3）测试案例

测试案例是一组关于测试的场景，以及在每一场景中需要输入和输出的数据，并对软件的正确性作出评判。

测试案例的元素：测试案例编号ID、测试案例标题、测试模块、测试输入条件、期望输出结果、其他说明。

2. 系统实施效果

该系统安装方便，操作简单。首先，在本地计算机先安装 .net Framework 2.0 以上框架，解压程序，在配置文件（Exe.Config）中配置终端号、教室 IP、教室编号、读写器 COM 端口号四个参数。为了保证系统的安全性，实现指定教室、指定会议签到，四个参数一一对应。同时，电脑必须联网才能下载会议，从而实现身份的识别、签到，否则，系统便会提示会议下载不成功。通过近半年的调研和开发，课外学分系统终于开发完成，并在一些学校教室投入使用。在使用过程中，系统运行正常并取得了良好的效果。此外，该系统不仅用于课外学分统计，它作为一种签到终端，还可用于毕业生招聘会、学校干部培训会等多种会议签到。

该系统实现了课外学分统计管理、身份识别、签到等统一管理的功能，为教务管理人员提供了一个便捷的工具，为教师和学生提供了一个公开透明的数据环境。在系统投入试运行的初期，发现了部分程序和数据错误，然后一一解决。在不断改进和纠正错误之后，系统运行稳定，统计准确，大大降低了工作人员的工作强度。特别是在签到、统计、打印报表方面起了重要的作用，从而显著提高了工作效率，节省了财力、物力，有力地促进了信息化、网络化办公校园的建设。

第十章
云计算环境下数字化教育资源共建共享

第一节 云计算环境下数字化教育资源共建共享模式

云计算是一种商业计算模式,可以让超级计算运行在互联网上,企业和个人都不需要在硬件上花费太多就可以在互联网上购买计算力。这种技术的创新,将会对互联网的发展产生深远的影响,对处于网络生态环境中的数字教育资源共享生态系统的影响也是非常显著的。本章以云计算为例,探讨技术创新对数字教育资源共享生态系统的影响。在分析云计算发展现状后,对云计算环境下的数字教育资源共享新特性作了分析,结合当前的资源建设现状提出了利用混合云技术来架构一种新型的共享平台,并做了实验,证明这种方案是可行的。

IT环境的规模得到了极大的改善,同时也使得一个统一的云计算系统得到更好的管理。这是网络基础结构的一次革命,极大地促进了互联网的应用与发展,也显著地影响了网络生态系统。

一、云环境下数字教育资源共享新特性

云计算将大量的系统集中起来,为不同的IT服务提供支持,这是一个巨大的分享、一个革命性的改变。云计算是一个新的结构模型,在网络生态系统的环境要素中,对包含于其中的数字教育资源共享这样一个小生态环境来说,是一种外界影响因素,但同时也是其自身的环境因子中的重要组成部分,所以说它又是一种内因。这种内外环境因子的作用必然对数字教育资源共享生态系统产生影响,为其带来新

的特性。

(一)云计算能给资源消费者带来更好的用户体验

云计算给资源消费者带来更好的用户体验主要表现在以下五个方面。

1. 更丰富的资源，更好的兼容性

消费者在一个平台上能共享的资源数量会更多，且由于云计算平台支持的文档格式标准且相对统一，消费者不用考虑资源格式兼容性和操作系统兼容性。目前，在不同操作系统之间共享数据非常麻烦，但对于云计算平台来说，重要的是数据而不是操作系统，所以用户可以通过任何操作系统连接到云服务共享文档和数据。

2. 更高的效率

云计算把用户放在首位，让数据服务于每个人。通过云计算的强大运算能力，用户可以很容易地获得自己想要的数据，而不用在处理海量数据时手忙脚乱。

3. 更低的消费成本，更佳的性能体验

由于这些应用都是在云之上，而非在当地运行，因此，不必再去购买那些超级计算机来运行云计算。由于大多数的软件都是基于云计算的，因此用户的计算机可以节约更多的资源并提高性能。因为云中的服务仅用于支持一个单一的环境，因此它的运行速度会更快。

4. 即时的软件更新

用户不再面临过时的软件和昂贵的升级成本的问题，网络应用会自动更新，而且每次用户使用该软件时，都会收到最新的版本。

5. 随时随地消费资源

在云计算的帮助下，用户无须随身携带资源，可以在任何时间、任何地点进行资源的采集。所有的资料都储存在云端，只要有计算机与网络就能获取。

(二) 云计算能给资源生产者带来更好的生产环境

云计算给资源生产者带来更好的生产环境主要表现在以下四个方面。

1. 解放生产者

现在资源生产者在生产资源的同时还要考虑互联网基础环境的支持，还要考虑将来的运营维护。在云时代，资源提供者无须担心是否有环境支持，也无须担心未来的运行和维护，只需将更多的精力放在课程的设计和资源的开发上。

2. 增强数据安全性

在台式机上，硬盘的崩溃会破坏一切有用的资料，但是在云计算时代，有世界上最好的资料处理中心，可以为用户提供资料，并有一个强有力的技术管理小组协助用户处理资料及程序。由于云会自动备份存储的数据，所以云中计算机的故障不会对存储的数据造成任何影响。云计算环境对数据有严格的授权管理，以保证数据版权和隐私。

3. 改善文档格式的兼容性

网络应用软件所产生的文件可以被其他用户阅读，并且在所有人都利用云计算共享文件和应用时，没有格式上的兼容问题。同时，制造商也不必担心格式是否符合要求。

4. 简化团队协作

可以通过分享文件来进行文件协作。对于大部分制造商而言，云计算最大的优势就是让其能够轻松地进行文件和项目的协作。简单的小组协作可以加速大部分的小组计划，并使分散在不同地区的小组协作成为可能。

(三) 云计算给共享服务提供者带来更强更完善的基础环境支撑,大幅度提升其服务能力

1. 更大的灵活性和更好的伸缩性

云计算最大的特点就是虚拟化。虚拟化技术使软件的开发与软件的设计相分离,共享服务提供者仅需在虚拟层面上进行软件的开发,无须再进行后台软件的设计。虚拟化也使数据平台能够在服务器上进行迁移,当某个服务器负载过大时,将其转移到其他服务器上,从而解决了一些服务器负载过大而有些服务器空闲的问题,且随时可以轻松地根据自己的需求增加或减少云存储空间、计算能力和带宽,以适应资源访问量的变化。理论上,云能提供无限的存储能力和计算能力。

2. 降低 IT 基础设施投资

共享服务提供者可以降低成本,并通过云计算的运算和存储能力来取代原有的计算资源,从而减少初始投资。对于那些需要处理高峰负荷的服务提供者来说,他们也不必再为负荷峰值(通常是空闲的)采购设备了,这些问题可以由云计算解决。

3. 减少维护问题

对于不同规模的企业,云计算可以大大减少硬件和软件的维护费用。所有的硬件都是由云服务提供商来管理的,因此在基础架构上不必进行任何的硬件维护,系统软件等也是如此。

4. 减少软件开支

通常,以云为基础的服务费用要低于传统的软件,并且很多公司,比如谷歌都会提供免费服务。

基于以上云计算的共享优势,任何互联网用户都可以轻松地获取教育资源,也可以非常方便地将自己的资源分享给其他人,实现教育资源的更大开放和共享。

(四) 云计算的缺点

云计算环境下的共享在体现出其独特优点的同时，也不可避免地有一些缺点，主要表现为以下七点。

1. 必须有高速、持续的网络连接环境支持

由于使用者必须通过互联网把应用程序与资源连接起来，如果没有网络连接，使用者就无能为力了。Web应用软件的下载速度非常快，尤其是包含了很多多媒体内容的教学资源，在网速较低的情况下，网页的载入就变得非常困难，更不要说充分发挥它的功能了。换句话说，云计算环境下的资源共享更需要宽带高速网络的支持。

2. 反应慢

即便是网络速度很快，Web应用的响应速度也会大大低于台式机的响应速度，这是由于其受到了用户端与服务器间的数据传输过程的影响。

3. 功能有限制

与相应的台式机应用相比，很多软件的性能都有所下降。就谷歌文档和Microsoft Office来说，两者在基本功能上没有太大的区别，但谷歌文档缺少了很多Office的高级功能。

4. 数据的安全性难以保障

云计算是一种以虚拟化为基础的技术，当使用者在使用云服务时，常常不清楚自己的资料存储在何处，从而容易造成安全隐患，因此必须要有一个可靠的解决方案，以保证数据的安全性。此外，如果所有的数据都存储在云中，那么就不能保证这些数据不会被其他用户所盗用，尤其是隐私信息。

5. 不能保证数据不会丢失

从理论上讲，云存储的数据是有备份的，不会出现丢失的情况，但是目前大多数的云计算提供商还没有服务级别协议 (Service Layer

Association，简称 SLA），这也是资源生产者利用云服务时需要考虑的一个风险。

6.知识产权和权益受到侵害

由于云计算平台的广泛使用，使得资源生产者的知识产权和权益受到侵害，因此必须采取一些措施来解决这类问题。

7.需要更多的投入

如果将所有的教育资源都上传到云平台上，那么原有的硬件投资处理、大量资源上传和格式处理等工作也需要更多的投入。

综上所述，云计算作为一种新兴的基础设施架构，给互联网带来了革命性的影响，也给数字教学资源分享的生态系统带来了巨大变化，并为其提供了新的功能，但也存在许多问题，其主要原因在于云计算在技术、政策、标准等诸多方面都存在诸多问题。

二、混合云资源共享技术

近几年，中央及地方投入巨资构建了大量教育资源库，这些资源库由于各种原因利用率普遍不高，所以进行更大范围内的资源共享是实现资源价值、发挥其社会效益的有效手段。这些资源库大都用存储服务器集群和负载均衡技术构建了高容量、高性能的基础服务设施，这些设施自成体系，可以实现负载的自动分配和容错管理等，且都有各自的资源查询接口。大部分应用服务器及数据都采用了多机设备模式，服务响应动态分配给不同的应用服务器，带宽也根据访问量进行动态调整，数据中心可以根据各个应用的需要在设定的范围内动态调整各个应用的存储容量。由于其也处于单位防火墙之内，由用户自己进行细粒度管理，只通过被严格保护和监控的 Web 端口和一些媒体端口对互联网用户提供访问，有点类似于非严格意义上的私有云结构。目前，国内绝大部分教育资源库都采用与此相似的架构，具体的差别只在所采用的服务器硬件型号和系统软件上。

即使将来云计算被广泛应用了，作为我国数字教育资源建设的主体，政府出于对知识产权保护或投资价值体现等方面的考虑，在很大程度上仍会采用私有云技术来构建自己的资源管理平台，这就需要我们考虑如何共享这些处于私有云中的资源。下面是本书提出的一种利用 Deep Web 集成技术在公共云上架设共享服务平台来共享处于私有云中的资源的混合云解决思路。

(一) 基本原理、架构组成及主要流程

1. 基本原理

混合云资源共享技术的基本思路是通过在云平台上搭建共享资源管理平台，对处于单位防火墙内部的各资源库中的资源内容进行索引编目并共享在互联网上，资源消费者在共享平台上找到想要访问的资源时，被云平台自动导引到内网的资源服务器上。也就是说，资源本身还在内网，原有结构和管理方法不变，只是多了一个供互联网上的资源消费者访问资源的平台。这种解决办法将内网的私有云和外网的公共云结合起来解决资源共享问题，所以说它是一种混合云。

利用云平台开发环境在云基础架构上开发一个资源共享服务架构，各个资源库（私有云）将其查询接口地址、查询模式及结果模式通过共享服务接口发布到该服务的调度服务器上，调度服务器按一定的策略将这些私有云的查询接口和模式进行分析归并到其资源集合中。用户只需查询该共享服务即可访问资源集合中的所有资源，而无须知道该资源究竟由哪个资源库提供，且通过用户对查询结果中相应资源的点击，共享服务系统可以按一定的策略进行自动学习，调整其查询结果展示模式，按资源发布日期和点击量进行排序。

通过对各个资源库的查询接口的集成，并在类似 Google 的云服务平台上发布，可以在更大范围内共享资源，并成为一个资源日益丰富、容量日益增加的资源共享服务平台的组成部分。这是一个基于私有云的公共云服务解决方案，是一种混合云模式的应用。

2. 架构组成

其技术架构由云客户端、私有云、调度服务器三部分组成。

云客户端是互联网上访问资源共享云服务的用户，也就是共享生态系统中的资源消费者。

私有云是拥有大量优质数字教育资源并已在互联网上提供 Web 服务的资源服务商。目前，各高职院校的网络学院和中央及各省、自治区、直辖市政府自建的资源库，就是私有云。其大都拥有自己的大容量存储和有集群容错能力的机器，但由于对特定的人群提供相对封闭的服务而利用率不高。其由资源服务器和共享服务器两部分组成。资源服务器在一般的资源库架构中是指流媒体和课件等多媒体资源服务器，而共享服务器一般指 Web 应用服务器，是对外资源查询访问的接口。这个部分包括了共享生态系统中的资源生产者、基础环境运营商及基础环境因子等。

调度服务器直接面向云客户端，接受客户端的资源查询访问请求，根据调度策略选择共享服务器，将客户端查询请求按一定策略分配给被选择的共享服务器接口，并对共享服务器反馈的查询结果进行归并处理后再反馈给客户端。这部分包括了共享生态系统中的共享服务提供者及基础环境等。

3. 主要流程

这种混合云共享技术方案包括如下八个主要的服务流程。

（1）发布服务

私有资源云服务商访问共享云服务平台提供的资源发布接口，通过一定的程序将自己拥有的 Web 教育资源查询接口发布到云服务平台上。

（2）请求服务

客户端通过资源共享云服务网站的 Web 查询界面向调度服务器提交自己的资源查询请求。

（3）调度策略

调度服务器对接收的查询请求进行分析，按查询的资源学科类别等选择相应的资源共享服务器。

(4) 提交查询

调度服务器根据选择的共享服务器在发布时提供的接口参数，生成对应的查询请求，提交给相应的共享服务器查询接口。

(5) 反馈结果

共享服务器查询接口收到调度服务器的查询请求后，将查询请求以 Web 方式提供给后台 Web 数据库，Web 数据库将查询结果通过 Web 方式提供给共享服务器，再反馈给调度服务器。

(6) 归并呈现

调度服务器对各共享服务器反馈来的 Web 网页方式的查询结果进行提取和分析，并进行去重归并等处理后，以 Web 页面方式呈现给客户端。

(7) 浏览资源

客户端根据调度服务器最终反馈的 Web 页面数据，访问查到的资源。

(8) 存活检测

调度服务器按设定的周期自动轮询检测各共享服务器的响应速度，并呈现在一张时间表中，供调度时参考。

以上八个流程涉及共享生态系统中的几个关系：第（1）步发布服务是资源生产者生产行为中的重要环节，实质上是在互联网中发布资源，是生产者与资源之间的关系；第（2）步请求服务和第（7）步浏览资源是资源消费行为，是资源消费者享受共享资源云服务，是消费者与资源之间的关系；第（3）、（4）、（5）、（6）步是共享服务提供者对资源进行二次改造的行为，包括索引、整理及再生等，是共享服务提供者与资源之间的关系。以上三个关系都围绕共享的资源，通过与资源发生关系，资源生产者、资源消费者、共享服务提供者三者之间相互依存、彼此促进，维系着一种动态的平衡。第（8）步实际上是基础环境因子自身内部的一种平衡机制，是一种自我调节机制。

(二) 关键技术

该混合云资源共享的关键技术主要有以下四点。

1. 原有资源库

原有资源库即私有云的查询接口，特别是其接口参数的获取，涉及查询提取模式的一致性。很多资源库的查询接口有很多隐含的参数和客户端处理模式，这需要有一定的技术基础或者对其私有云的资源查询接口的技术参数非常清楚才行。

接口基本参数有三个：place，是隐含参数，默认值是 search；simple keywords，是输入型参数在接口界面文本输入框输入查询关键词，不能为空；mode，是二选一输入性常量，由接口界面的 radio button 选择。这些参数必须有一定的 HTML 脚本，或者从技术上分析 Form 提交后的 URL 才能获得。

2. 云平台所提供的应用环境

云平台本身所提供的应用环境也是一个非常重要的技术因子。由于目前没有统一的云标准，各个平台所提供的云平台的技术环境及接口都是特定的，且各种平台的限制条件也不一样，这就需要花一定的精力去熟悉了解。如 GAE 中对 Python 和 Java 的支持，由于对基础设施安全封装的考虑，有很多操作目前是不支持或部分支持的，和标准的 Python 及 Java 编程还是有很大区别的。

3. 集成查询界面

集成查询界面获得资源消费者的查询请求后按规则要求，将查询请求进行变换，组成适应相应查询接口需要的查询条件。从查询接口数据库中根据规则库定义的规则取出相应的查询接口地址 URL，从接口参数库中取出关键词输入名称、隐含参数对数组和查询提交方式，与集成界面所获得的关键词一起组成查询 Form 或查询地址，并自动提交给相应的资源共享服务器。

4. 查询结果的分析和处理

查询结果的分析和处理是一个非常关键的步骤。查询结果的页面一般都是由表格组成的半结构化的数据树，尽管借助于 HTML Parser 和 HTML Dom 树等工具可以将表格分离出来，但还需要解决表格的嵌套及真正结果数据的识别和获取等问题。

获取查询结果数据后,对来自多个数据源的数据集的归整也是非常重要的。对 Deep Web 查询结果的识别或者说对 Deep Web 实体的识别技术研究目前主要有两个方向:一个方向是通过对获取结果的属性文本特征进行分析识别,主要集中在研究文本相似函数(定义、选取及阈值设定)、属性权重的设定及相关优化方法上;另一个研究方向是采用语义识别技术,通过对基于上下文语义信息或特定领域知识的分析来进行实体识别。

第二节 教育信息资源共建共享云服务体系

一、数字教育资源共享系统的组成

数字教育资源共享系统由主体、环境和关系三个部分构成。

主体包括教师、学生、科研人员、学校、企业、家庭、政府机构以及可回收的资源生产商。其中，网络运营商、软硬件运营商、通信服务运营商、平台服务商等是网络服务提供商。交易服务商包括电子支付、结算银行等金融服务商，信用服务商，快递公司等物流服务商等。

环境是各种非生物的、非物质的、为资源分享活动提供支撑和辅助功能的要素，其内容有：政府的政策支持和法律的保障；社会经济发展水平，文化和意识形态，人们的认知水平，计算机网络和通信技术的革新，以及国内和国外的竞争。

关系是系统中各个构成要素间的交互作用。数字教学资源的共享系统由主体、主体与环境、系统与子系统的关系三大部分组成。信息流、资金流、能源流是这些关系的中心内容。

在数字化教育资源共享体系中，资源的分享与使用者都是以达到资源共享、资源消耗为目的的。在资源收费的前提下，形成了资源的买卖，这取决于服务提供商的服务；资源买卖要付款，势必会涉及电子支付、结算等金融服务；若双方涉及金额较大的业务，则在首笔交易时，也有可能需要第三方信贷服务机构的介入。

资源共享的前提条件是资源的数字化、交易的电子化。数字化是资源共享者和消费者达成消费行为的必要手段，交易的电子化是其主要工具。对这一切提供技术和物质支持的是提供运算能力和存储能力的硬件提供商、提供操作系统及应用系统的软件提供商、提供网络通信服务的网络运营商和通信运营商以及提供资源共享服务的平台提供商。

二、数字教育资源共享系统的主体

数字教育资源共享系统包括以下五个方面主体。

(一) 资源共享者

资源共享者和资源消费者构成了数字教育资源共享系统的核心主体，资源共享者可以是资源生产者、资源再生者、资源代理商以及任何拥有资源且有共享意愿的组织或个人。

要说明的是，本书中所讲的教育资源都是指数字化、通过网络传播的教育资源。

资源共享者的共同特征如下：

第一，拥有以数字形式存在的教育资源，这些资源是合法拥有或在已有资源基础上经过再加工而形成的再生资源。

第二，具有将自己拥有的资源共享给众人使用的意愿。

第三，通过网络实施共享。

第四，基于教育资源社会效益和经济利益双重最大化。

(二) 资源消费者

资源消费者是数字教育资源共享系统的核心主体之一。这个主体包括的群体最广泛，包括教师、学生、科研工作者等个人，以及学校、企业、家庭甚至政府组织等，还包括再生资源生产者。这个群体中的很多成员既是资源消费者，同时也可能是资源共享者，因为其中的很多资源消费者在消费资源时又对这些资源进行改造，形成再生资源并共享到网络。这方面最典型的例子就是维基百科，其让所有志愿者分级协作以创作模式，使其成为具有互联网分享精神的偶像。

(三) 基础设施供应商

由于数字教育资源共享系统的共享者和消费者分别来自不同的行业、不同的业务领域，他们要达成资源共享，前提条件是应用电子化（数字化）手段，但由于这两类群体受专业分工和技术能力等限制，必须依靠一系列专业的服务商来获得资源共享服务。这些专业的服务商构成了资源共享价值链中的核心要素。这些服务商跨行业跨部门，通过互联网生态系统被组织起来，在资源共享价值链中扮演着不同的角色，发挥着提供资源共享所需要的基础设施或技术环境的作用，本书称之为基础设施供应商。基础设施供应商可以分为如下几类。

1. 平台提供商

平台提供商如K12、国之源、中基软件等各种资源管理平台生产企业，或E-Learning平台提供商等。有些资源生产者同时也是平台提供者。

2. 网络运营商

网络运营商如电信、网通、联通、长城宽带、移动等。

3. 硬件设备商

硬件设备商如IBM、HP、DELL、富士通、联想、浪潮、SUN、Cisco等。

4. 解决方案提供商

解决方案提供商如Oracle、IBM、微软、HP以及一些国内的集成商等。

5. 软件供应商

软件供应商如Oracle、Red Hat Linux、微软、Apple、Redflag Linux等。

(四) 交易服务商

在资源共享服务中，特别是有偿共享中，离不开信息流、资金流和物流。这些流组合在一起形成了一个价值链，最终实现资源共享，从而发挥资源的社会价值，创造资源的经济价值。这些流构成了该系统的主要要素。

这类交易服务商可能包括以下几类。

1. 支付、结算

支付、结算类包括如各大银行、中国银联、支付接口开发商，如支付宝、财付通、网银在线等。

2. 安全认证、信用

安全认证、信用类包括CA中心、阿里巴巴等电子商务认证中心等。

3. 物流服务商

物流服务商类包括如中国邮政EMS、小红帽、FedEx等快递公司。

4. 咨询机构

咨询机构包括如AMT、Accenture等各种互联网技术、市场等分析咨询机构。

（五）平台提供商

1. 平台提供商的概念

在互联网生态下，平台提供商在电子商务中被经常提及。所谓电子交易市场，就是以网络通信技术及其他电子通信技术为基础，以一套动态网络应用及其他应用程序，将买方与卖方结合起来的一种虚拟的交易环境。在数字教育资源共享生态下，平台提供商的概念和电子商务系统很相似，它主要是通过互联网Web手段将各行各业的数字教育资源共享者和消费者吸引到一个虚拟的环境中，将资源共享者的资源信息发布给消费者或将资源消费者的需求发布给共享者，让资源需求和供给双方在同一个空间中进行信息交流，促成和组织资源共享与资源消费行为。平台提供商在资源共享系统中扮演的是一种中介组织的角色。正是因为有了这类中介组织，才使得教育资源的网络共享和资源再生成为可能，简化了教育资源消费的过程，促进了教育资源的共享和再生，从而更好地发挥教育资源的社会效益和经济效益。平台提供商可以说是数字教育资源共享的催化剂。

2. 平台提供商的特征

第一，平台提供商在数字教育资源共享生态中是核心要素，起酶或催化剂的作用。

第二，平台提供商是该生态系统中子系统的领导者。

3. 平台提供商的作用

第一，开发并维护资源共享系统。

第二，培养和引导教育资源拥有者通过平台共享教育资源。

第三，吸引教育资源消费者进行资源消费，鼓励和促进资源再生行为。

第四，建立公平公正的教育资源交易规则。

第五，平台提供商是构成资源共享价值链的关键环节。

4. 一些主要的平台提供商

（1）由政府直接投资支持或间接支持的平台提供商

①中央电化教育馆和各省市电教馆。这些单位是我国基础教育资源开发和建设的生力军，国家和地方政府的大量投入就是通过这些单位来完成的。它们在生产大量基础教育资源的同时，也开发了一些资源管理平台。

②CNKI项目所产生的一些优秀平台，其中，CNKI是基于CNKI的知识管理平台，也是基于CNKI的网络资源共享平台。网络知识管理平台包括知识仓库管理平台、网上实时信息收集系统、PUSH、分布异构型知识仓库建库、发布平台、网页发布管理系统、网络视频会议平台（TNC）、网上协同工作平台（CO-WORK）、个人数字图书馆（IDL）等。CNKI网络资源共享平台主要由操作系统和应用系统两部分组成。操

系统层采用了清华大学同方分布异构跨平台跨库智能检索系统（USP）平台，以及《中国知识资源总库》中各类数据库的检索元数据、全文索引、知识元库、知识导航系统、知识推送系统等。应用系统层利用操作系统、网络会议（NM）、IDL、专业数据库建库、资源信息中心等充分开发利用知识资源，建设个性化的知识服务平台。运用智能参考咨询等先进技术，提供学习工具及知识管理、知识服务、网络出版和系统管理等应用工具，为数字图书馆、学习中心更好地为读者服务提供了强有力的技术保障。

（2）企业

企业如K12、国之源、清华同方思科分布式教育资源管理系统、第一课件网、12999数学网、中国课件网等。

（3）一些区域性组织、协会或爱好者开发的一些平台

此类平台如中国开放教育资源协会（CORE）网站、VeryCD、电驴和一些个人或组织的网站或博客，如清风资源网、文库等。当然，像VeryCD、电驴等这些网站由于是提供公共资源共享的，其对数字教育资源共享的管理和组织比较简单，量也不大，不成体系。

以上这些平台及其供应商都是关键核心主体要素。

三、数字教育资源共享系统的环境

数字教育资源共享系统的环境包括政策、法律、技术、商业、文化、社会基础设施和制度安排等。数字教育资源共享在很大程度上依赖于较好的系统外部环境。如果法律对教育资源的数字版权没有保护作用，互联网信息安全就无法保证；市场机制缺失，数字教育资源共享就不会被广泛接受，特别是教育行业属于社会公益行业，这也就注定了政府在我国数字教育资源共享系统中的主导作用。

（一）政府的主要作用

由于教育是个比较特殊的领域，属于社会公益行业，所以政府对其的主导作用非常大。数字教育资源共享也不例外，作为解决教育公

平和均衡问题的一个重要手段，数字教育资源共享越来越受到政府的重视。国家基础教育资源网、国家现代远程教育资源网、农村中小学现代远程教育工程（又称"农远"工程）等，都是由国家主导的，投入了大量经费，开发了大量资源，且都是免费提供的。又如各省市电教馆近几年来承接的基础教育资源库等都是由各级地方政府投资建设的免费供学校教师和学生使用的教育资源。这些都极大地促进了我国教育资源的建设和共享，推动了教育信息化的大发展，也间接推动了我国的教育现代化。基于以上情况，政府在数字教育资源共享中的主要作用如下：

第一，资金支持，直接促进资源生产、开发和共享，鼓励资源再生。

第二，制定互联网知识产权等相关法律法规并监督实施。

第三，制定相关数字教育资源共享政策并落实。

第四，监督并检查政府资金投入建设的资源应用和共享。

第五，规划、引导、协调教育资源建设行为，避免重复建设，节约社会资源。

第六，规划并组织基础设施建设，提供良好的互联网应用环境。

（二）行业和标准化协会的主要作用

（1）促进信息共享。

（2）为政府制定相关法律法规提供建议。

（3）积极建设行业标准和规范。

（4）加强行业自律和促进行业内企事业单位的健康发展。

四、数字教育资源共享系统的关系

数字教育资源共享系统的关系分为三种，即主体之间的关系、主体和环境的关系、子系统之间的关系。

(一) 主体之间的关系

主体之间的关系主要是合作和竞争的关系。

1. 合作

本书中的"伙伴关系"是指供应链中两个或更多的成员为了达到某种目的或利益而建立的协作关系。通过改善企业间的信息分享，降低企业整体库存，降低成本，改善企业整体经营业绩，快速响应市场，提高客户满意度，最终的目标是增强自身的核心竞争力。资源共享主体之间建立合作关系的主要动力有两个方面：首先，是建立核心竞争力的需要。特别是资源共享企业，为了在资源共享服务中占据优势地位、实现利益最大化，需要和供应商、代理商、资源消费者建立密切的伙伴关系，以共享彼此的技术和服务网络，降低服务成本和新技术开发成本，形成完整的互利互惠的价值体系。这在资源共享相关的企业间特别明显。企业主体之间形成了相互依赖、竞争与合作的互动关系，最终形成了一个共生共存的价值关系，这是数字教育资源共享生态系统中的一个"子生态系统"。其次，是来自外包战略的动力。外包战略在资源共享者相关的价值链中体现得最为完美。在我国的资源共享者中，特别是具有政府背景的事业单位，如全国各省市电教馆体系中的单位，拥有政府的资源建设投资，同时又具有电教技术能力，为了发挥更大的社会效益，一般都会选择一些在资源建设方面实力较强的企业或系统内单位与之建立比较密切的合作关系。而围绕一些资源建设的大企业，如清华同方、北大方正等，与其发展的代理商、专家教师的应用及需求开发团队、技术支持企业、资源开发生产外包企业等的关系，都是合作关系。值得一提的是，随着我国出版社系统对数字出版的认识越来越深刻，大量的出版社加入教育资源的共建共享开发中，这类企业拥有大量优质的非数字形态的教育资源，但由于信息技术力量较弱，常会选择一些能力较强的信息技术企业进行合作，共同开发教育资源。这也是一种数字出版形态下的合作关系。

由于数字教育资源共享生态系统是互联网生态系统下的一种子系统，其内部主体之间的这种合作关系又表现出与传统合作关系不同的一些新特性。

第一，互联网把合作关系推向了一个新高度，合作伙伴的选择范围进一步扩大，可以扩大到全球。

第二，合作关系的主体之间的信息共享程度更高、更迅速，协作反应更快。

第三，外包的概念深入人心。

2. 竞争

从理论的角度可以给出竞争的定义：竞争是指两个或更多的个人或团体，为了实现自身的利益目标而进行的角逐。竞争可分为正式竞争和非正式竞争。

在资源共享生态中，在市场有限的情况下，相同类型的资源（主要是产品内容及表现形式等）占有者（这里主要是企业），为了获取更多的市场份额，达到利益最大化，必然会相互竞争。

按美国著名的竞争战略学家迈克尔·波特的说法，基本竞争战略包括总成本领先战略、差异化战略、目标集聚战略。竞争的最终结果表现为三种形式：一是竞争双方都通过竞争完善了自己的核心竞争力，在竞争中双方达到了一种共同进步、共赢的局面；二是竞争双方在竞争中彼此消耗，两败俱伤，而第三方乘虚而入，占据优势地位；三是竞争中一方落败而另一方胜出，胜者成为该领域的领导者甚至取得垄断地位，败者则逐渐退出。

在互联网生态下，竞争有其自身特点：由传统的全面竞争向协同竞争、创新竞争演变。传统的经济学理论对竞争的重视程度更高，而在互联网经济的今天，企业间的竞争将会是企业间的合作与创新。合作竞争是指在外部环境不断改变、市场竞争加剧的情况下，企业通过与供应商、客户、竞争对手等共同努力，达到共赢的目的，从而获得更大的利润。创新竞争是指企业的竞争模式发生变化：加快各种创新活动，特别是技术创新，使产品差异化，从而更好地满足顾客的个性化需求。这两种新的竞争形式，一种是为了扩大市场份额，另一种是改变竞争的模式，这与强调充分竞争的原则有很大区别。

(二) 主体和环境的关系

数字教育资源共享系统的主体和环境之间时刻发生着信息、能量和物质的交换。政府根据主体反馈的数据信息来制定相关政策法律法规，甚至投入资金来调控整个系统有序高效率地运行。主体也同时受到环境的影响，根据对环境优劣的判断，来决定对共享的投入程度。

最先采用更先进技术、共享理念的平台提供商在竞争中取得优势，获得更好的发展，反过来继续投入更多的资金进行新技术的研发，从而加速技术创新的速度。

同样，社会经济发展水平和文化意识形态等也和主体形成了互动关系，如在不同的经济发展水平和不同的社会文化或意识形态下，人们对知识产权的认识和保护的意识也不同，这将影响到主体的共享行为。另外，经济发展的水平不同，社会基础设施的建设水平也不同，这也将影响互联网的普及程度，从而间接影响资源共享的发展。

(三) 子系统之间的关系

生态系统是个相对概念，不同的界定标准就形成了不同的生态系统。一个生态系统，可以根据一定的标准划分成若干个子系统。自然生态系统中的物种和种群就是这种概念的体现。在数字教育资源共享系统中，不同业态的企业围绕核心共享者提供相应的配套服务，构成一个有机的整体，也就是我们常说的价值链，这也可以看成一个子生态系统。

子生态系统之间也存在着类似于主体之间的那种竞争和合作的关系，而且一个主体可以包含多个子系统。如可以把资源生产者和平台提供商分成两个子生态系统，像国之源这样的企业既提供资源又提供平台，那就分属于两个子系统。

第三节 教育信息资源共建共享云服务平台架构

一、系统层级结构

数字化教育资源的共享是一个有层级的结构。按照不同的标准，这个系统可以分为不同的级别。从构成上可分为交易系统、物流系统、软件硬件提供系统、基础设施系统、供应商系统、代理商系统等；按其是否收取费用，可以将其划分为有偿共用和无偿共用两种系统；按受试者年龄划分，可分为基础数字教育资源共享系统、高等数字教育资源分享系统、继续教育资源共享系统。在系统中，各个子系统的性能都是不一样的。

不管是否收取费用，从根本上讲，数字教育资源共享系统就是一种电子交易平台，它的层次结构也可以应用于网络经济。美国德克萨斯大学电子商务研究中心的研究表明，网络经济由四个方面组成：网络基础设施、网络基础应用、网络媒介和网络商务。

1. 第一层级：网络基础设施层

该层包括了设备供应商和服务供应商，为其他层提供技术支持，是实现资源共享的前提。如 IBM、西斯科、SUN、HP、电信、移动、网通等。

2. 第二层级：网络基础应用

这一层基于网络架构，主要是制造商和解决方案供应商，为网上商业活动提供技术及其他服务。比如微软、Adobe、SAP、Oracle、IBM、HP等系统集成商。

3. 第三层级：网络媒介层

这一层主要是指在网上为买卖双方提供便利，并提高其效率的中间层。网络媒介层是一种促进业务流程的中介，它可以把基础架构和应用层面的投入转化为业务，以获取服务的价值。主要有交易平台供应商、电子银行等。

4. 第四层级：网络商务层

网络商务层在网络上直接向消费者和商家提供产品和其他服务。比如拥有各种教育资源的厂商：清华同方、北大方正以及那些为用户提供技术文档和其他资料的公司。

一、系统开放性

数字化教学资源共享是一种开放性的教学资源，其主体与外部不断地进行物质、能量和信息的交换，例如商业信息、资金、人才、知识、设备、资源等。正是这个瞬间的交流与流通，使整个体系得到了持续的调整和优化，也使整个系统充满生机，活力盎然。

系统主体和整个子系统的开放性，保障了整个生态系统的自我更新和健康成长。

三、系统内部的相互作用

主体和主体之间、主体和环境之间、各子系统之间相互影响、相互适应，使主体与整体系统协同发展。这种共存的发展模式也是多种多样的，具有互联网生态环境下的特征，其主要体现在协作竞争与创新竞争等方面。

就像维基百科一样，它的平台和成员之间的交流是非常密切的，它以颠覆大英百科全书为代表的学术精神，让所有的网友都加入百科的编写中，很快就成了网络上最受欢迎的"大众百科"。这不是一个站点可以完成的，它要求网站和用户共同努力，让用户自发地投入其中，让这个平台变得更有价值。而平台本身的价值又会为互联网用户提供更多的机会。网络用户与平台相互推动、共赢，以价值共生的方式发展。

四、非线性关系

资源共享子系统相互之间的作用是非线性的。资源共享系统由大量进行非线性相互作用的部分组成。各子系统间的相互作用并非简单的相加，而是由各子系统的行为与行为方式决定的。各个环节按照各自的行为规则、环境规则在各个子系统中相互影响。这一非线性效应是由内部因素引起的，也就是主体或子系统的适应性。例如，出版社把自己的纸质教材进行了数字化处理，供资源用户共享，而资源共享网站的发展，也为出版社提供了更加方便、高效的营销渠道。又如，资源分享网站针对资源使用者的需要，将教育资源持续地提供给资源使用者，满足了消费者的需要，而消费者也就愿意购买教育资源，从而增加了网站的收入，为网站发展提供了经济保障。以上这些作用，都不是用简单线性关系相加就能得出的。

五、自主均衡性

资源共享系统中，各个成员都在不断地调整自己的行为，以适应不同的情况。而这种不断的改变与调节，实质上就是在打破了原有的平衡之后，自动进行的调整，重新建立一个新的平衡，也是为了应对下一次的不平衡状态而进行的适应与调整。它是一个"失衡—均衡—失衡"的动态自我调节过程，其动力来自"不均衡—均衡—失衡"。例如，资源共享网站可以针对资源使用者的需要，对在线教育资源的构成、定价、共享、支付等进行调整，在满足了消费者的需要之后，用户会为自己获得的资源付更多的钱，而在网站获得了一定的收益后，就会加大对用户的促销力度，从而激发用户新的需求。

参考文献

[1] 潘瑞芳. 传统文化数字化实践探索 [M]. 北京：中国国际广播出版社, 2019.
[2] 孙志雄, 雷红, 龙顺宇. 数字电子技术实验 [M]. 北京：北京航空航天大学出版社, 2019.
[3] 沈晓霞. 数字电了技术 [M]. 北京：中国铁道出版社, 2019.
[4] 朱幼莲. 数字电子技术 [M]. 北京：机械工业出版社, 2019.
[5] 官云兰, 何海清, 王毓乾. MATLAB 遥感数字图像处理实践教程 [M]. 上海：同济大学出版社, 2019.
[6] 康磊, 李润洲. 数字电路设计及 Verilog HDL 实现 [M]. 2 版. 西安：西安电子科技大学出版社, 2019.
[7] 徐建刚. 数字城市规划教程 [M]. 南京：东南大学出版社, 2019.
[8] 刘伟. 数字图像处理与呈现 [M]. 杭州：浙江摄影出版社, 2019.
[9] 周政, 黄玉霞. 数字化课程环境建设与学生个性化学习 [M]. 上海：上海科学技术出版社, 2019.
[10] 范杰, 魏相君, 敖青泉. 信息化视角下高职院校教学档案的建设与管理 [M]. 长春：东北师范大学出版社, 2019.
[11] 李天翼. 工程与传媒数字化创新应用 [M]. 成都：四川大学出版社, 2019.
[12] 郭瑞良. 服装三维数字化应用 [M]. 上海：东华大学出版社, 2019.
[13] 刘和海, 宋灵青. 数字化学习 [M]. 芜湖：安徽师范大学出版社, 2019.
[14] 李抒燃, 林义淋. 数字媒体艺术在现代设计中的应用 [M]. 成都：四川大学出版社, 2019.
[15] 刘东明. 智能 +AI 赋能传统产业数字化转型 [M]. 北京：中国经济出版社, 2019.
[16] 张会丽. 教育信息化 2.0 时代的智慧教学新探索 [M]. 长春：吉林科学技术出版社, 2019.
[17] 王文瑞. 数字影视特效制作技法解析 [M]. 北京：中国纺织出版社, 2019.
[18] 沈建民. 物理课程与教学论 [M]. 杭州：浙江大学出版社, 2019.
[19] 吕浔倩. 信息化高职教育教学管理研究 [M]. 西安：西北工业大学出版社, 2019.
[20] 严三九, 南瑞琴. 新媒体概论 [M]. 2 版. 武汉：华中科技大学出版社, 2019.
[21] 白洁. 中医课程数字化教学设计与研究 [M]. 西安：陕西科学技术出版社, 2020.
[22] 陈靓影, 张坤, 刘俐利, 等. 学前儿童综合能力培养数字化教学案例 [M]. 武汉：华中科技大学出版社, 2020.
[23] 许志强, 李海东, 梁劲松. 数字媒体技术导论 [M]. 北京：中国铁道出版社, 2020.
[24] 裴传友. 中学化学数字化实验案例研究 [M]. 芜湖：安徽师范大学出版社, 2020.
[25] 袁赟, 袁锋. 三维数字化建模与 3D 打印 [M]. 北京：机械工业出版社, 2020.
[26] 郑维明. 智能制造数字化建模与产品设计 [M]. 北京：机械工业出版社, 2020.
[27] 樊代和. 大学物理实验数字化教程 [M]. 北京：机械工业出版社, 2020.
[28] 黎艳. 智能制造数字孪生机电一体化工程与虚拟调试 [M]. 北京：机械工业出版社, 2020.
[29] 周旺纯. 小学信息技术学科思维与数字化学习 [M]. 镇江：江苏大学出版社, 2020.
[30] 郑维明. 数字化制造生产线规划与工厂物流仿真 [M]. 北京：机械工业出版社, 2020.
[31] 肖志坚, 张文福, 胡新根. 高职教学改革案例分析与创新 [M]. 北京：冶金工业出版社, 2020.
[32] 朱艳军. 高职院校教学管理研究 [M]. 长春：吉林人民出版社, 2020.
[33] 胡文娟. 高职院校篮球教学研究 [M]. 长春：吉林人民出版社, 2020.
[34] 张一平. 高职院校教学管理概论 [M]. 北京：北京理工大学出版社, 2020.
[35] 王九程. 信息化时代高职英语教学研究 [M]. 长春：吉林人民出版社, 2020.
[36] 赵盛. 高职英语教学方法与改革研究 [M]. 长春：吉林人民出版社, 2020.
[37] 资灿. 高职英语教学的发展与创新研究 [M]. 成都：西南交通大学出版社, 2020.
[38] 孟凡飞. 高职教育与外语教学问题研究 [M]. 长春：吉林科学技术出版社, 2020.
[39] 王秋. 高职英语课堂混合式教学研究 [M]. 长春：吉林人民出版社, 2020.
[40] 姚阳, 胡月红. 农业高职职业英语拓展教程 [M]. 北京：北京理工大学出版社, 2020.

[41] 徐英，李瑞芹，王金升.新时期高职院校公共课教学研究[M].长春：吉林人民出版社,2021.
[42] 钱峰，秦嘉艺.高职高专畜牧兽医类专业系列教材动物药理[M].重庆：重庆大学出版社,2021.
[43] 余荷花，虞莉.英语视听说教程：第一册[M].重庆：重庆大学出版社,2021.
[44] 虞莉.英语读写译教程：第一册[M].重庆：重庆大学出版社,2021.
[45] 李开伟.高职院校测绘专业课程思政特色教材GNSS定位测量技术[M].2版.成都：西南交通大学出版社,2021.
[46] 艾青，陈林，毕丹.版面编排设计[M].3版.武汉：华中科技大学出版社,2021.
[47] 王烈准.FX_{3U}系列PLC应用技术项目教程[M].北京：机械工业出版社,2021.
[48] 王玉生，黄百顺.生产建设项目水土保持[M].郑州：黄河水利出版社,2021.
[49] 王明秋，蒋洪亮.边坡工程防治技术[M].重庆：重庆大学出版社,2021.
[50] 高荣侠.教师教学方法创新与实践[M].长春：吉林出版集团,2021.